嬰幼兒心理學

王丹 主編

本書系統、全面地介紹了心理學的相關理論知識。
有助於教師和家長把課堂幼兒心裡特點，促進期健康、快樂地成長。

崧燁文化

嬰幼兒心理學
目錄

目錄

序言

第一章 緒論

第一節 嬰幼兒心理學的研究對象 ... 13
一、嬰幼兒心理學的研究對象 ... 13
二、嬰幼兒心理學研究的最新進展 ... 16

第二節 嬰幼兒心理學的研究方法 ... 20
一、嬰幼兒心理研究的基本原則 ... 20
二、嬰幼兒心理研究的具體方法 ... 22

第三節 嬰幼兒心理發展的基本問題 ... 28
一、嬰幼兒心理發展的特點與趨勢 ... 28
二、嬰幼兒心理發展的影響因素 ... 30
三、嬰幼兒心理發展中的幾個相關概念 ... 34

第二章 嬰幼兒心理發展理論

第一節 行為主義的心理發展觀 ... 43
一、注意及其種類 ... 43
二、史金納的操作條件反射理論 ... 47
三、班度拉的社會學習心理發展觀 ... 49

第二節 精神分析的心理發展觀 ... 54
一、佛洛伊德的性心理發展觀 ... 54
二、艾瑞克森的心理社會發展理論 ... 57

第三節 認知理論的心理發展觀 ... 60
一、皮亞傑的認知發展觀 ... 61
二、維高斯基的社會文化認知發展觀 ... 65

第三章 嬰幼兒注意的發生發展

嬰幼兒心理學
目錄

第一節 0～3 歲兒童的注意 71
 一、注意及其種類 71
 二、注意的發生 73
 三、1 歲前兒童的注意 74
 四、1～3 歲兒童的注意 75

第二節 3～6 歲兒童的注意 76
 一、3～6 歲兒童無意注意的發展 76
 二、3～6 歲兒童有意注意的發展 77

第三節 嬰幼兒注意品質的培養 80
 一、注意的品質 80
 二、嬰幼兒注意品質的發展 81
 三、嬰幼兒注意品質的培養 84

第四章 嬰幼兒感知覺的發生發展

第一節 嬰幼兒的感覺 91
 一、感覺與感覺規律 91
 二、嬰幼兒視覺的發展 94
 三、嬰幼兒聽覺的發展 96
 四、嬰幼兒觸覺的發展 97
 五、嬰幼兒其他感覺的發展 99

第二節 嬰幼兒的知覺 103
 一、知覺與知覺規律 103
 二、嬰幼兒空間知覺的發展 104
 三、嬰幼兒時間知覺的發展 110

第三節 嬰幼兒觀察能力的培養 112
 一、嬰幼兒觀察能力的發展 112
 二、嬰幼兒觀察能力的培養 114

第五章 嬰幼兒記憶的發生發展

第一節 0～3歲兒童的記憶 121
　　一、記憶及其基本過程 121
　　二、0～3歲兒童的記憶 125
第二節 3～6歲兒童的記憶 130
　　一、無意識記占優勢，有意識記逐漸發展 130
　　二、機械識記用得多，意義識記效果好 132
　　三、形象記憶的效果優於詞語記憶 135
　　四、記憶保持的時間延長，回憶迅速發展 136
　　五、記憶的精確性差 136
　　六、開始使用記憶策略 137
第三節 嬰幼兒記憶能力的培養 139
　　一、重視大腦的狀態，提高記憶的效率 140
　　二、恰當運用直觀形象材料，增強記憶效果 140
　　三、明確識記目的和任務，激發記憶的願望和意圖 140
　　四、幫助理解識記材料，提高意義識記水平 141
　　五、合理組織複習，鞏固強化記憶 141

第六章 嬰幼兒想像的發生發展

第一節 0～3歲兒童的想像 145
　　一、想像及分類 145
　　二、想像在嬰幼兒心理發展中的重要地位 148
　　三、0～3歲兒童的想像 150
第二節 3～6歲兒童的想像 151
　　一、無意想像占主導地位，有意想像逐漸發展 151
　　二、再造想像占主要地位，創造想像開始發展 154
　　三、想像既脫離現實又與現實相混淆 157
第三節 嬰幼兒想像的培養 159
　　一、豐富表象，為想像增加素材 160

二、發展語言，促進想像的發展 160
　　三、充分利用文學藝術活動，創造想像發展的條件 160
　　四、透過遊戲活動，鼓勵大膽想像 162
　　五、透過專門訓練，提升創造想像的水平 162

第七章 嬰幼兒思維的發生發展

第一節 0～3歲兒童的思維 167
　　一、思維概述 167
　　二、0～3歲兒童的思維 169

第二節 3～6歲兒童的思維 174
　　一、以具體形象思維為主，抽象邏輯思維開始萌芽 174
　　二、3～6歲兒童掌握概念的特點 178
　　三、3～6歲兒童判斷能力的發展 183
　　四、3～6歲兒童推理能力的發展 186
　　五、3～6歲兒童理解能力的發展 188

第三節 嬰幼兒思維能力的培養 190
　　一、嬰幼兒思維培養的原則 191
　　二、嬰幼兒思維能力的培養 192

第八章 嬰幼兒言語的發生發展

第一節 0～3歲兒童的言語 199
　　一、語言和言語 199
　　二、0～1歲兒童言語的發展 200
　　三、1～3歲兒童言語的發展 204

第二節 3～6歲兒童的言語 207
　　一、3～6歲兒童言語的發展 207
　　二、早期閱讀能力的發展 213

第三節 嬰幼兒言語能力的培養 216
　　一、創設語言環境，重視語音練習 216

　　二、豐富生活內容，幫助積累詞彙 216
　　三、運用多種途徑，提高口語能力 217
　　四、開展早期閱讀，培養閱讀習慣 218

第九章 嬰幼兒情緒的發生發展

　第一節 嬰幼兒情緒的發生 223
　　一、情緒及作用 223
　　二、情緒的發生與分化 225
　　三、基本情緒的發展 228
　第二節 嬰幼兒情緒的發展 233
　　一、情緒的社會化 233
　　二、情緒的豐富化和深刻化 234
　　三、情緒的自我調節化 236
　第三節 嬰幼兒積極情緒的培養 239
　　一、提供適宜環境，營造良好氛圍 239
　　二、重視遊戲活動，培養積極情緒 240
　　三、關注並正確回應嬰幼兒的情緒 240
　　四、幫助嬰幼兒適度表達情緒，符合社會規則 242
　　五、學會識別和理解他人情緒，適應社會交往 242
　　六、提供情緒調節策略，做自己情緒的主人 243

第十章 嬰幼兒個性心理特徵的發展

　第一節 嬰幼兒的氣質 249
　　一、氣質及測量 249
　　二、嬰兒早期氣質類型 254
　　三、氣質與早期教育 255
　第二節 嬰幼兒的性格 257
　　一、性格及性格結構 257
　　二、嬰兒期性格的萌芽 258

三、幼兒期典型的性格特徵 ……………………………………… 260
　　四、嬰幼兒良好性格的培養 ……………………………………… 261
第三節　嬰幼兒的能力 ……………………………………………… 264
　　一．能力及能力分類 …………………………………………… 264
　　二、智力發展的關鍵期 ………………………………………… 267
　　三、嬰幼兒能力發展的特點與個體差異 ……………………… 267
　　四、嬰幼兒能力的培養 ………………………………………… 272

第十一章　嬰幼兒社會交往的發展

第一節　嬰幼兒的親子依戀 ………………………………………… 279
　　一、依戀的特點與類型 ………………………………………… 279
　　一、依戀的特點與類型 ………………………………………… 282
　　三、依戀的影響因素 …………………………………………… 286
　　四、依戀對嬰幼兒心理發展的影 ……………………………… 287
第二節　嬰幼兒的同伴關係 ………………………………………… 289
　　一、同伴關係的功能 …………………………………………… 289
　　二、同伴關係的類型 …………………………………………… 292
　　三、同伴關係的發展 …………………………………………… 294
　　四、同伴關係的影響因素 ……………………………………… 297
　　五、良好同伴關係的建立 ……………………………………… 299
第三節　嬰幼兒的師幼關係 ………………………………………… 301
　　一、師幼關係的特點 …………………………………………… 302
　　二、師幼關係的類型 …………………………………………… 303
　　三、師幼關係對嬰幼兒發展的影響 …………………………… 304
　　四、新型師幼關係的建立 ……………………………………… 306

第十二章　嬰幼兒社會行為的發展

第一節　嬰幼兒的親社會行為 ……………………………………… 313
　　一、親社會行為的含義及特點 ………………………………… 313

　　二、親社會行為的早期發展 ································· 315
　　三、親社會行為的影響因素 ································· 317
　　四、親社會行為的培養 ····································· 318
　第二節　嬰幼兒的攻擊行為 ··································· 320
　　一、攻擊行為的含義及特點 ································· 320
　　二、嬰幼兒攻擊行為的發展 ································· 322
　　三、嬰幼兒攻擊行為的影響因素 ····························· 323
　　四、嬰幼兒攻擊行為的控制 ································· 326
　第三節　嬰幼兒的道德 ······································· 327
　　一、兒童道德發展理論 ····································· 328
　　二、嬰幼兒道德的發展趨勢 ································· 333
　　三、嬰幼兒道德發展的影響因素 ····························· 334

附錄一　參考答案

嬰幼兒心理學
序言

序言

　　近年來隨著學前教育重要地位的日益凸顯，兒童心理研究的不斷深入發展，嬰幼兒心理學也在研究內容和研究方法上取得了許多新的進展。與此同時，由於社會經濟、科學技術的進步，以及教育改革的不斷推進，尤其是立足於當代嬰幼兒教育的客觀實踐需求，我們編寫了《嬰幼兒心理學》。

　　本書內容涵蓋了從出生到入學前嬰幼兒心理發展的全過程。全書由十二章組成，第一章提供與嬰幼兒心理研究相關的背景訊息、介紹相關概念以及嬰幼兒心理研究的發展歷程，第二章介紹嬰幼兒心理發展的理論流派與觀點，第三章到第十二章則主要對嬰幼兒心理活動，包括心理過程、個性心理、社會性發展的特點及規律進行闡述，並提出相應培養策略與教育建議。

　　本書作者均為學前教育專業教師，全書總體構思框架及章節綱要由王丹、胥興春負責。其中，各章節編寫人員為：第一章王丹、黃琴；第二章陳冬梅、鞠恩霞；第三章陳冬梅、楊輝；第四、五、六、七章為唐利平；第八章陳冬梅、經承鳳；第九、十章為唐敏、陳曉蕾；第十一章為胥興春、張亭亭、第十二章為胥興春、趙苛苛；王丹負責全書內容的整理與協調。在此，對各位作者的辛苦工作表示感謝，同時感謝出版社任志林主編的大力支持。

　　儘管本書力求做到理論聯繫實際，專業教材與知識讀物兼備，但在追求內容科學嚴謹、文字易讀有趣、行文言簡意賅的過程中，由於編者水平、能力有限，加之時間限制，書中難免有不妥或錯漏的地方，敬請各位讀者和專家批評指正，以便本書的進一步修訂和完善。

第一章 緒論

　　嬰幼兒時期是充滿神祕的時期，當他們哇哇大哭的時候是發生了什麼嗎？當他們哈哈大笑的時候又代表著什麼呢？他們的每一個行為和動作是否有著特定的含義呢？這些都需要我們去探索和發現。嬰幼兒心理的發展是人一生發展的起點和基礎，學習和掌握嬰幼兒心理知識及研究方法具有重大意義。本章將重點介紹嬰幼兒心理學的研究對象，嬰幼兒心理活動在產生和發展過程中所表現出來的特點、規律、一般趨勢，與嬰幼兒心理發展相關的制約因素，以及嬰幼兒心理學研究的具體方法。

第一節 嬰幼兒心理學的研究對象

一、嬰幼兒心理學的研究對象

　　嬰幼兒心理學屬於心理科學。心理學是研究人的心理現象，探索人的心理發展規律的科學，主要研究內容涉及認知、情緒、人格、行為和人際關係等眾多領域，是人對自身的一種探究活動，它的任務在於描述、解釋和預測人的心理活動以及促進人的心理活動的發展以達到特定行為的目的。心理學有許多分支，這些分支使得心理學研究更加全面和深入，並且根據不同研究內容，這些分支逐漸獨立發展成為不同的學科。

　　普通心理學是心理學的主要分支之一，它主要研究人類心理活動的一般規律。嬰幼兒的心理活動服從於人類心理活動最一般的規律：一方面，學習感覺、知覺、記憶、想像、思維等認知過程的基本概念和一般規律有助於理解和掌握嬰幼兒認知發展的規律；另一方面，嬰幼兒心理學的研究成果也可以豐富、擴充和深化普通心理學的研究。

　　發展心理學也是心理學不可缺少的一部分。從狹義上說，它研究人類個體從出生到衰老整個過程中心理發生和發展的規律，其中包括對兒童心理的研究，具體可分為嬰幼兒心理學、小學心理學、青年心理學等等。由此可見，嬰幼兒心理學是發展心理學的一個重要組成部分，專門研究嬰幼兒階段心理

發展特徵，為嬰幼兒的教育提供理論基礎和實踐指導，研究內容豐富翔實，有極大的研究空間和前景。

（一）什麼是嬰幼兒心理學

1. 嬰幼兒心理學的研究對象

嬰幼兒心理學是研究從出生到小學入學之前，即 0～6 歲兒童心理發生發展規律的科學。嬰幼兒時期是個體大腦發育最快的時期，大腦迅速地吸收著各種營養和知識，在此階段，根據年齡特點和心理發展規律，給予嬰幼兒豐富的訊息、適宜的環境以及科學合理的教育，能夠有效促進他們身心的健康，加速其智力的發展，使他們形成良好的行為習慣，並為其個性品質的形成奠定堅實基礎。

2. 年齡特徵及階段劃分

嬰幼兒心理發展是量變和質變發展的統一，在其發展的每個階段都會呈現出該階段的特點，這種不同年齡階段中形成和表現出來的一般的、典型的、本質的心理特徵叫做嬰幼兒的心理年齡特徵。

嬰幼兒的年齡特徵是從一定年齡階段中許多個別嬰幼兒的心理特徵中概括出來的，因此它只能代表這一年齡階段嬰幼兒心理發展的典型特徵和一般趨勢，不能代表這一年齡階段中每個兒童所有的心理特徵。嬰幼兒心理年齡特徵具有客觀性、典型性和差異性，但一般說來，在一定的社會和教育條件下，嬰幼兒心理年齡特徵也具有一定的穩定性。

儘管目前國際上對嬰幼兒年齡階段範圍劃分的界定和理解還存在著很大的爭論和分歧，但較為一致的看法是劃分標準應該根據兒童心理發展中的內部矛盾和質的特點來確定，包括每一階段中的智力水平、個性特徵、特殊矛盾等。參照現行的年齡階段劃分方式，將整個嬰幼兒時期劃分為如下幾個階段：新生兒期（0～1 個月）、嬰兒期（1 個月～1 歲）、幼兒前期（1～3 歲）、幼兒期（3～6 歲）。各年齡階段的時間長短不一，相互聯繫但又有明顯區別。

第一節 嬰幼兒心理學的研究對象

（二）嬰幼兒心理學的研究內容

嬰幼兒心理學的研究一般來說要回答下面三個問題：第一是回答「是什麼」，即嬰幼兒心理發生發展過程的特徵與表現模式等，主要表現在研究嬰幼兒個體心理的發生發展；第二是回答「為什麼」，即對嬰幼兒心理發生發展變化過程的解釋，嬰幼兒心理發展有其自身的一般發展規律，研究就要分析嬰幼兒心理發展的影響因素並揭示嬰幼兒心理發展的內在機制；第三是回答「什麼時間」，即嬰幼兒心理特徵與模式發展變化的時間，嬰幼兒心理在不同的時期會表現出不同的特點和具體的規律。由此可看出，嬰幼兒心理學的研究內容主要包括以下三個方面。

1. 嬰幼兒個體心理的發生

剛出生時的嬰兒只有最簡單的感知活動，並不具有注意、記憶、想像、思維、語言、情感、意志等複雜的心理活動。出生時嬰兒的生理活動和心理活動很難區分，然而人類特有的複雜的心理活動卻正是從這個早期階段開始發生發展的。探究一個從生理上到心理上都是軟弱無助的新生兒是如何一步步生長、變化和發展起來的，這是研究嬰幼兒心理首先要研究的問題。研究個體心理的發生發展，是研究嬰幼兒心理學的重要內容。

2. 嬰幼兒心理發展的一般規律

雖然不同嬰幼兒個體的心理發展有早有晚、有快有慢，各不相同，但是嬰幼兒心理發展過程卻有著一般規律。通常來講，年齡相近的兒童一般有著大致相似的心理發展特徵，這也使得嬰幼兒心理學的研究成為可能，並具有普遍意義。嬰幼兒心理發展的過程都是從簡單、具體、被動、無意、零散等方面朝著較為複雜、抽象、主動、有意、成體系等方面發展，這樣的發展順序和發展趨勢大體是相似的。此外，嬰幼兒心理的發展過程還會受到各種不同因素的共同影響，如遺傳因素、環境因素、教育因素以及其他因素等。這些因素對嬰幼兒心理發展的制約和影響都是已經被發現和證明的，並且它們都有規律可循。因此，探究嬰幼兒心理發展過程的制約因素，以及探討制約因素的影響規律也成為研究嬰幼兒心理發展的又一重要內容。

3. 嬰幼兒時期心理過程和個性的發展

儘管每個嬰幼兒發展經歷的階段或者說發展變化的模式是大致相同的，但是在個體心理活動發展過程中，其注意、感知、記憶、想像、思維、語言、情緒等各種心理活動，以及個性心理特徵和社會交往、社會行為等的形成和發展在不同時期也會表現出自身的特點和規律。它們既服從嬰幼兒心理發展的一般規律，又體現出各自不同的特點和具體的規律，所以，研究和掌握這些特點和具體規律亦是研究嬰幼兒心理學的主要內容。

二、嬰幼兒心理學研究的最新進展

隨著嬰幼兒心理發展的持續研究，新的理論和研究觀點、研究方法也逐漸發展和豐富。

（一）研究理論方面

1. 生態學研究

從生態學視角而言，研究嬰幼兒心理發展、關注兒童適應的行為傾向及其價值研究，主要透過探究其行為和發展得以發生的社會環境。最初生態學的研究來源於對動物在自然條件下的大量行為的研究結果，發現了生物體與所在環境之間的關係。最著名的是勞倫斯提出的「印刻」作用。在兒童心理研究中發展出「關鍵期」或「敏感期」的概念，這是兒童在生理上發展到最適合接受某一適應行為，需要環境刺激來促進能力發展的特定時期。英國研究者鮑爾比運用生態學理論研究了母嬰依戀的關係。

研究發現，嬰兒與母親或主要撫養者之間也存在相似的行為傾向，嬰兒試圖與母親保持身體和目光接觸，表現了深厚的情感聯結。嬰兒微笑、咿呀學語，既表達了自身的內在需求，也展示了需要同外界進行交流的意願。在母親的陪伴下，嬰兒能感到安全，滿足自身身體和心理發展的需求；而與母親相分離，嬰兒則會感到無助、悲傷乃至發展為更為嚴重的人格發展異常。生態學的研究從發展的生物根源入手，透過觀察機體在環境中的適應情況，認識其在兒童發展中的作用，揭示兒童社會行為的多方面原因，因而受到重視。

拓展閱讀

兒童的成長是由什麼決定的

關於人的發展取決於什麼因素，一直有不同的觀點。英國心理學家高爾頓 (F.Galton, 1822-1911) 透過對家譜的研究發現，音樂世家容易出音樂家，美術世家容易出畫家……從而得出了人的發展取決於遺傳的結論。美國心理學家華生 (J.B.Watson, 1878-1958) 則主張環境決定論：給我一打健全的嬰兒，一個由我支配的特殊環境，讓我在這個環境裡教育他們，那麼，不論他的天資、愛好、脾氣以及他祖先的才能和種族如何，我可以保證把他們中的任何一個訓練成為任何一種人——醫生、律師、藝術家、商人，甚至乞丐和強盜。

大教育家誇美紐斯 (J.A.Comenius, 1592-1670) 認為，把來到世界上的人的心理比作一顆種子或一粒穀米是很正當的，植物或樹木實際已經存在種子裡面……我們不必從外界拿什麼東西給一個人，只需把暗藏在其身體內的固有的東西揭開和揭露出來，並重視每個個別的因素就夠了。在以上觀點的左右下，有的人認為我們完全可以按照我們自己的主觀願望將兒童培養成所需要的人；有的人認為每個人的遺傳特徵決定了其人生發展的速度和結果，教育和環境在個人的發展過程中都顯得蒼白無力；有的人認為兒童的成長是遺傳與環境、天性與教養、成熟與學習多種因素交互作用的結果。

2. 文化研究

近年來兒童發展研究的重要課題之一便是以跨文化研究為基礎的文化研究。跨文化研究是指把同一個發展理論放到不同文化背景下進行研究。從前的研究主要以同樣的研究框架和標準來比較不同文化背景下的兒童在動作、認知或社會性等方面能力的差異，由於大量研究問題很難在世界不同地區得到一致的研究結果，因而容易簡單地解釋為一種文化比另一種文化更能夠促進兒童的發展，而如何分析這些文化背景造成的差異就成為文化研究的課題。文化研究則側重於特定文化下的行為以及背後的觀念和意義的研究，強調文

化改變社會環境的重要性。維高斯基的社會文化理論在近年來的西方心理學研究中廣為使用。

3. 生態系統論

美國心理學家布隆芬布瑞納的生態系統論提出了考察兒童發展情境的系統，這一觀點又稱為生物生態模型。之前對環境的認識往往侷限於環境會直接影響兒童，然而生態系統論將兒童的發展情景解釋為包括全部環境的不同社會生態體系的特徵。這一系統包括多個層面：

第一，微觀系統，它是環境最內部的層次，包括家庭、學校等，其中的每個人都與兒童發生直接的交流，且是雙向影響。如一個聰明懂事的兒童會引起成人積極的反應，相應地，成人的反應也影響著兒童的自我意識；

第二，中間系統，包括微觀系統中的聯繫和交流。比如家庭與幼稚園的聯繫可能影響到兒童的學業，父母之間的爭執可能影響到母親對孩子的態度；

第三，外部系統，包括教育機構、兒童立法機構、父母的社會關係網絡等，它們提供了環境上的支持。當外部系統出現問題時，家庭可能會因為缺乏人際聯繫或社會穩定等原因而影響兒童的發展；

第四，宏觀系統，是背景系統的最外層，包括兒童所處文化的價值觀、法律、信仰、習俗等，可以影響關於兒童發展的社會角色、生活方式等。不同系統的作用方式和特點不是固定的，多層次的系統背景與兒童的生物機體特點相結合而構成多種獨特的、動態變化的發展模式。這一理論可以幫助我們認識兒童發展得以發生的社會生態體系，而生態系統論為我們提供了相應的途徑去分析和思考這些體系之間的複雜作用關係。

4. 動態系統理論

持這一觀點的研究者認為，人的行為與發展是動態的。對於兒童來說，從大腦成熟到社會環境，發展體系中的任何變化都會導致體系的變化和調整。然而，在這種不穩定狀況下仍然存在可預測性，動態系統的研究就是要考察變化中的規律。動態系統的研究主要建立在數學模型的預測上，這方面的研究尚處於起步階段。

第一節 嬰幼兒心理學的研究對象

（二）研究方法方面

1. 在自然情境中的研究

由於心理學研究的「生態運動」帶來對傳統的兒童心理學研究方法的反思，研究者認為心理學過多地強調實驗法，這尤其不適合對兒童的研究。因此，在當前的研究方法上，更多地考慮採用長期自然觀察的方法，另外還可以透過個案研究考察變化和引起差異的過程。

2. 系統的文化比較方法

文化研究的興起使得研究者需要採用新的比較的研究視角。不同於以往的跨文化研究，文化研究首先提供了對特定文化的深刻認識，在此基礎上，系統地比較不同文化整體，而不是割裂其本來內涵而進行個別層面的比較。因此，系統的文化比較方法不僅可以表明不同現象之間的異同，更可以對作用方式的異同進行解釋；不僅可以揭示相關關係，還可以對作用方式過程中的因果關係進行考察。

3. 整體性的研究與解釋

近期的理論更加關注兒童發展的整體系統及其作用方式的解釋，而不是只對某些因素的關係進行統計檢驗。這種整體的觀點和對現象的解釋有助於認識人類發展的現實及其複雜性。在整體研究和分析研究方面，既要考察兒童發展的整體特點，如生理的、心理的、活動的相互關係，又要對其中某個方面如思維、感知進行分析研究，從而認識兒童完整的發展過程。

複習鞏固

1. 請簡要說明嬰幼兒心理學的研究對像是什麼？
2. 什麼是年齡特徵？
3. 什麼是生態學研究？

第二節 嬰幼兒心理學的研究方法

為了更好地進行嬰幼兒心理學研究，解釋嬰幼兒心理現象，揭示嬰幼兒心理發展規律，研究者需要知曉嬰幼兒心理學研究的、科學的、具體的方法，並嘗試加以靈活運用。任何研究方法都是研究工作的工具，必須依從和服務於一定的指導思想。運用嬰幼兒心理研究方法和技術少不了正確的理論指導，嬰幼兒心理的研究也應遵循基本的原則，這樣才能保證研究方向不會發生偏離。

一、嬰幼兒心理研究的基本原則

為了保證研究的科學性和有效性，研究嬰幼兒心理需要遵循以下五條原則。

（一）客觀性原則

客觀性原則是指在研究嬰幼兒心理發展時用實事求是的態度和科學的方法進行，從而獲取嬰幼兒最真實的心理現象和發展規律。在嬰幼兒心理研究中，客觀性原則首先要求考慮嬰幼兒生活的客觀條件，嬰幼兒心理發展既離不開周圍社會環境、生活條件和教育因素的影響，也不能脫離嬰幼兒神經系統，尤其是高級神經系統發展狀況的影響。其次，嬰幼兒心理的研究應該占有充實而廣泛的資料，對所觀察到的現象做出客觀可靠的真實記錄，儘可能全面並完整地展現事實，細緻耐心地分析全部材料，為避免片面性和判斷錯誤，面對一些相互矛盾和看似衝突的材料，應該更加認真地去對待，去粗取精、去偽存真地做出科學理性的抽象和概括，絕不能隨意增添任何主觀臆測，或隨意發揮，或人為使材料符合自身設想。

（二）發展性原則

一切事物都是不斷變化和發展著的，嬰幼兒心理也是一個不斷發展的動態系統。嬰幼兒時期作為個體發展速度最快的時期，處在急劇的變化當中，且心理發展並不成熟，因此，研究嬰幼兒心理必須要用發展的眼光去看待嬰幼兒的心理現象，不僅要注意嬰幼兒已有的心理特徵和表現，也要關注剛剛

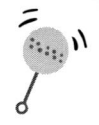

第二節 嬰幼兒心理學的研究方法

萌芽和出現的新特徵，以及推斷出心理發展的趨勢，注意將要出現的心理活動的特徵。

（三）教育性原則

對嬰幼兒心理進行研究，其目的在於為科學地進行嬰幼兒教育提供依據。因此，嬰幼兒心理的研究並不是毫無目的地為研究而研究，而是要考慮研究的教育性，即研究的意義和價值，使有目的、有計劃的教育活動能夠更有成效、更能達到目標，從而更好地教育嬰幼兒並順利促進其心理的健康發展。

（四）系統性原則

任何事物都是相互聯繫，共同處於有組織的系統之中，嬰幼兒的各種心理活動同樣處於一個有機的系統之中。心理活動的複雜性和系統性要求研究者在對嬰幼兒心理進行探究的過程中，要考慮各個心理成分之間的相互關係，防止個人的侷限性，避免孤立單一地看待問題。特別是當研究者在解釋嬰幼兒某個心理行為特徵的時候，既要考慮其內在的生理和心理機制，又要考慮其外在的教育和社會環境，力求從系統的不同層次、不同側面去進行分析，用全面而系統的觀點去揭示嬰幼兒心理的發展。

（五）保護性原則

保護性原則是指研究者在進行研究時，必須以不損害嬰幼兒的身心健康為基本前提。由於研究行為不可避免地會對作為研究對象的嬰幼兒造成或多或少、或好或壞的影響，因此研究必須強調保護，必須遵循一定的倫理道德規範和職業道德要求，特別需要顧及嬰幼兒的感受，考慮嬰幼兒的能力，注意研究的科學性，包括研究方法、研究設計到研究者的行為舉止等，需要重點考慮這些因素對嬰幼兒心理發展可能造成的影響，不能強迫嬰幼兒參與研究，更不能使嬰幼兒在研究中感到焦慮或者壓抑。總之，不能因為研究而對嬰幼兒造成任何身心傷害。

二、嬰幼兒心理研究的具體方法

觀察法、實驗法、調查法等心理學研究的基本方法通常也適用於對嬰幼兒心理的研究，只是在使用這些方法時要注意結合嬰幼兒的年齡特點。

（一）觀察法

嬰幼兒心理活動的外顯性和隨意性表現突出，所以觀察法是研究嬰幼兒心理的基本方法，是蒐集心理活動數據和資料的基本途徑。觀察法是研究者透過感官或一定儀器設備，有目的、有計劃、有準備地觀察嬰幼兒的心理和行為表現，並由此分析其心理發展的特徵和規律的一種方法。觀察者可觀察嬰幼兒在日常生活中表現出的外部行為，包括他們在遊戲、學習和各種活動中所表現出來的語言、表情和行為等，以及嬰幼兒處在自然的生活條件下表現出來的自然真實的心理活動，然後根據這些詳細的觀察結果，對嬰幼兒的心理發展狀況做出可靠的分析和預測。

1. 觀察法的類型

根據不同標準，可以將觀察法分為不同類型。

依據觀察者是否直接參與兒童的活動，觀察法可以分為參與觀察與非參與觀察兩種形式。在參與觀察中，觀察者和兒童一起生活和遊戲，在密切的相互接觸和直接體驗中傾聽和觀看兒童的言行。這種觀察的情境比較自然，觀察者不僅能夠對兒童的行為表現有較為具體的感性認識，而且能夠深入瞭解兒童對自身行為意義的解釋。這種觀察方式較為開放和靈活，允許研究者根據研究的問題和具體情境需要不斷對觀察的目的、內容和範圍進行相應的調整。總體而言，參與觀察比較全面深入，能夠獲得豐富而真實的研究材料，不足之處是，觀察的結論容易受到研究者主觀情感的影響；另外，由於要求觀察者參與兒童活動，因此較為費時，並且對觀察者的技術和能力有較高要求。非參與觀察則不要求研究者直接參與兒童的日常活動。觀察者通常作為旁觀者瞭解事情的發展。在條件允許的情況下，觀察者可以使用錄音機和錄影機等設備對現場進行記錄。非參與觀察的優勢在於研究者與兒童有一定距離，能夠進行比較客觀的觀察和評論，操作較為容易。但是這種觀察方法的

第二節 嬰幼兒心理學的研究方法

缺陷在於人為製造的情境容易受到「社會讚許效應」或「研究效應」的影響，而且研究者對研究現象較難有深入瞭解。

根據觀察本身的形式，觀察法可以分成結構型觀察和無結構型觀察。在結構型觀察中，研究者事先設計了統一的觀察對象和記錄標準，對所有的觀察對象都使用同樣的觀察方式和記錄規格。這種觀察的主要目的是可以獲得能夠量化的觀察數據，方便進行統計分析。無結構型觀察是一種開放式的觀察活動，允許觀察者根據當時當地的具體情境調整自己的觀察內容。觀察者可以事先設計一個觀察提綱，這個提綱形式具有開放性，內容具有靈活性，可以及時根據研究時的具體情況進行修改。

另外，根據觀察者與觀察對象的接觸方式來分，觀察法可以分成直接觀察和間接觀察；根據觀察內容是否連續完整以及觀察記錄的方式的不同可以分為敘述觀察、取樣觀察和評定觀察等。每種類型的觀察法都有各自的基本特徵、適應範圍和條件，以及各自的優缺點，這就要求研究者在研究嬰幼兒心理時能夠根據特定目的和具體的實際情況做出適宜的選擇。

2. 觀察法實施的基本過程及方法策略

觀察法實施的前期工作包括三個方面的內容。第一，確定觀察內容。一個好的觀察內容應該是能夠被觀察到，並且能夠準確反映和說明觀察目的的。第二，選擇觀察方法。要求觀察者必須對各種觀察方法的特點、適應條件以及優缺點有比較深入的瞭解。第三，訓練觀察人員。尤其是在某些特定的觀察中，由於觀察研究水平要求較高、觀察較為複雜，所以對觀察人員進行必要的培訓非常重要。觀察的實施過程，可以包括獲取觀察材料和呈現觀察結果兩個階段。前者就是指觀察者按照制訂的計劃進行觀察和記錄，後者指對收集到的完整的觀察材料進行整理、分析，並得出結論，以報告的方式加以呈現。

觀察進行前還應依據不同的觀察目的和內容，選擇適宜的抽樣方式。開放式抽樣基本不限定具體的範圍，觀察者可以做出整體而全面的觀察，有計劃、有規律地記錄被觀察者心理及行為的一切變化，不足之處是這種抽樣方式會耗費極大的精力。比較常用的抽樣方法是封閉式抽樣，它可以控制一定

的觀察範圍，按照時間或者事件進行抽樣，這種抽樣法可以使被觀察對象較為集中，便於觀察之後作數量處理。時間抽樣是在規定的時間單位內定期進行觀察，如每天一次或每月一次甚至每年一次，每次有固定的時間單位，並且在觀察過程中對觀察內容進行分類和分析。

考慮到嬰幼兒容易受到外界的干擾，因此，在研究過程中應特別加以注意。如在制訂觀察計劃時必須充分考慮到對嬰幼兒的影響，儘可能使他們保持自然的狀態；觀察之前要做好充分的準備，以提高觀察的效果；觀察記錄要儘可能詳細，以便能對充足的客觀材料進行分析。此外，為更好地瞭解實際情況，不僅需要有對嬰幼兒行為本身的記錄，還應該記錄行為發生的前因後果。記錄必須客觀和準確，避免人為的修改。在觀察記錄的過程中也可以適當採用輔助手段，如錄音、錄影等電子設備以及內容豐富、記錄方便的特定表格等。嬰幼兒心理活動具有不穩定性，其行為往往表現出偶然性的特徵，因此對嬰幼兒的觀察一般應該反覆多次進行。

隨著現代科學技術的迅猛發展以及心理發展研究的逐步深入，觀察技術和手段的現代化水平日趨進步，觀察程序得以不斷完善，觀察法在嬰幼兒心理發展研究中會使用得更加廣泛，也將發揮其應有的重要作用。

（二）實驗法

實驗法是根據一定的研究目的，創設一定的情境，對某些變化或因素加以控制或者改變，以此引起某種心理或行為發生變化，從而揭示特定條件與心理現象之間的關係。對嬰幼兒進行實驗，就是要控制和改變他們的活動條件，由此發現他們心理現象的變化，從而揭示特定條件與心理現象之間的聯繫，探討嬰幼兒心理發展變化的原因和規律。實驗法要求對變量進行嚴密的設計和控制，變量一般可以分為自變量、因變量和無關變量三種類型。自變量是研究目的所要探討的、能引起某種心理活動發生改變的因素；因變量是在自變量影響下發生變化的某種心理因素；無關變量是與研究目的無關但有可能影響結果的因素。

根據實驗情境的不同，實驗法通常分為實驗室實驗法和自然實驗法。實驗室實驗法是在特定的實驗室內，利用專門儀器設備對嬰幼兒心理進行研究

第二節 嬰幼兒心理學的研究方法

的一種方法。如研究嬰兒深度知覺的「視崖」實驗（詳見本書第四章第二節）。實驗室實驗法最主要的優點是能夠嚴格控制條件和變量，實驗可以重複多次進行，可以透過特定的儀器探測一些不易觀察到的情況。其缺點在於嬰幼兒在實驗室中容易產生不自然的心理狀態，導致結果有一定侷限性。因此，一般情況下，此種方法運用於較小年齡的嬰兒和比較簡單的心理活動研究。

自然實驗法是指在不脫離嬰幼兒日常生活的情況下，創造某種條件以引起某個需要的心理活動，從而研究其規律的方法，又被稱為現場實驗。自然實驗法的特點在於實驗的整體情境都是自然的，是在嬰幼兒的正常活動中，創設或改變某些條件來引起和研究其心理的變化。自然實驗法的優點：一是嬰幼兒在實驗過程中的心理狀態較為自然，二是研究者可以控制嬰幼兒心理產生的條件，所以兼具了實驗法和觀察法的優點。缺點是強調在自然的活動條件下進行實驗難免會出現各種不易控制的因素，從而影響到結論的精準度。

用實驗法進行研究，對研究者本身的科學研究能力、知識經驗和技術水平等有較高要求，在實驗設計和控制方面難度較大，研究者必須具備相應的素質並做好充足的準備。

（三）調查法

調查法是指透過問卷或訪談等方法對嬰幼兒心理活動進行有計劃的系統的間接瞭解和考察，並對收集到的資料進行統計分析或理論分析的一種研究方法。由於嬰幼兒心理活動常常自然表露，並不僅限於研究者規定的時間和場合，因此，一些有價值有意義的心理表現常常直接被與嬰幼兒一同生活的成人所發現，而且在長期的朝夕相處中，成人更容易概括出嬰幼兒心理活動傾向和特點，所以研究者常常透過家長、教師或者其他熟悉嬰幼兒生活的成人去瞭解嬰幼兒的表現。

按不同的標準，有不同類型的調查。根據目的的不同，調查研究可以分為以下四種：第一，現狀調查。針對嬰幼兒心理發展的當前狀況、特徵和影響因素進行調查的方式，目的是瞭解嬰幼兒心理發展的一般情況；第二，發展調查。針對嬰幼兒心理發展變化過程進行縱向考察，從而揭示心理現象的本質及規律的方式，目的是瞭解嬰幼兒心理發展的趨勢和特點；第三，區別

調查。針對不同嬰幼兒的心理發展現象進行的比較調查，揭示它們的相似性、差異性和內在聯繫；第四，相關調查。透過調查兩個或多個變量的情況，分析和考察其中聯繫的性質和程度。根據對象的不同，調查可以分為三種：第一、全面調查，也就是普查。其調查結果能夠全面反映總體情況，但在時間、人力、物力上耗費較大；第二、典型調查。是選取具有個別有代表性的對象進行深入細緻的調查，但較難避免主觀意志的影響；第三、抽樣調查。需要注意樣本的代表性問題等。

調查法可以採用當面訪問的方式，既可以是個別調查，也可以是集體調查。前者主要針對個別家長，有助於深入瞭解情況；後者主要針對幼稚園教師等成人，有助於集體進行討論和互相補充。如果是需要對嬰幼兒進行訪談，一定要注意問題的簡單性和具體性，不能太抽象或者使用太過複雜的語言和語句結構。調查訪談法的主要缺點是需要花費大量時間。同時，調查法也可以採取書面調查的方式，通常表現為問卷調查法。一般來說，對嬰幼兒進行問卷調查是不可取的，因此接受問卷調查的通常是與嬰幼兒相關的成人，他們必須按照擬定的問捲進行書面回答。

調查研究是採用間接的方法，從側面瞭解事實，由於不受現場條件和時間條件的限制，較為靈活簡便，收集資料速度較快。此外，調查的方式和手段是多樣化的，能夠在較大範圍進行研究，適用面較廣。其侷限性在於，調查發現事物的聯繫往往是表面的，調查成功與否取決於被調查者的合作態度，而且被調查者更多具有主觀傾向，從而減弱了調查結果的客觀性。

（四）其他方法

1. 測驗法

測驗法是根據一定的測驗項目和已有現成的量表來瞭解嬰幼兒心理發展水平的方法，即根據客觀的標準化了的程序來測量嬰幼兒的某種行為。它可以瞭解嬰幼兒心理發展的水平和狀態，也能夠發現他們心理發展的個別差異，還可以瞭解不同年齡心理發展的差異。國際上已有如格賽爾發育量表（1938）、貝利嬰兒發展量表（1969）、韋克斯勒學前量表（1967）等。運

第二節 嬰幼兒心理學的研究方法

用測驗法時,測驗人員須經過專門訓練,不僅要掌握測量技術,還應該瞭解嬰幼兒工作技巧,以取得對方的合作,在測量中表現出真實的情況。

需要注意的是,由於嬰幼兒心理發展的不穩定性,所以在對嬰幼兒測驗量表的結果做出解釋的時候,常常不能做出定性的評價,也就是說,不能因為某幼兒在某次智力測驗中得了低分就認定他是智力低下兒童,必須綜合其他研究的結論。測驗法的優點是使用比較方便,能在較短時間內大概瞭解嬰幼兒的發展狀況。缺點在於透過測驗法只能得出結果,而不能解釋說明過程;只是關注於量的分析,缺乏質的研究;測驗題目的選擇較為複雜,很難同時適用於不同背景下的不同個體。

2. 作品分析法

作品分析法是指利用嬰幼兒完成的作品,包括透過分析他們的手工、圖畫、日記、擺放的玩具等去瞭解嬰幼兒心理的方法。例如,「繪人測驗」。要求幼兒儘量細緻地畫出一個正面人,根據所畫的細節按照已有標準進行計分,以得分作為幼兒智力發展的指標。還有目前較為流行的箱庭療法或者沙盤遊戲,其實也都是利用了作品分析法的原理。作品分析法的缺點在於,嬰幼兒在創造活動中常常用語言、表情和動作去表達自我,如果脫離這個創造過程去分析作品較難真實完整地瞭解嬰幼兒的心理活動。

3. 投射法

投射法是指利用具有模糊主題的材料,讓嬰幼兒根據這些材料進行想像和描述,從而把他們的心理活動投射出來的一種方法。比如,著名的羅夏測驗。不同的嬰幼兒會看出不同的內容來,從而反映出他們不同的心理活動。

研究嬰幼兒心理的方法種類眾多,研究者不能只掌握單一的方法,而是應該廣泛瞭解各種方法,知曉其優缺點,力求更好地將各種方法搭配使用,發揮其最大作用,以達成研究目標。

複習鞏固

1. 請簡要說明嬰幼兒心理研究應遵循的基本原則。
2. 什麼是觀察法?

3. 什麼是自然實驗法？

第三節 嬰幼兒心理發展的基本問題

嬰幼兒心理學的內容範圍非常廣泛，在具體闡述相關內容之前，我們有必要從總體上瞭解嬰幼兒心理發展的一些基本問題。

一、嬰幼兒心理發展的特點與趨勢

（一）嬰幼兒心理發展的基本特點

1. 嬰幼兒心理發展的連續性與階段性

個體的心理發展從出生到年老一直不間斷地持續進行著，因此，嬰幼兒時期的心理發展是具有連續性的。心理活動的發展與其他事物的發展一樣，是一個不斷從量變到質變、從低級到高級的發展過程。新階段形成之初往往還保留著前一階段的某些特徵，而在某一階段末期，也已出現下一階段的某些特徵。嬰幼兒的心理時刻都在發生著量的變化，正是透過這樣不斷由量變到質變的循環往復，促使其心理得到不間斷的發展。而在每一個發展階段裡，嬰幼兒都會表現出相對穩定的特點，呈現出階段性。嬰幼兒時期是各種心理機能從無到有的萌發時期，嬰幼兒心理活動發展的連續性與階段性是辯證統一的。

2. 嬰幼兒心理發展的不平衡性

嬰幼兒的心理不是勻速、等量發展的，不平衡性通常表現在三個方面。其一，表現為嬰幼兒不同心理活動的發生時間有早有晚，一般來說，嬰幼兒的感知覺、記憶等認識活動發生最早，而思維發生較晚，個性萌芽和形成則更遲一些。其二，嬰幼兒時期各階段的心理發展速度各不相同，表現為年齡越小發展速度越快，這種不等速發展將在後面幾章中得以展現。其三，不同個體的心理發展速度也表現出不平衡性，每一個嬰幼兒在認知、言語、動作等方面的發展速度都有所差異，但這都是正常的。

3. 嬰幼兒心理發展的個體差異性

儘管嬰幼兒的心理發展遵循普遍的發展規律和趨勢，但即使同年齡和同一發展階段嬰幼兒的心理發展水平、特點和進程也不盡相同，表現出明顯的個體差異性。嬰幼兒心理發展速度有快有慢，最終發展情況也有很大差異，他們在發展過程中形成各自獨特的風格和特徵。比如有的嬰幼兒表現出活潑、熱情、外向、熱衷於群體活動的特性；有的嬰幼兒卻表現出更加安靜、內向、喜歡獨處、討厭與人接觸的特性。個體差異一旦形成將很難改變，所以，瞭解和探究嬰幼兒的個體差異可為教育提供重要借鑑和依據。

（二）嬰幼兒心理發展的一般趨勢

嬰幼兒心理的發展同其他任何事物的發展一樣，都遵循著一定的趨勢和發展規律。總體來看，可以分為以下幾個方面。

第一，從簡單到複雜。個體心理是一個複雜的系統，但在嬰幼兒心理發生發展的最初階段卻並不複雜。嬰幼兒的心理發展經過了一個從不齊全到齊全、從籠統到分化的過程。比如，嬰兒出生時只會哭，到三四個月能發出類似說話的牙牙學語聲，到第一年末左右說出第一個詞，再到逐漸說出兩三個詞組成的句子，最後能夠說出簡單句和複雜句，這就是嬰幼兒言語過程的發展。由此可看出其心理由單一變為複雜多樣的轉變。

第二，從具體到抽象。嬰幼兒的心理活動最初都是具體的，然後逐漸變得抽象概括。例如，由對具體事物的感知發展到對抽象概念的理解；從具體的情緒表現發展到抽象的情感體驗；等等。

第三，從被動到主動。由於嬰幼兒時期的生理機能和心理機制並沒有完全發育成熟，因此這個階段他們通常是被動接受外界的刺激，進行著無意識的心理活動。隨著生理和心理的不斷成熟，特別是自我意識的發展，嬰幼兒心理活動就由無意變得有意了。例如，從無意注意向有意注意的發展，從無意識記向有意識記的發展，以及從無意想像向有意想像的發展，等等，都表現出嬰幼兒心理行為主動性的逐漸增強。

第四，從零散到系統。心理具有自身複雜的系統，但這個系統並非與生俱來，最初嬰幼兒的心理活動是零散而混亂的，各個心理成分之間缺乏有機聯繫，表現出不規則性，極易變化。而隨著心理活動逐漸組織起來，成為整體，有了系統性，出現穩定傾向，每個個體才具有了各自特有的個性。

二、嬰幼兒心理發展的影響因素

（一）生物因素

遺傳是一種生物現象，透過遺傳，可以把祖先的一些生物特徵傳遞給後代。如機體構造、體態、五官和神經系統的特徵等。嬰幼兒心理的發展是在這些遺傳素質的基礎上發展起來的，遺傳素質為嬰幼兒心理發展提供必不可少的物質前提，也對嬰幼兒的生長發育有明顯的制約。良好的遺傳素質是嬰幼兒心理發展的物質基礎，也是嬰幼兒有可能達到一定社會所要求的那種心理水平的最基本的條件，如果有遺傳缺陷，例如，「無腦畸形兒」，就不能發育成正常的人，也不可能有正常的心理活動。

所以，這從反面印證了遺傳素質的前提作用。同時，許多研究還證明，具有相同遺傳素質的同卵雙生子在智力、性格等方面的相似性遠遠高於沒有共同遺傳素質的人，同樣也證明遺傳還具有奠定嬰幼兒心理發展個別差異的基礎作用。

同時，生理成熟也對嬰幼兒的心理發展產生一定的影響。表現為生理成熟的順序制約心理發展的順序，並為嬰幼兒的心理發展提供物質前提。如嬰幼兒生長發育的順序是從頭到腳，從中軸到邊緣，而動作發展的順序則與此完全一致。此外，著名心理學家格塞爾的「雙生子爬梯實驗」，也是說明生理成熟對學習技能的前提作用的有力證明。

人腦是心理活動的主要器官，心理活動是腦的機能，大腦的成熟是嬰幼兒心理發展最直接的物質前提和基礎。在嬰幼兒發展的不同階段中，我們都可清楚地看到大腦結構和機能的成熟是如何制約其心理發展的。如新生兒期，腦重只有390克左右（相當於成人腦重的1/3），大腦沒有發育成熟，各溝回不明顯，大腦皮質上的神經細胞體積小，神經纖維的長度和分支不發達。

第三節 嬰幼兒心理發展的基本問題

所以，新生兒的生活過程主要由皮下中樞調節，大腦皮質的抑制機能剛開始發展，從而使新生兒的認知活動處於發展的低級水平。

3歲以後，腦重達到900～1011克左右（相當於成人腦重的2/3），隨著大腦皮質細胞機能分化的基本完成，皮質抑制機能有所發展，從而使兒童的睡眠時間逐漸減少，清醒時間逐漸延長。新生兒一天中睡眠時間可達20小時以上，1歲兒童需要14～15小時，3歲兒童為12～13小時，5～7歲為11～12小時。

由於遺傳和兒童生理成熟上存在的個體差異，也影響和造成了嬰幼兒心理發展的個體差異。但個體成熟的過程始終要受到環境的影響。

（二）環境因素

生物因素能否將嬰幼兒發展的可能性轉化為現實性，還需要後天的環境影響。環境因素是指圍繞在人們周圍的客觀世界，包括自然環境、社會和文化環境。每個人出生之後必然生活在一個具體的、特定的環境之中，環境中豐富的刺激給人心理活動的發生和發展提供了充足的營養，如果缺乏刺激，那麼生物因素將無法發生作用，心理活動也無法產生。在截然不同的環境中成長起來的嬰幼兒，雖然在遺傳及生理上具有共性，但也極有可能在思想活動、行為方式等方面表現出顯著差異。

自然環境對嬰幼兒的心理發展有著極大的影響，包括氣候、地理條件和環境條件等。不同自然環境下的人的心理發展會反映出某些特徵，如初從北方到南方生活的幼兒，其生活習慣、飲食偏好等與南方幼兒就可能不同。但相比較而言，社會環境的影響更重要。社會環境在很大程度上制約著嬰幼兒心理發展的方向、速度和水平。

這表現為：首先，社會環境使遺傳所提供的心理發展的可能性變成現實。人類的後代如果離開了人的社會環境，其遺傳提供的可能性就不會變成現實。例如，狼孩、豬孩與人類社會隔離，在狼群、豬圈中生活長大，被刻上了動物習性，即使之後回到人類社會，就算經過長期的教育和訓練，其智力發展也很難達到正常人的水平（見如下案例）。

其他如早期隔離或剝奪實驗的大量事實，也充分說明了要把遺傳提供的可能性變成現實，就必須依賴於後天良好的社會生活環境。其次，不同的社會時代，嬰幼兒在智力水平和精神面貌上差異明顯。例如，受社會生產力發展水平的影響，現代嬰幼兒的生活環境越來越多樣化和複雜化，因此，人們公認，嬰幼兒比以前聰明能幹了。

再次，不同的微觀生活環境也影響著嬰幼兒心理發展的個別差異。嬰幼兒早期的知識經驗、興趣、愛好和特殊才能的發展都與他所處的具體生活環境相關，其中包括家庭環境、幼稚園環境等。例如，多子女家庭中，由於父母對子女的不同要求，使得子女們各自表現出自身的性格特點。歷史上「孟母三遷」的故事同樣也說明了生活環境的重要性。

案例：1983年發現過一名心理畸形的「豬孩」。她生父是位聰明的聾啞人，母親中度智殘，養父以養豬為業，由於不喜歡女孩，整日把她放在院中與豬為伍。她吃豬奶，搶豬食，模仿豬的動作，時間久了形成許多類似於豬的習性。但由於她也和養父母交往，所以也會吃飯、穿衣，進行簡單交談。被發現時她已經8歲多了，智商僅為39，不會分辨性別、顏色、大小，沒有數的概念，情緒不穩、易怒，社會適應能力差，不知羞恥，不會與同伴玩耍。經檢查，她不屬於遺傳性和代謝性疾病，而純屬於後天特殊環境造成的心理障礙，經過3年的教育訓練，其智商提高到了68，智力顯著發展，社會適應能力也大大加強（高月梅，張泓，2003）。

（三）教育因素

先天的遺傳素質僅僅是提供了發展的可能性，環境因素也只是提供了發展的條件，只有透過後天的教育訓練，嬰幼兒的心理和天賦才能得到充分的發展。所以，教育才是嬰幼兒心理發展的最重要的影響因素，對嬰幼兒心理發展起決定性作用。

對嬰幼兒心理發展首先產生影響的是家庭教育。家庭教育是嬰幼兒出生後最初接受的教育，父母是他們最親密的第一任老師。家庭中的生活方式、物質條件、文化素養以及家庭氛圍都對嬰幼兒的心理發展有著直接、深刻、持久的影響，父母的言傳身教是嬰幼兒學習的重要內容。

第三節 嬰幼兒心理發展的基本問題

學校（幼稚園）教育對嬰幼兒心理發展起著相當重要的作用。一方面，學校教育可以減低嬰幼兒心理發展的自發性和盲目性；另一方面，學校教育可以增強嬰幼兒心理發展的自覺性和目的性。所以，這種能夠有目的、有計劃、有系統地對嬰幼兒施加影響的教育，比自發的或偶然的教育更有效。

在教育過程中，教育者透過對嬰幼兒的觀察和瞭解進行「因材施教」，對有良好素質者進行特殊培養和訓練，使他們能夠充分發揮自身才智；對有缺陷者進行特殊的訓練和教育，以改善和彌補其心理發展上的不足。此外，學校大部分時間都是以集體為單位接受教育，同齡兒童的相互影響也能對其良好性格的形成造成積極作用，同時學校教育也可以控制和抵制社會上的一些不良侵蝕和毒害。

教育透過嬰幼兒的遊戲、學習和活動展現出其應有的作用。嬰幼兒並不是消極被動地接受各種影響，與此相反，他們需要積極參與到對外界環境的認識和相互作用之中，利用各種刺激以產生豐富的心理活動。嬰幼兒心理發展主要依靠遊戲、活動和交往，嬰幼兒心理發展離不開這些實際活動，它們對嬰幼兒來說不僅僅是一種娛樂，更是一種學習。遊戲活動是嬰幼兒適宜的、獨特的實踐活動，是他們認識世界的重要途徑，也是教育的最好途徑。

在遊戲中，嬰幼兒能夠在假想的情境中從事自身嚮往的活動，不受真實生活條件的約束和限制，實現主觀願望與實際行動的統一，為解決其心理發展的矛盾找到了最佳的途徑。嬰幼兒在遊戲、活動和交往中透過實際行動積極探索周圍的世界，透過自身的主觀努力，嘗試認識問題並解決問題。這既體現了嬰幼兒心理發展的內在需求，又能夠更好地發展嬰幼兒的智力，鍛鍊其意志，培養其良好品德，熏陶感情並塑造其良好個性。

綜上所述，嬰幼兒心理活動的發生發展受到諸多因素的制約和影響。任何一個因素的改變，都有可能帶來其心理活動的某些改變，正因為如此，對嬰幼兒心理的持續研究就顯得尤為重要。

三、嬰幼兒心理發展中的幾個相關概念

（一）關鍵期和敏感期

「關鍵期」的概念最早由動物實驗提出。奧地利動物習性學家勞倫茲 (K. Z. Lorenz) 透過對小動物的實驗，提出「印刻現象」的概念，後引入心理範疇，特指嬰幼兒心理某種特徵的形成或某種能力的發展在某一時期容易出現，一旦錯過，就難以產生。關鍵期就是容易形成某種心理特徵的時期。

生活中的心理學

印刻現象：

奧地利動物習性學家勞倫茲 (K. Z. Lorenz) 在研究小鴨和小鵝的習性時發現，它們通常在出生後第一天或第二天，就能獲得它們的母親或這一物種所具有的明顯特徵，它們通常將出生後第一眼看到的對像當作自己的母親，並對其產生偏好和追隨反應，這種現象叫「印刻現象」。心理學家將「母親印刻」發生的時期稱為動物辨認母親的關鍵期 (criticalperiod)，但它只發生在生命中一個固定的短暫時期，如小鴨的追隨行為典型地出現在出生後的 24 小時內，超過這一時間，「印刻」現象就不再明顯。（桑標，2009）

印刻的功能顯然是把幼小動物吸引到父母身邊，以得到食物和保護，免遭天敵的危害或其他災難。但勞倫茲也發現，許多非自然物，如閃光的燈、

第三節 嬰幼兒心理發展的基本問題

大鬍子的勞倫茲本人也都能在剛出殼的小鵝面前成為跟隨的標準。（王振宇，2000）

嬰幼兒心理發展的關鍵期主要存在於語言、感知覺發展等方面。但有時候，嬰幼兒的心理能力和特徵並不是錯過了某一特定時期就一定不能發展了，所以，一般情況下，採用「敏感期」的提法似乎更能說明有關嬰幼兒心理發展的時機問題。

蒙特梭利認為：「人類心靈似乎循著相同的路徑發展。他也是從無到有開始的，在新生兒的內部，即其心理層面，並沒有任何現成的東西，心靈的器官也是圍繞著一個敏感點產生的，在此之前也是不斷地收集資料，經由吸收性心智完成。如果我們不瞭解敏感期及其發生的順序，我們就不明白孩子的心靈是如何建構的。」蒙特梭利在其長期的教育實踐中發現了兒童發展的重要規律，即敏感期。敏感期是指兒童對某一種技能技巧和認知能力的掌握有一個發展最快速、最容易受影響的時期，也稱為兒童心理發展的最佳年齡期。

在這個時期的發展過程中，個體對外界環境的刺激產生特別敏銳的感受能力，從而影響了心智和生理反應。如果在嬰幼兒發展的敏感期內，其發展需求得不到滿足，就會錯過學習的最佳時期，日後則需要付出更多的努力和時間來學習此項事務。因此，教育者應該抓住嬰幼兒發展的敏感期，對他們進行適宜的教育，滿足他們對某種技能發展的心理和外部條件的需求，從而獲得最佳的發展。根據蒙特梭利對嬰幼兒觀察的研究，敏感期有如下幾種。

1. 語言敏感期

在 0～6 歲階段，嬰幼兒的語言能力會得到極大的發展。嬰兒會主動關注成人說話的嘴型，發出咿呀學語的聲音，這就開始了他的語言敏感期。嬰幼兒會很容易學會母語的原因之一，就是他們天生具有語言敏感能力。如果兩歲左右的兒童仍遲遲不能開口說話，則要考慮其是否有先天障礙，需要到醫院加以檢查和診斷。

2. 秩序敏感期

對秩序的敏感期主要表現在 2～4 歲的兒童身上。處於敏感期的兒童對外在秩序會有一些要求，他們需要一個有秩序的穩定的環境來幫助自己認識事物和熟悉環境。一旦秩序被破壞，熟悉的環境變陌生，他們就會感到不安和無所適從，從而恐懼、哭泣，甚至大發脾氣。兒童對秩序的敏感通常表現在對順序、生活習慣和所有物的要求上。蒙特梭利認為，成人應該提供一種有序的環境，滿足兒童內心的需求，用更貼近兒童的眼光去看待他們的行為，以便他們獲得足夠的安全感，從而建立起一種對有秩序的關係的知覺，這種內在秩序的建立也標誌著兒童智力的逐步建構。

3. 其他敏感期

從出生開始，嬰幼兒就會利用視覺、聽覺、觸覺和味覺等等感覺器官來對外在事物加以瞭解和熟悉，這表示他們已經進入感官敏感期。三歲之前，兒童透過潛意識的吸收性心智瞭解周圍事物，三歲到六歲則透過更具體的感官能力來判斷環境和事物。嬰幼兒運用感覺器官感受周圍的事物，也對周圍的環境充滿了好奇與探求的渴望，成人應該在預防危險性、不損害侵犯他人他物的情況下盡可能地滿足他們的需求。

一歲半到四歲的兒童，常常關注細微的事物，處於對細微事物感興趣的敏感期。成人們往往因為事務繁忙和長期對周圍環境的習慣而忽略周圍環境中細小的事物，但孩子們能精準地發現細微事物中的神奇與奧妙。這段時期正是培養嬰幼兒細心和縝密習慣的大好時期。

整個嬰幼兒階段都是動作敏感期。兩歲的兒童已經學會走路，成人應該充分讓他們參與運動，讓其在運動中得到肢體動作的發展，能熟練掌握正確的動作，進而促進左右大腦的均衡發展。另外，除了對大肌肉的訓練之外，小肌肉的練習也不可忽視，包括眼手協調等細微動作的訓練，這樣既可以培養嬰幼兒良好的動作習慣，也能夠幫助其智力的發展。

第三節 嬰幼兒心理發展的基本問題

從兩歲半開始兒童逐漸脫離自我中心，對結交朋友和群體活動有了興趣和傾向，這正是社會規範敏感期。成人們應該與兒童建立明確的生活規範、日常行為禮節等，讓他們能夠瞭解社會規範、懂得自律。

三歲半到四歲半的兒童處於書寫敏感時期，四歲半到五歲半處於閱讀敏感期，它們雖然來得較遲，但如果兒童在之前的動作敏感期內得到了充足的發展，那麼書寫、閱讀能力便會自然產生。成人們可以選擇適當的有趣的讀物，培養兒童熱愛閱讀的好習慣。

嬰幼兒時期心理發展的巨大潛力要求早期教育的介入，要充分利用敏感期的良好機會，積極促進嬰幼兒心理的發展。當然，我們一方面既應該重視敏感期對嬰幼兒心理發展的作用，同時也不能僅僅侷限於此，錯過了敏感期的嬰幼兒仍可透過適當的教育使其心理得到良好發展。

（二）轉折期與危機期

人的身心發展從出生到衰老經過多次量變到質變的過程，而其中較大、較為重要的質變過程，我們稱之為轉折過程，也就是轉折期。在 0～7 歲，嬰幼兒經歷了兩個比較大的轉折期。

第一次轉折期：兒童在 2～3 歲的時候會經歷人生的第一次轉折期。這個重要轉折期也是區別人與動物心理的關鍵時期。人與動物的根本區別在於人能使用工具和製造工具，人有思維和言語。在這個時期，兒童的複雜動作逐漸增多，並且依照由大肌肉活動逐漸向精細動作發展的規律轉變。兩歲以後，兒童能夠端起碗喝湯，用勺子吃飯，能用積木搭起「高樓」，能拿起筆「畫畫」，這些都表明他們已經能夠使用工具。同時，兒童的語言在這個時期也迅速發展。

一歲前兒童對成人的語言往往只有簡單的動作反應，一歲半之後其語言理解能力有了較快發展，兩三歲是大部分兒童真正開始說話的年齡。在這個時期，兒童還形成數的概念，產生了延遲模仿。隨著他們探索世界範圍的擴展，對周圍事物的認識慾望的加強，兩三歲的兒童開始意識到自己，自我意識增強，出現了「獨立性」，就此進入人生的第一個轉折期。

第二次轉折期：兒童在 6～7 歲的時候會經歷人生的第二轉折期。在這個轉折期中，嬰幼兒到了入學的年齡，以遊戲為主導的活動方式逐漸轉變為以學習為主導的活動方式。這個階段的兒童既還保留著前一年齡階段的特點，又開始萌發下一年齡階段的特點，心理發展處於新舊交替時期，面臨新的矛盾，迫切需要成人的引導和幫助。此外，在這一時期，各項規章制度成為他們在集體生活中必須遵守的行為準則，加之集體意識的逐漸萌芽，因此此階段的兒童在道德品質和個性方面都會發生極大的變化。

由於轉折期嬰幼兒常常出現對成人的對抗行為，或出現種種不符合社會行為準則的表現，所以，也把此時期稱為危機期。但辯證地看，轉折期是嬰幼兒心理發展過程中必然出現的時期，而危機並不一定必然出現。如果成人能掌握嬰幼兒心理發展的規律，正確引導，化解矛盾，即可減少危機，甚至消滅危機。

（三）最近發展區

「最近發展區」是俄國著名教育家維高斯基提出的一個非常重要的概念，是指兒童能夠獨立達到的水平與在一個技能更為熟悉的參與者的指導和鼓勵下能夠達到的水平之間的差距。「最近發展區」的概念在教學中應用廣泛，又稱「支架式教學」。維高斯基將兒童心理發展分為兩種水平：第一種是兒童現有的發展水平，是指兒童在獨立活動中所能解決問題的水平；第二種是指在有指導的情況下，借助成人的幫助所達到的解決問題的水平。成人應該在兒童的發展過程中明確兒童心理發展的這兩種水平。在成人的耐心引導和幫助下，兒童完成一些自己無法獨立完成的複雜任務，在這一過程中，他們能夠對新的事物產生新的認知。

例如，在遊戲中，成人首先要對兒童的現有水平進行瞭解，並且成人要對遊戲規則進行調整，既能滿足兒童對遊戲的需求，又向他們提出必須透過努力才能完成的挑戰。「最近發展區」的思想關注兒童發展的可能性，並向傳統的「量力性」等教學原則提出了挑戰，維高斯基認為教學應該面向兒童未來發展的可能性，一方面要適應兒童的現有水平，另一方面教學要走在發展的前面，以發揮教學對發展的主導作用。

複習鞏固

1. 請簡述嬰幼兒發展的心理特點和趨勢。
2. 什麼是敏感期？什麼是轉折期？
3. 什麼是最近發展區？

本章要點小結

　　嬰幼兒心理學是研究從出生到小學入學之前，即從出生到 6 歲兒童心理發生發展規律的科學。嬰幼兒期具體包括嬰兒期（0～1歲）、幼兒前期（1～3歲）和幼兒期（3～6歲）。

　　嬰幼兒心理學的研究內容包括嬰幼兒個體心理的發生、嬰幼兒心理發展的一般規律、嬰幼兒時期心理過程和個性的發展等方面。

　　隨著嬰幼兒心理發展的持續研究，在研究理論和研究方法方面也出現了新的發展趨勢。

　　嬰幼兒心理研究應遵循的基本原則有客觀性原則、發展性原則、教育性原則、系統性原則和保護性原則等。

　　嬰幼兒心理研究的具體方法主要包括觀察法、實驗法、調查法、測驗法等。

　　嬰幼兒心理發展具有以下基本特點：連續性和階段性；不平衡性；個體差異性。

　　嬰幼兒心理發展的一般趨勢為：從簡單到複雜、從具體到抽象、從被動到主動、從零散到成系統。

　　嬰幼兒心理發展受到生物因素、環境因素和教育因素的制約。先天的生物遺傳因素僅提供發展的可能性，環境因素提供發展條件，而只有透過後天的教育和訓練，嬰幼兒的心理才能得到發展並轉為現實性，才能使其天賦才能得以充分發揮。

　　嬰幼兒心理發展的敏感期指嬰幼兒對某一種技能技巧和認知能力的掌握有一個發展最快速、最容易受影響的時期，也稱心理發展的最佳年齡期。

嬰幼兒心理學

第一章 緒論

　　人的身心發展從出生到衰老經過多次量變到質變的過程，而其中較大、較為重要的質變過程我們稱之為轉折過程，即心理發展的轉折期。

　　「最近發展區」是指兒童能夠獨立達到的水平與在一個技能更為熟悉的參與者的指導和鼓勵下能夠達到的水平之間的差距。

關鍵術語表

嬰幼兒心理學

客觀性原則

保護性原則

自然實驗法

敏感期

轉折期

最近發展區

選擇題（不定項選擇）

1. 心理學是研究人的（　）及其規律和特點的科學。

A. 心理現象

B. 心理發展

C. 心理研究

D. 心理陰影

2. 嬰幼兒心理學的研究對象，是（　）年齡範圍內的兒童的心理發展規律。

A. 3～6 歲

B. 0～6 歲

C. 0～3 歲

D. 4～5 歲

3. 下列不屬於嬰幼兒心理學研究對象的是（　）。

A. 嬰幼兒個體心理的發生

B. 嬰幼兒心理發展的一般規律

C. 嬰幼兒時期心理過程和個性的發展

D. 異常兒童心理的診斷與矯正

4. 嬰幼兒心理學對嬰幼兒教育實踐具有（　）的作用。

A. 描述

B. 解釋

C. 預測

D. 促進發展

5. 嬰幼兒心理研究應遵循的基本原則有（　）。

A. 客觀性原則

B. 發展性原則

C. 教育性原則

D. 系統性原則

6. 所得材料自然、真實的一種研究方法是（　）。

A. 問卷法

B. 談話法

C. 觀察法

D. 實驗法

7. 透過控制和改變嬰幼兒的活動條件，以發現由此引起心理現象的有規律性變化，從而揭示特定條件與心理現象之間的聯繫，這種研究方法被稱為（　）。

A. 測驗法

B. 實驗法

C. 觀察法

D. 調查法

8. 可以在較短時間內獲得大量資料，較易得出結論的一種研究方法是（　）。

A. 問卷法

B. 談話法

C. 觀察法

D. 實驗法

9. 嬰幼兒心理發展的基本特點是（　）。

A. 不平衡性

B. 差異性

C. 連續性

D. 階段性

10. 兒童學習某種知識和形成某種能力比較容易、兒童心理的某個方面發展最為迅速的時期稱為（　）。

A. 轉折期

B. 關鍵期

C. 危機期

D. 敏感期

第二章 嬰幼兒心理發展理論

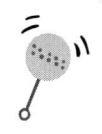

　　為什麼小阿爾伯特見到可愛的小白兔、和藹的聖誕老人會哇哇大哭？為什麼孟母要三遷？童年的經驗會對人後來的發展有重要影響嗎？兒童真的是成人的縮小版嗎？……這一系列謎團的解決依賴於嬰幼兒心理發展理論。

　　理論流派的多樣性為我們的研究提供了一個多面體，任何一種單獨的理論都無法解釋它所有的側面，而每一個理論流派又為揭示這個多面體做出了重要的貢獻，不同理論之間是互補的，而不是競爭的。這些互不相同又互相補充的各個流派能讓我們領略到嬰幼兒個體發展的豐富多彩。本章將重點介紹與嬰幼兒發展相關的心理發展理論，包括行為主義的心理發展觀、精神分析的心理發展觀和認知理論的心理發展觀。

▍第一節 行為主義的心理發展觀

　　行為主義心理學是極富影響力的流派，其代表人物約翰·華生在 1913 年以《行為主義者心目中的心理學》一文宣布了行為主義的誕生，並在 20 世紀初風靡一時；接著，激進行為主義者史金納更是誓將行為主義進行到底；最後，行為主義的風采被歲月慢慢侵蝕，其後繼者採用「和平演變」的方式把環境的因素加進理論中，這就是後來的「社會學習理論」，班度拉就是其中一位傑出代表。從行為主義者的視角出發，可以探索其嬰幼兒心理發展觀。

一、注意及其種類

　　約翰·華生（1878-1958）是美國心理學家，行為主義心理學的創始人。華生反對心理學研究意識，認為心理學的研究對像是行為；華生反對心理學對無意識動機或不可觀察的現象的內省研究，主張用實驗方法。早先，俄國著名生理學家巴甫洛夫提出了「經典條件反射理論」，認為行為是具有可操作性的單元，在此基礎上，華生建立了「刺激 - 反應」（S-R）這一行為主義的公式。從「S-R」公式出發，華生認為，有什麼刺激就有什麼反應；知道

是什麼反應，就可以推想出由什麼刺激所引起。他的重要著作是《行為主義的心理學》（1919）和《兒童心理教養法》（1928）等。

圖 2-1 行為主義心理學的創始人華生

（一）華生的心理發展觀

華生在嬰幼兒心理發展觀上的突出觀點具體表現為以下幾個方面。

1. 環境和教育

華生認為兒童行為的習得都是透過後天的環境和教育而來。華生曾經說過這樣的論斷：「給我一打健康而又沒有缺陷的嬰兒，把他們放在我所設計的特殊環境裡培養，我可以擔保，我能夠把他們中間的任何一個人訓練成我所選擇的任何一類專家——醫生、律師、藝術家、商界領袖，甚至是乞丐或竊賊，而無論他的才能、愛好、傾向、能力或他的祖先的職業或種族是什麼。」由此可見，華生否認遺傳的作用，而宣揚後天環境和教育的重要性。華生認為教養就是一切，天性或者遺傳的力量對個體以後的發展所起的作用微乎其微。

兒童沒有天生的傾向性，他們的發展完全取決於養育條件和父母或者生活中的重要他人對待他們的方式。此外，華生片面誇大環境和教育的作用，

第一節 行為主義的心理發展觀

認為環境和教育是行為變化的唯一條件，不管多麼複雜的行為，都可以透過「S-R」這一條件反射來形成。教育過程就是使個體建立或消退某些條件反射的過程。因此，華生的心理發展觀為其創立「教育萬能論」提供了論證，同時華生的觀點也確定了其為「環境決定論」的支持者。

2. 兒童行為的塑造

由於重視環境和教育的重要性，華生認為人類的很多行為都可以透過後天的干預而出現或者消退。其中以「嬰兒恐懼形成實驗」最為著名。華生認為，透過用條件反射的方法實施恐懼教育，可以形成兒童的恐懼感。華生由此來驗證嬰兒的恐懼感和其他情緒反應一樣，是習得的，而不是天生的。根據這一觀點，華生在 11 個月大的小阿爾伯特身上實施了恐懼實驗。起初，小阿爾伯特經常和一隻小白鼠玩，阿爾伯特在與小白鼠的接觸中是積極、開心的。後來，華生提前準備了一根能發出巨大響聲的金屬棒，每次阿爾伯特一接近小白鼠，華生就在其身後用力敲打金屬棒，巨大的噪音引起了嬰兒的劇烈行為反應，表現為猛然驚起，向前摔倒，頭埋進墊子裡，繼而大聲哭泣。

在噪音和小白鼠的多次結合後，即使沒有噪音出現，阿爾伯特再看到小白鼠也會表現出極度恐懼 (Watson & Rayner, 1920)。後來，小阿爾伯特見到小白兔、白鬍子、聖誕老人等一切帶毛的物體或人都會表現出恐懼，可見，阿爾伯特的恐懼已經延伸到一切帶毛的東西上了。華生的實驗驗證了自己的理論，但由於這一實驗嚴重傷害了嬰幼兒的心理健康而遭到了學術界道德上的譴責。

3. 華生理論的教育啟示

華生的「嬰兒恐懼形成實驗」驗證了後天教養對兒童行為塑造的重要性。例如，拔牙和打針的痛苦經歷會使嬰幼兒對醫生或者「白大褂」產生恐懼；嬰幼兒有過從高處摔下來的經歷而導致恐高；被狗咬過或者被狗叫聲嚇哭過的嬰幼兒會害怕狗。這些都表明行為都是可以透過後天的塑造而習得的。

華生的理論也給家長和幼兒教師一個嚴肅的訊息：即兒童成長為什麼樣的人，與父母和教育關係重大。當兒童到了 3 歲時，這時父母的教育已經決

定了兒童將來變成一個怎樣的人。同時，3歲以後入園活動也會受到教師的影響。如果幼稚園總是讓兒童想起老師的批評和嚴厲，那麼與幼稚園相聯結的就會是嬰幼兒的焦慮情緒，會讓他們不願意上幼稚園；反之，如果讓幼稚園與幼兒相聯繫的是愉快的體驗，幼稚園裡有好朋友、好玩的玩具、和藹可親的老師，兒童就會喜歡上幼稚園。這也解釋了為什麼會「愛屋及烏」。

為此，在關於嬰幼兒教養方面，華生認為父母應該從一出生就對嬰兒進行訓練，培養他們良好的行為習慣，減少嬌縱。華生告誡父母說，「不要擁抱或親吻孩子，不要讓他們坐在你的膝上，把他們看作年輕的成年人，你的行為要保持客觀而堅決」。

（二）華生心理發展觀簡評

華生理論的主要貢獻在於：第一，華生反對內省法，而代之以自然科學常用的實驗法和觀察法。其突出特點是強調現實和客觀研究，將心理學帶入實證科學的大門。同時，由於嬰幼兒的心理活動突出的外顯性，適用於嬰幼兒心理學的研究只有客觀的觀察法。第二，華生透過條件反射的方法對嬰幼兒的行為進行了「塑造」，他關於兒童情緒的實驗豐富和擴展了兒童心理學的研究領域。第三，關於兒童教育方面，華生認為習慣的養成主要靠環境和教育。在嬰幼兒教育中，培養良好的習慣是教育的重要內容之一。

其理論侷限主要表現在，「S-R」公式將人非人化，完全忽視了人的主體性、個體性。並且，他推崇環境決定論和教育萬能論，表現出了極端行為主義的色彩。

根據華生的行為塑造理論，哭聲免疫訓練法、延遲滿足訓練法和嬰兒獨立完整睡眠訓練法當時曾在美國風靡一時。華生認為對待兒童要尊重，但是要超脫情感因素，以免養成依賴父母的惡習，要把孩子當作機器一樣訓練、塑造和矯正。

華生用自己的理論培養的兩個兒子都帶著心理創傷長大，成年後都被嚴重的抑鬱症所困擾。其中一個叫詹姆斯的兒子，他透過長期的精神分析治療，

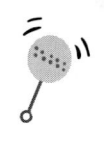

試圖改進他和兄弟所受的怪異、嚴酷的童年的影響，最終未果。美國那些被哭聲免疫法訓練長大的孩子，輕則存在睡眠障礙，重則存在人格障礙。

付出一代美國兒童的幸福代價後，華生的一些方法終於被歐美研究者摒棄。現在，親密育兒、按需餵養已經成為母親們最基本的共識。

二、史金納的操作條件反射理論

美國心理學家伯爾赫斯弗雷德里克史金納（1904-1990）發現並提出了「操作性條件反射理論」。史金納設計了一種特殊條件的控制箱——「史金納箱」（見圖2-3）。箱內隔光、隔音，並裝有自動控制和記錄的光、聲系統及一套槓桿和餵食器。只要在箱內按下杠位，餵食器就自動供給食物。

實驗時將禁食的小白鼠放置箱內，開始時小白鼠在箱內亂跑並向四周攀附，當它偶然觸壓槓桿，就可以得到一粒食物，不久在記錄器上就可看到小白鼠越來越經常地觸壓槓桿，這說明它很快學會了主動地觸壓槓桿以獲得食物。小白鼠透過訓練形成的反應被稱為「操作條件反射」或「工具條件反射」。史金納的理論強調強化與消退、及時強化以及行為塑造等原則。

圖2-2 操作條件反射理論的提出者史金納

（一）史金納的心理發展觀

1. 強化

史金納認為強化作用是塑造兒童行為的基礎。在操作性條件反射中，核心是強化，即在行為之後的強化（白鼠在按槓桿之後獲得食物）。例如，如果老師的一個微笑增加了兒童完成學習任務的可能性，那麼微笑就是對兒童的強化。強化還可以從另外一個途徑實現，當個體反應後使厭惡性刺激減少或消失從而強化了該反應的現象。例如，當孩子認真完成家庭作業就不再受到父母的責罵。史金納主張用強化來替代懲罰，如打罵、罰站等。

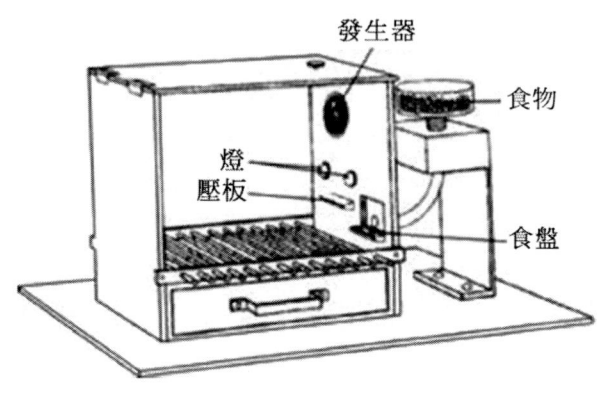

圖2-3 史金納箱

史金納認為，一旦掌握了強化的技術，就能隨意塑造出一個教育者所期望的兒童的行為，當兒童偶然做了什麼動作而得到了教育者的強化，這個動作後來出現的概率就會大於其他動作，強化的次數越多，概率加大，行為塑造即得以形成。如果一個小女孩對同伴的痛苦表示同情，父母對她這種友善的行為給予表揚，那麼她就會形成對他人的痛苦表示同情的習慣。史金納提出該理論後，很快用在了自己的女兒身上，這就是史金納的育嬰箱。他的女兒在育嬰箱內很快活，長大後成為一名很有名氣的畫家。育嬰箱的設計思想就是要儘可能避免外界一切不良刺激，創造適宜兒童發展的環境，養育身心健康的兒童。

史金納認為，強化要及時。例如，嬰兒最初發出聲音後，受到母親的及時肯定或否定，嬰兒於是學會了單詞和句子。反之，如果嬰兒發出的聲音並沒有及時得到成人的反饋，嬰兒再次發出同一個語音的概率就會降低。幼兒教師也應該運用「立即強化優於延遲強化」的觀念，在恰當的行為出現之後盡快地予以強化。如，對兒童行為的及時反饋，對兒童所取得進步的及時表揚等。

2. 消退

史金納認為，得不到強化的行為易於消退。消退是已習得的反應逐漸減弱並消失的過程。在日常生活中，嬰兒特別喜歡哭鬧、喊叫，是因為哭鬧會給他帶來利益和強化，如母親的關注。因此，哭鬧往往成為其達到目的的手

段。如果父母始終對此行為不予理睬，而只有當其以文雅的方式表達時才給予注意，那麼，孩子的這種工具性行為就會逐漸消退。所以說，對適當行為的強化常常伴隨著不適當行為的消退。

史金納提出，兒童之所以要做某事「就是想得到成人的注意」。要使兒童的不良行為消退，如無休止的啼哭、攻擊性行為、咬手指或發脾氣等，大人若不予理睬，有意地忽略，結果孩子就會不哭、不發脾氣。該觀點在行為矯正中得到了運用。

（二）史金納心理發展觀簡評

史金納認為強化是解釋機體學習過程的主要機制。他討論刺激和行為的關係，不同類型的強化對行為產生不同的影響，並強調環境的重要性。史金納提出的強化理論為塑造嬰幼兒良好行為提供了心理學上的依據。實踐已經證實，儘管學習的速度很慢，但透過操作性條件反射原理可建立新生兒的行為。

例如，Papousek（1967）發現兩天大的新生兒需要 200 次練習，才學會向右轉頭，三個月大的嬰兒需要 40 次練習，5 個月時則只需要 30 次練習就學會了簡單的反應。因此，在教育中教師可以運用行為塑造技術培養嬰幼兒良好的行為習慣。此外，史金納的消退原理在消除和矯正兒童的攻擊性行為、自傷行為中也具有重要作用。

與此同時，史金納的理論只討論外部因素或環境刺激對行為的影響，忽略了人的內在因素和主觀能動性對環境的反作用，具有機械論的色彩。班度拉對此提出了批評，並發展了新行為主義——社會認知理論。

三、班度拉的社會學習心理發展觀

史金納的操作性條件反射理論在動物界裡屢試不爽。在實驗室中，幾乎沒有一隻鴿子感到被操縱，也沒有一隻老鼠拒絕合作。但人類卻不一樣。一天，一個小女孩怒氣衝衝地回到家裡告訴母親，她的老師說成績好的兒童可以得到獎勵，用這些獎勵可以交換特權。她說：「難道她不覺得我不需要獎勵也可以努力學習嗎？」

嬰幼兒心理學
第二章 嬰幼兒心理發展理論

現實生活中，有的人默默工作、不圖名利，有的人學習他人、無私奉獻，也有的人為了理想而獻出自己的生命……條件反射理論顯然不能解釋人類所有的行為。人類畢竟不是動物，人類具有態度、信念和期望等認知因素，這些都在影響著人們的行為。班度拉因此提出了「社會學習理論」，他更關注認知對行為的影響。

（一）班度拉的心理發展觀

現任史丹佛大學心理系教授阿爾伯特班度拉（1925年至今）是美國心理學家，新行為主義的主要代表人物之一，「社會學習理論」的創始人。「社會學習理論」突破了傳統行為主義的理論框架，從認知和行為聯合的觀點上看待社會學習。班度拉關於兒童發展的理論主要有以下幾點。

圖2-4 社會學習理論的提出者班度拉

1. 觀察學習

班度拉認為，個體在發展過程中發生的大部分行為都由觀察學習得來。觀察學習是指個體只以旁觀者的身份，觀察他人的行為表現（自己不必實地參與活動）即可進行學習。同時，班度拉認為，學習在沒有強化的情況下也會發生。例如，一個2歲的孩子僅僅透過觀察姐姐的行為就可能習得如何接近和撫摸小狗；我們透過模仿學會了流行歌曲，透過觀察別人的穿著打扮而學到了流行時尚，透過看父母做家務而習得了做家務的行為。當然，一些兒童也透過觀察父親如何抽煙、酗酒而習得了這些不良行為。

觀察學習在嬰兒時期就已經出現。梅哲夫和摩爾研究了出生12～21天的嬰兒的臉部模仿能力 (Meltzoff & Moore, 1977)。當嬰兒注視成人的面部表情時，例如對嬰兒做各種鬼臉（如吐舌頭，噘起嘴），同時記錄嬰兒的臉部行為。結果表明，嬰兒在模仿他們所看到的表情。而沒有見過成人表情的嬰兒臉部行為並沒有變化。他們的後續研究還發現出生2～3天的嬰兒就能進行這類模仿 (Meltzoff & Moore, 1993)。

第一節 行為主義的心理發展觀

幼兒階段的觀察學習現象也很普遍。在班度拉的一個實驗中，讓一組幼兒觀看暴力影視片，另一組幼兒觀看非暴力影視片。觀看暴力影視片的幼兒在與同伴交往時變得有較多的攻擊行為，而觀看非暴力影視片的幼兒的攻擊行為沒有變化 (Bandura, 1963)。在其後的追蹤研究中還發現，觀看暴力影視作品的影響繼續存在，男孩在 9 歲時觀看的暴力影視作品越多，在 19 歲時就會有更多的攻擊行為 (Huesmann, et.al., 1984)。

由於觀察學習是兒童習得新行為的一種主要方式，因此，作為他們觀察模仿對象的成人，應當特別注意自己的言行舉止，以身作則，當好榜樣。不僅如此，由於「近朱者赤，近墨者黑」、「見賢思齊」，成人還應積極主動地為兒童能夠接觸、模仿良好行為的榜樣而創造條件，同時為他們遠離不良行為的榜樣、消除其消極影響而努力。這也就解釋了為什麼孟母為選擇良好的環境教育孩子，多次遷居的原因。

生活中的心理學

電視對嬰幼兒心理發展的影響

在嬰幼兒心理發展的過程中，我們越來越不能忽視電視的影響。有研究者做過保守的估計，嬰幼兒在醒著的時間裡，用超過三分之一的時間在看電視，甚至 9 個月大的嬰兒一天就有 90 分鐘的時間在看電視。

電視可能帶來的消極影響有以下一些。首先，電視暴力增加了攻擊行為。大量研究表明，相對於很少看暴力電視的嬰幼兒，那些觀看了許多電視暴力的嬰幼兒更具敵意和攻擊性。長期觀看暴力圖像也能使嬰幼兒去敏感化，即他們對暴力行為不易產生情緒不安，更願意容忍真實生活中的暴力。其次，電視對嬰幼兒的另一個不利影響是強化了各種潛在的不良社會刻板印象。當然，電視的影響也不全是負面的。有觀點認為，經常觀看親社會節目的嬰幼兒，他們的親社會行為會增加。這些親社會行為包括友善、慷慨、合作、包容等。

2. 替代性強化

替代性強化是影響兒童行為的重要因素。兒童不僅觀察他人的行為而進行模仿學習，而且還觀察他人行為的結果而進行替代性學習。所謂替代性強化，就是指觀察者在學習的過程中不必直接受到外在強化，只要看到仿效對象的行為受到強化就等於自己也受到強化的過程。

替代性強化的一個經典實驗是班度拉所做的「波波玩偶實驗」(Bandura, 1965)。他以史丹佛大學幼稚園男女兒童各 33 名為被試，將他們隨機分為三組，每組 11 人，分別觀看 3 部影片中的 1 部，每部影片中都有一個成人在攻擊充氣玩偶。其中第一部影片中的成人因其攻擊行為而受到嚴厲的懲罰；第二部影片中的成人因其攻擊行為受到表揚和獎勵；第三部影片中的成人既沒有受到獎勵，也沒有受到懲罰。兒童看完影片後，每次讓一個兒童單獨待在一個房間裡玩類似於影片中的玩具 10 分鐘，實驗者透過單向玻璃觀察記錄其行為表現。

結果發現，看到榜樣被懲罰的兒童，他們自己單獨玩玩具時表現出的攻擊行為顯著地少於那些看到榜樣被獎勵或沒有任何處理的兒童。也就是說，看到榜樣被懲罰的兒童受到了替代性懲罰，而看到榜樣被獎勵的兒童則受到了替代性強化。對於兒童而言，他人的某一行為受到懲罰意味著這樣的行為是不被接納的，而受到獎勵的行為則意味著是可以為他人所接受的。

有意思的是，在班度拉的實驗裡，既沒有受到獎勵也沒有受到懲罰的那組兒童表現出來的攻擊行為與獎勵組的攻擊行為一樣多，這說明，不懲罰榜樣的不當行為實際上就是在傳遞可以容忍這種行為的訊息。總之，兒童對於恰當行為與不恰當行為的認識，不僅透過自己的行為所受到的直接強化與懲罰來實現，而且還透過替代性強化與懲罰，甚至於透過對不當行為的不懲罰來實現。因此，教師不僅要對獎勵或懲罰的行為保持時間上的一致性，而且應對每個兒童一視同仁。

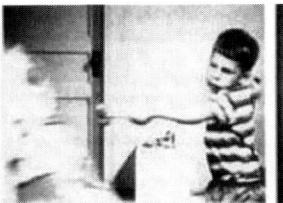

圖2-5 兒童觀看影片與攻擊行為相關

（二）班度拉社會學習理論簡評

　　班度拉的理論認為，兒童的心理發展是受到行為、個人認知因素和環境三者相互作用決定的，其中個人認知因素的作用把兒童看作一個積極主動、具有主觀能動性的個體，這為研究心理發展的影響因素另闢新徑。

　　其次，班度拉認為人的行為和心理都是透過在觀察學習的過程中模仿榜樣的行為而習得，這對於透過榜樣培養嬰幼兒良好的行為習慣具有重要意義。成人和榜樣的言行、同伴的表現以及媒體的影響每時每刻都為嬰幼兒提供著學習的榜樣，尤其是家長和幼兒教師。

　　同時，班度拉大量的實驗研究是以人為被試的，這就避免了以動物為被試的研究結果類比到人身上帶來的錯誤。

　　但是，班度拉對認知機制只是一般化地進行了分析，認知觀尚待深入探討。此外，班度拉在研究攻擊行為的觀察學習時所採用的方法也難以讓人苟同。班度拉給一些兒童呈現攻擊的榜樣，無疑對那些兒童的健康成長產生了不利影響。

複習鞏固

1. 請簡述華生的行為主義理論的貢獻與侷限。
2. 如何運用強化理論塑造幼兒的良好行為？
3. 什麼是觀察學習？

第二節 精神分析的心理發展觀

精神分析產生於19世紀末20世紀初的奧地利，由猶太醫生西格蒙德·佛洛伊德 (Sigmund Freud, 1856-1939) 始創立。佛洛伊德透過分析有情緒困擾的病人的生活史，構建了自己關於個體發展的理論。他透過使用催眠、自由聯想以及釋夢等方法，發現病人的無意識動機線索。佛洛伊德認為，人有最基本的性本能，在兒童出生後的前幾年中，父母對這種性本能的控制在兒童行為和個性發展中起著重要作用。佛洛伊德由此提出了自己的性心理理論。由於其在心理學研究上獨特的取向，因此，他的理論流派成為心理學史上的一個重要流派。

一、佛洛伊德的性心理發展觀

（一）人格結構理論

圖2-6 精神分析學說的創始人佛洛伊德

佛洛伊德認為，人類行為的內在動力是由潛意識過程支配的，早期經驗塑造了人格。個體的心理防禦機制反映出人格結構中本我、自我和超我之間的複雜關係，本我、自我與超我即人格的三種成分。

本我由先天的本能、基本慾望所組成，生來就有。本我純粹依照快樂原則行事。佛洛伊德認為，剛出生的嬰兒似乎完全處於本我狀態，當餓了或尿濕了時，他們就會驚慌和哭泣，直到需要得到滿足才停止，絲毫不能忍耐。

直到本我和環境相互作用時，人的自我才發展起來。自我按照現實原則行事。自我既要滿足本我的即刻要求，又要按客觀的要求行事。當一個幼兒感到饑餓時，他知道如何得到食物，如尋找母親並說「餅乾、餅乾……」隨著自我的成熟，嬰幼兒逐漸能夠較好地控制本我，運用現實手段來滿足自己。

然而，即使是一個3歲大的兒童，當他因饑餓去偷吃食物被逮住時，也能立刻發現運用現實手段滿足需要並不總是會被接受的，人格的最後一個成

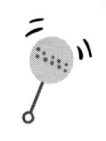

分——超我開始發揮作用。在功能上,超我監督自我去限制本我的本能衝動。超我遵循至善原則,是自我的理想和良心所在。

在嬰幼兒的發展中,當他們的行為符合父母的道德標準時,父母就給予獎勵,從而就會形成他們的自我理想;當嬰幼兒心目中的道德觀念與父母所鄙棄的道德觀念相一致時,當這些觀念或行為出現時,父母就要給予懲罰,從而使他們在心靈上受到責備,形成良心。兒童在3～6歲時就出現了超我,他們把父母的道德觀念和規範內化了。

三種成分的行事原則各不相同,所以存在無法避免的衝突。在成熟、健康的人格中,這三種人格保持著動態的平衡;當三者的平衡關係遭到破壞時,個體往往產生焦慮,導致神經症和人格異常。

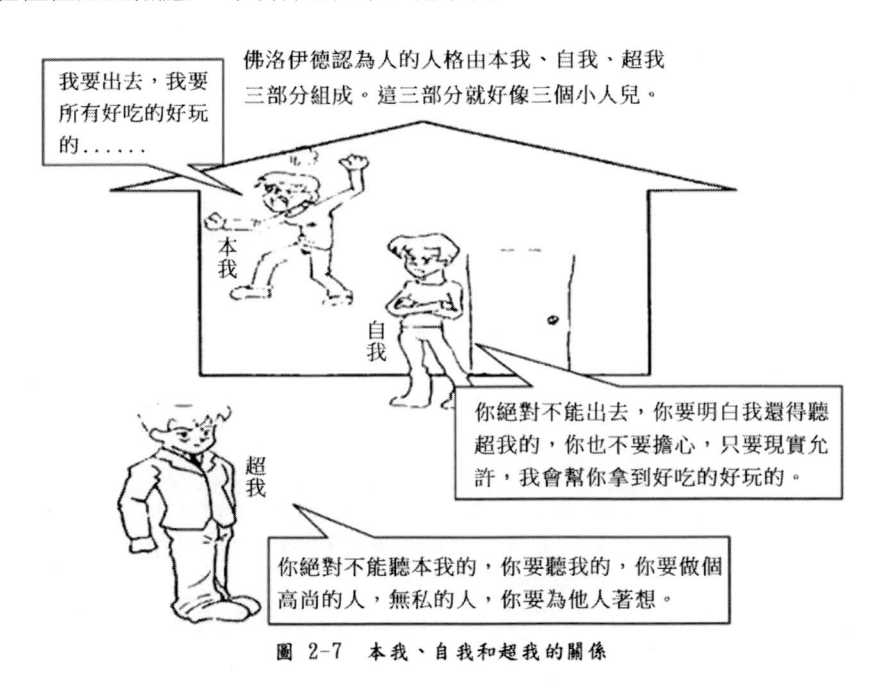

圖 2-7 本我、自我和超我的關係

(二) 心理發展階段論

年幼的兒童真的存在性慾嗎?佛洛伊德的答案是肯定的。在他看來,「性」的意義很寬泛,涵蓋了諸如吮吸指頭、撒尿、大便等我們認為與性無關的活動。隨著年齡的增長,性驅力從身體一個部分聚集到身體的另外一個

部分,每一次轉變就意味著進入性心理發展的又一個新的階段。由此,佛洛伊德把兒童人格發展分為口唇期、肛門期、性器期、潛伏期和生殖期五個階段(表2-1)。發展按階段進行以及童年早期的經驗和衝突對成年的興趣、行為和人格有重要影響。

表2-1　佛洛伊德性心理發展的五個階段

心理性欲階段	年齡	描述
口唇期 (oral stage)	0~1歲	性本能的主要區域集中在口腔,因為嬰兒從吮吸、咀嚼、咬、吞嚥等活動中得到快感。因此,餵食是很重要的。例如,嬰兒突然被斷奶或斷奶太早,後來就有可能糾纏配偶或者過分依賴配偶。
肛門期 (anal stage)	1~3歲	滿足性本能的主要方式是自發排便。大小便訓練可能引起父母和兒童之間較大的衝突。父母創造的情緒氛圍有持久的影響。例如,兒童如果由於上廁所時發生意外而受到處罰,就可能變得抑制、骯髒或浪費。

續表

心理性欲階段	年齡	描述
性器期 (phallic stage)	3~6歲	愉快來自性器官的刺激,兒童對異性父母有亂倫的願望(戀父情結或戀母情結)。這種衝突引發的焦慮,會導致兒童內化性別角色的特徵及其與之競爭的同性父母的道德標準。
潛伏期 (latent stage)	6~11歲	性器期的創傷導致性衝突的壓抑,性衝動轉移到學習或充滿活力的遊戲活動中。隨著兒童在學校獲得更多的問題解決能力和對社會價值的內化,自我和超我繼續不停地發展。
生殖期 (genital stage)	12歲以後	青春期的到來喚醒了性衝動,青少年必須學會以社會接受的方式表達這種衝動。如果發展是健康的,婚姻和撫養孩子能夠滿足這種成熟的性本能。

佛洛伊德認為,在這五個階段,父母和兒童應保持一致。對性慾的過分滿足或不滿足,都可能引起兒童沉溺於受鼓勵或不受鼓勵的活動。如,嬰兒咬手指若受到了嚴厲處罰,由此產生衝突,就有可能產生口腔固著,從而在成年時用吸煙或過度飲食等活動來代替這種衝突。佛洛伊德認為童年早期經驗和衝突會持續影響成人人格的觀點,有很重要的應用價值。

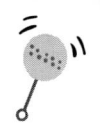

（三）佛洛伊德理論簡評

佛洛伊德理論最大的貢獻就是他關於無意識的論述，擴大了心理學的研究範圍。同時，他認為早期經驗對後來的發展有重要影響的觀點也得到了認可和尊重。

但佛洛伊德的理論來源於他和他的病人所生活的時代，這種觀點的可信度如何？我們完全受著性本能的驅使嗎？這些都得到了後來心理學家們的質疑與反駁。佛洛伊德的研究結論難以推論到普通人身上，他的泛性理論是錯誤的。此外，佛洛伊德透過耗時又費力的訪談或臨床法得到的許多假設很難得到證實或證偽。

二、艾瑞克森的心理社會發展理論

隨著佛洛伊德理論的廣為流傳，他有了眾多的追隨者，其中艾瑞克森(Erik Homburger Erikson, 1902-1994)繼承了佛洛伊德的某些思想，也發展出了自己的見解，提出了心理社會理論。艾瑞克森肯定了佛洛伊德的貢獻，但又與他有所不同。首先，艾瑞克森強調兒童是尋求適應環境的積極的、好奇的探索者，而不是父母塑造的受生物力量驅使的被動的人；其次，艾瑞克森很少強調性本能的作用，而是更強調社會和文化的影響。

（一）心理發展階段論

艾瑞克森認為人格的發展順序按漸成的固定順序分為八個階段，每一階段都存在是一種不成功的解決。成功的解決有助於自我力量的增強和對環境的適應；不成功的解決則會削弱自我的力量，阻礙對環境的適應。

1. 心理發展階段

艾瑞克森的階段論與嬰幼兒密切相關的主要是前三個階段，分別對應佛洛伊德的口唇期、肛門期、性器期。

（1）嬰兒期（出生到1歲）：

信任對不信任。這個階段的主要任務是發展嬰兒的信任感。出生後到一週歲期間的嬰兒處於無助狀態，其生活需要完全依賴於成人的照顧。嬰幼兒

從生理需要的滿足中，從與養育者的交往中，感受到養育者的愛，同時把自己的感情投射給成人。如果嬰兒在飲食、安全、愛等方面都得到滿足，他就對使他需要滿足的人感到信任；反之，如果成人信心不足，或者育兒方式有缺陷，嬰兒便會害怕周圍的世界，從而對人產生不信任。

(2) 幼兒早期（1歲到3歲）：

自主對羞怯和疑慮。個體將面臨適時地學會「自主」，如吃飯、穿衣、大小便等基本生活能力。如果不能實現這種自主，兒童可能就會懷疑自己的能力，感到羞恥。這時兒童想做一些事情，如果成人承認並幫助和鼓勵他們去做力所能及的事，他們將由此學會獨立自主；反之，如果成人過分限制兒童的活動、不耐煩或對他們的生活包辦代替、過度寵愛，或對他們的過錯嚴懲，就會使兒童對自己的能力感到懷疑，這種羞怯和疑慮將影響他們今後的發展。

圖2-8 社會心理發展理論的提出者愛利克·艾瑞克森

(3) 幼兒期（3歲到6歲）：

主動對內疚。這時幼兒的獨立性開始形成，他們可以把自己的活動擴展到超出家庭的範圍，在自然情境中的遊戲可以發展幼兒的感官、想像、智力、性格等方面。幼兒會變得活躍而主動，開始與同齡兒童發生接觸，進入保育學校、空場地、街道等。如果幼兒有更多機會向外擴展，而且成人支持他們，對他們提出的問題耐心予以解答，不嘲笑，不禁止，那麼幼兒的主動性就會得到加強；而如果成人刻意設計教學活動，提前教幼兒學習知識或技能，將其置於不成功便失敗的壓力之下，他們就會形成遇事畏懼退縮、缺少自我價值感的性格，出現內疚感。

2. 對嬰幼兒教育的啟示

第一階段的基本信任感是建立和諧親子關係的基礎，這個時期的嬰兒是敏感、易受損害的，因此成人要特別注意協調自己，為嬰兒提供適當的餵養、愛撫和照料，母親要注意在斷奶的時候及時提供可替代性食物，避免母嬰分離焦慮。

第二階段的嬰幼兒開始學習獨立自主。因此，在他們能獨立協調使用自己的肌肉時，成人就要有意識地讓他們自己穿衣服、扣扣子、吃飯、收拾玩具等，並適時給予鼓勵，讓孩子體會獨立做事的自主感，促進他們下一次做事情的主動性。有經驗的幼兒教師會給孩子創造很多獨立完成任務的機會。在學校練習基本技能，如吃飯、穿衣和大小便，還有畫畫和手工，以幫助孩子順利地透過自主對羞愧和疑慮階段，發展自我滿足感。

第三階段的幼兒主動表現出試圖像成人一樣做事，試圖承擔他們能力所不及的責任。有時候，他們的目標或行動與父母及其他家庭成員是衝突的，這些衝突可能使他們感到內疚，成功地解決這個危機要求達到一種平衡：幼兒保持這種主動性，但是要學會不侵犯他人的權利、利益和目標，他們願意而且樂意獨立做事情。所以成人應以身作則，注意在生活中給幼兒提供獨立做事的機會和創造時機引導他們主動做事情。

當嬰幼兒開始與他人進行交往時，成人應該放手讓他們自由交往、自由遊戲，拴住嬰幼兒、把他們關在家裡只會使其形成孤僻、膽小的性格。兒童在出生後第二年，交往的同伴開始能夠圍繞共同的主題進行角色轉換和角色輪流。絕大多數 18～24 個月的兒童可進行合作遊戲。此時，成人應注意引導兒童「自我」概念和對他人情緒、情感的識別；促進他們移情能力的發展，在和別人的遊戲、交往中鼓勵兒童合作、分享，對於兒童出現的親社會行為及時給予適當的鼓勵強化。

有經驗的幼兒教師會允許幼兒在活動中儘量自己做決定，以培養孩子對自己的肯定。為了鼓勵幼兒參與活動、獲得基本的技能，教師會給幼兒創造體驗成功的機會，並以此讓幼兒獲得嘗試新事物的信心。

(二) 艾瑞克森理論簡評

在精神分析學派中，艾瑞克森的理論更具實質性的進展。首先，艾瑞克森的心理社會發展階段論，不再過分強調佛洛伊德的本能論和泛性論，而是強調自我與社會環境的相互作用，重視家庭、社會對兒童教育的作用。這無疑是精神分析學派的一大進步。其次，艾瑞克森將發展界定為終身的任務，還將每一階段的內涵擴大，給出了新的解釋。再次，艾瑞克森在對各階段相互關係的解釋上體現了一定的辯證思想。總之，艾瑞克森的理論較之以往更全面、更豐富，把精神分析學派的發展觀提升到了一個新的高度。

但同時，艾瑞克森的理論因對發展的動因闡述不清而遭受到批評。因此，他的理論僅僅是對人類社會性和情緒發展的真實描述，不足以解釋原因。

複習鞏固

1. 本我、自我和超我可以比作政府機構中的三個部門，你認為在佛洛伊德的人格理論中，執法作用、司法作用、立法作用分別是哪種成分？為什麼？
2. 比較艾瑞克森與佛洛伊德的兒童發展階段論的異同。
3. 談談艾瑞克森的兒童發展階段論對幼兒教學的啟示。

第三節 認知理論的心理發展觀

從古典時期兒童被認為是「小大人」，到文藝復興時期盧梭的「白板說」，再到美國心理學先驅威廉·詹姆斯認為新生兒會經歷一種「圖像浮散的、嗡嗡作響的混亂」，一直到 20 世紀 20 年代，都幾乎沒人對這些看法表示異議。在皮亞傑之前，大多數人（忘了他們自己的幼年時代）認為兒童「與成人沒什麼不同，只是比成人少知道些事情」。但瑞士心理學家尚·皮亞傑 (Jean Piaget, 1896-1980) 對此提出了異議。他的研究興趣始於 1920 年在巴黎編制兒童智力測驗問卷的時候，在考察多大年齡的兒童能夠正確解答某些智力測驗題目時，兒童的錯誤答案激發了皮亞傑的興趣。

儘管別人認為這些是幼稚的錯誤，但皮亞傑卻看到了思考過程的不同，由此開始對兒童進行了長達半個世紀的研究，終於使我們確信，兒童的心理並非成人的縮小版。皮亞傑在兒童思維發展領域做出了無人可以比擬的傑出

第三節 認知理論的心理發展觀

貢獻，就像威廉·戴蒙所說的，正如哥白尼徹底改變了我們對於太陽系的理解一樣，皮亞傑徹底改變了我們對於兒童的理解。

一、皮亞傑的認知發展觀

（一）心理發展機制論

皮亞傑認為，兒童心理發展過程是在環境教育的影響下，心理或行為圖式經過不斷同化、順應而達到平衡的過程，從而使兒童心理不斷由低級向高級發展。

1. 圖式

圖式是心理活動的框架或組織結構。嬰兒最早形成的圖式是由遺傳獲得的本能動作，如：取、抓握、提舉等具有適應價值的機械反射。以這一圖式為基礎，兒童的圖式不斷從低級階段向高級階段發展，這就是圖式建構的過程。嬰兒階段，其認知圖式主要體現在動作上，一個好奇的嬰兒伸出手臂做夠取和抓握的動作，他的好奇心會因為突然觸及一臂之內的任何有趣的事物而感到滿足。在此基礎上，嬰兒能夠玩玩具、撥打電話、開櫥櫃以及進行其他探索環境的活動。童年後期，認知圖式主要在頭腦中進行。

圖2-9 認知發展理論的提出者 尚·皮亞傑

2. 同化和順應

同化是指兒童將環境刺激納入自己已有的知識體系。順應是指兒童調整原有的知識體系使之適應環境刺激的新變化。例如，許多3歲兒童堅持認為太陽是活著的（有生命的），因為它在每天早晨升起，晚上落下。這一觀念就是兒童基於自己已有的圖式建構的，許多運動的事物都是活著的，兒童堅持這種理解，他們就會將太陽也同化在活著的事物中。然而，隨著兒童的發展，他們畢竟會遇到運動但不是活著的事物，例如飛機、發條玩具等，這時在兒童的理解和事實之間存在著矛盾（皮亞傑稱為不平衡），因此兒童調整現有圖式，發生順應。

同化和順應是兩個相輔相成的方面，如果只有同化，個體將處於永遠與外界適應的狀態，無從學習；相反，如果只有順應，沒有同化，個體就永遠無法穩定下來，當兩個狀態處於平衡時，個體認識就提高一步。隨著大腦和神經系統的成熟，兒童的認識活動日益複雜化，不斷進行著同化和順應，從而使自己的認知發展由一個階段發展到下一個更高級的階段。

3. 影響心理發展的因素

皮亞傑認為，影響兒童心理發展的基本因素有：成熟、經驗、社會環境、平衡。

成熟是指機體的成長，特別是指神經系統和內分泌系統的成熟。成熟是認知發展的一個重要條件，它為形成新的行為模式和思維方式提供了一種可能性。例如，嬰兒期出現的眼手協調是建構嬰兒動作圖式的必要條件。然而，若要使這種可能性成為現實，必須透過機能的練習和最低限度的習得經驗，才能增強成熟的作用。

個體在動作練習中得到的經驗與在社會環境中得到的社會經驗不同。皮亞傑把這種經驗分成兩類：一類是物理的經驗，是指個體作用於物體，獲得物體的特性；另一類是「邏輯－數理」的經驗，是指個體理解動作與動作之間相互協調的結果。在皮亞傑看來，知識來源於動作（動作起著組織或協調作用），而非來源於物體。

社會環境包括語言和教育的作用，即人與人之間的相互作用和社會文化的傳遞。兒童的社會經驗可能會加速或阻礙其認識圖式的發展。

幾乎所有的學習理論和發展理論都認識到成熟、經驗和社會文化所起的作用，皮亞傑的獨特之處是，另外添加了第四個因素，也是最重要的因素，即起自我調節作用的平衡過程。平衡過程調節個體（成熟）與環境（包括物理環境和社會環境）之間的交互作用，從而引起認知圖式的一種新建構。兒童不斷地增加適應能力、獲得心理發展就是透過一系列的「平衡—不平衡—平衡」過程來實現的。

（二）心理發展階段論

皮亞傑認為兒童對外部世界的認識經歷了四個階段，每一個階段都和某個年齡段兒童獨特的思維方式相聯繫，正是這種思維方式的不同，體現了兒童思維的進步，這種進步體現的是質的變化 (vidal, 2000)。

表2-2 皮亞傑認知發展四階段理論

階段範圍	年齡範圍	主要方式	主要發展
感知運動階段	0~2歲	使用感知和運動來探索和理解世界，開始時只有天生的反射，但逐漸發展了更為"智力化"的動作，最後具有了複雜的感知動作協調能力。	獲得關於「自我」和「他人」的初步理解；客體永久性；開始內化一些能夠產生表象和思維活動的行為模式。
前運算階段	2~7歲	開始運用符號思維的能力，但思維還不夠邏輯化；以自我為中心，認為別人理解事物的方式和自己是一樣的。	具有了符號思維的能力，逐步認識到別人對事物的反應不是總與自己相同。
具體運算階段	7~11歲	獲得了邏輯運算能力，能在頭腦中對具體物體進行操作；能夠通過試錯的方法來解決實際問題。	不再被事物的表面特徵迷惑；獲得守恆概念；能夠進行比較、分類、間接推理等邏輯運算。
形式運算階段	11~12歲以上	能進行抽象邏輯思維，並能追溯可能行為的長期結果。隨著年齡增加，能進行系統的抽象邏輯思維。	思維不再局限於具體可觀察的範圍內；可進行抽象邏輯思維運算。

從上表可看出，皮亞傑劃分的每個階段都有各自獨特的結構，並成為一定階段的年齡特徵；各階段的出現，有從低到高的次序；由於環境、教育、動機等因素的差異，階段可能提前或推遲，但各階段的先後次序不變；前一階段的結構是構成後一階段結構的基礎和必要條件，但前後兩個階段有著質的差異；在心理發展中，兩個階段之間有一定的交叉，而不是截然劃分的。

（三）皮亞傑理論簡評

皮亞傑的理論最核心的發現是兒童與成人的思維方式完全不一樣，而且這並不是單純地缺少知識、缺少經驗或者分析能力不強的這種量的差異，而是從內容上存在質的區別。由於皮亞傑對於兒童心理學發展不朽的貢獻和深遠的影響，他當之無愧地成為心理學歷史中的殿堂級人物。

當然，皮亞傑關於兒童認知發展的實驗和理論一經問世，就面對了無數的挑戰。已有眾多研究者證實，皮亞傑大大低估了嬰幼兒和學齡兒童的智力。另外，皮亞傑的「恆常發展序列」，如這些發展階段是否是緊密聯繫在一起的整體，是否所有兒童都必然經歷這四個發展階段，都受到了質疑。雖然皮亞傑的成就屢屢被人懷疑，很多內容被後人修正，但是他的研究還是吸引著很多人，並激發持續的研究。

拓展閱讀

眼不見，心不煩

著名的瑞士心理學家皮亞傑曾長期研究兒童的「客體永久性」，努力地尋找這個問題的答案。客體永久性是指「即使眼睛看不到，某件物體也依然存在」這一對客觀世界的認識。皮亞傑認為，嬰兒在 12 個月之前不可能具備這個概念。

皮亞傑觀察了當時只有 7 個月大的女兒賈桂琳。她把一隻塑膠鴨子掉到了被子上，然後被被子蓋住了，這樣她就看不見鴨子了。皮亞傑注意到，儘管賈桂琳清楚地看到她把鴨子掉到什麼地方，而且也能夠得到，但她連一點試著去撿起鴨子的意思都沒有。

皮亞傑覺得很好奇，於是把鴨子又放到了她可以看到的地方。然後，當她就要抓住鴨子的時候，他又慢慢地、清清楚楚地把鴨子藏到了被單下面。小女孩好像以為鴨子消失了，就像之前一樣，沒有試著在被單下面找一找。

對皮亞傑來說，這個行為很奇怪——因為當賈桂琳看得到鴨子時，明明對那個鴨子很感興趣；但只要從她視野裡消失，她就好像完全忘記了一樣——看起來，「眼不見」，果然「心就不煩」了。

皮亞傑從這個觀察以及其他很多實驗中得到結論：兒童並不是天生就瞭解「當我們看不見物體的時候，物體仍然存在」的事實。他認為，這個概念需要孩子自己透過接觸和探索這個世界慢慢掌握。直到9或10個月，皮亞傑才觀察到他的女兒開始尋找那些被藏起來的東西。

二、維高斯基的社會文化認知發展觀

維高斯基(Lev Vygotsky, 1896-1934)是蘇聯早期一位傑出的教育心理學家，社會文化歷史學派的創始人，蘇聯心理科學的奠基人之一。20世紀30年代初，維高斯基揚棄國內外心理學界對教學與發展問題的研究，首先將「最近發展區」這一概念引入兒童心理學的研究，提出了「良好的教學應走在發展前面」的著名論斷。維高斯基的理論闡明了認知發展的三個重要觀點——內化、最近發展區和支架式教學。

（一）維高斯基的心理發展觀

1. 內化

內化是指個體從社會環境中觀察到知識並將其吸收，加以利用。新的高級的社會歷史的心理活動形式，首先是作為外部形式的活動而形成的，以後才內化為內部活動，才能最終默默地在頭腦中進行。例如，兒童可以透過觀察兩個成人為各自的觀點而進行爭論，學習到與別人討論時或自己思考某個問題時，應如何為自己的觀點辯護。

維高斯基十分強調教學的作用，認為兒童透過教學才能掌握經驗，並內化於自身的經驗中。維高斯基的內化學說的基礎是他的工具理論——語言發展對於將複雜的觀念內化是非常重要的。

圖2-10 社會文化認知發展理論的提出者維高斯基

個體如果不能使用語言這個工具來組織自己的心理活動，那麼心理活動就將是直接的、不隨意的、低級的、自然的。只有掌握了語言這個工具，心理活動才能轉化為間接的、隨意的、高級的、社會歷史的心理技能。

2. 最近發展區

在教學和發展的關係問題上，維高斯基認為「良好的教學應走在發展前面」。他提出了「最近發展區」的概念。即在確定兒童發展水平及教學時，必須考慮兒童現有的發展水平，以及在有指導的情況下，借助他人的啟發和幫助可以達到的較高水平。兒童的兩種水平間的差距是動態的，教和學的相互作用刺激了發展。注意最近發展區的教學能幫助兒童掌握知識並促進知識的內化，為兒童的發展提供了可能性。

教學不等同於發展，但如果在教學內容和方法上既考慮到兒童現有的發展水平，又注意到兒童的最近發展區，就能給兒童以更高的發展要求和更大的發展空間。

3. 支架式教學

支架即家長或教師以環境為中介提供有效的幫助和支持，借此來促進兒童認知的、社會情緒的、行為的發展。教師透過對觀念和事件的解釋，為兒童創設學習經驗，但教師應允許兒童自己去發現觀念及其邏輯推論之間的聯繫。支架式教學方式強調在教師指導的情況下兒童的發現活動；教師的指導成分逐漸減少，最終使兒童能夠獨立發現，將監控學習和探索的責任由教師轉移給兒童。

利用支架是促進兒童認知發展的一個重要手段。教師不僅能對兒童已發展的和正在發展的認知技能做出反應，還能對他們已發展的和正在發展的社會情緒需要和行為做出反應。

（二）維高斯基理論簡評

維高斯基在心理的種系發展和個體發展上都做了研究，特別是關於兒童心理發展對教育、教學的依賴關係做了較深入的探討。兒童的最近發展區可以為我們勾畫兒童最近的未來以及兒童動態發展的全貌。該理論為兒童教育

第三節 認知理論的心理發展觀

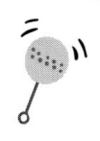

工作者如何合理地實施教育和教學影響提供了科學的心理學依據。同時，維高斯基特別強調在人的發展過程中社會文化歷史的作用，尤其是強調活動和社會交往在人的高級心理機能發展中的突出作用，強調社會文化對兒童心理發展的影響。

維高斯基早期的理論有自然主義傾向，同時他把高級心理機能和低級心理機能絕對地獨立起來，太過於武斷。

複習鞏固

1. 嬰兒期和幼兒期分別處於皮亞傑認知發展的哪些階段，各自的特點是什麼？
2. 對於同一個嬰兒，你認為各派心理學家會如何看待和教育他？

本章要點小結

行為主義的心理發展觀中最具代表性的三大行為理論包括華生的機械行為主義理論、史金納的操作性條件反射理論和班度拉的社會學習理論。華生強調環境決定論和教育萬能論；史金納認為操作性條件反射的後果會改變行為發生的頻率；班度拉的社會學習理論則認為觀察學習是心理發展的根本，強調人、環境和行為三者的相互作用。

精神分析學派認為人的發展主要受潛意識的影響，同時情緒的作用也非常重要。佛洛伊德把人格劃分為三個部分：本我、自我和超我。個體的發展經歷了五個階段：口唇期、肛門期、性器期、潛伏期和生殖期。艾瑞克森強調心理發展的社會性，並將人的發展分為八個階段，他認為發展的每一個階段都存在危機，只有危機解除了才能夠順利進入下一階段。由於精神分析學派的理論缺乏科學支持，因此常常受到批評。

認知學派強調個人發展的認知因素。皮亞傑提出的認知發展理論強調兒童的同化和順應，兒童在同化和順應的發展中不斷地達到平衡的狀態。他認為兒童認知發展經歷了四個主要階段，分別為感知運動階段、前運算階段、具體運算階段和形式運算階段。維高斯基的社會文化認知理論則強調文化和社會的互動引導了認知的發展。

嬰幼兒心理學
第二章 嬰幼兒心理發展理論

關鍵術語表

操作性條件反射

超我

認知發展階段論

同化

順應平衡

選擇題

1. 佛洛伊德的性心理發展理論強調以下方面，除了（　）。

A. 自覺控制和動機

B. 無意識的抑制

C. 本我、自我和超我的協作

D. 性和攻擊的本能

2. （　）的理論強調每一階段都存在著一種發展危機，必須解決危機，個體才能健康發展。

A. 佛洛伊德

B. 艾瑞克森

C. 華生

D. 班度拉

3. 華生認為兒童行為的習得都是透過後天的環境和（　）而來。

A. 遺傳

B. 教育

C. 生理成熟

D. 社會文化

4. 史金納認為在操作性條件反射中，核心是（　）。

A. 刺激

B. 行為

C. 試錯

D. 強化

5. 佛洛伊德把兒童人格發展分為（　）、肛門期、（　）（　）和生殖期五個階段。

A. 潛伏期

B. 性器期

C. 動作期

D. 口唇期

6. 維高斯基內化學說的基礎是他的工具理論——（　）發展對於將複雜的觀念內化是非常重要的。

A. 動作

B. 感知覺

C. 思維

D. 語言

7. 在教學和發展的關係問題上，維高斯基認為「良好的教學應走在發展前面」。由此他提出了（　）的概念。

A. 最近發展區

B. 操作性條件反射理論

C. 內化理論

D. 認知發展理論

8. 班度拉認為，個體在發展過程中發生的大部分行為是（　）得來的。

A. 個體體驗

B. 教育

C. 生理成熟

D. 觀察學習

9. 華生反對心理學研究意識，認為心理學的研究對像是（　）。

A. 認知

B. 行為

C. 反射

D. 思想

10. 佛洛伊德的觀點最大的貢獻就是他關於（　）的論述，擴大了心理學的研究範圍。同時，他認為（　）對後來的發展有重要影響的觀點也得到了認可和尊重。

A. 早期經驗

B. 意識

C. 思維

D. 無意識

第三章 嬰幼兒注意的發生發展

俄國教育家烏申斯基說過：「注意是心靈的天窗。」只有打開注意力這扇窗戶，智慧的陽光才能灑滿心田。我們生活在一個紛繁複雜的大千世界裡，每一瞬間都有無數刺激作用於我們。如果我們對每一個刺激都做出反應的話，那一定會手忙腳亂、六神無主、一事無成，但事實上，我們不僅沒有被折騰得筋疲力盡，反而能夠清晰地反映事物、高效率地學習和工作。這是為什麼呢？本章將帶領大家揭開其中的奧祕，重點介紹注意及其種類、嬰幼兒時期注意發生的標誌及注意發展的特點，影響嬰幼兒注意發展的因素，以及培養嬰幼兒良好注意品質的方法和策略。

第一節 0～3歲兒童的注意

一、注意及其種類

（一）注意的概念

注意就是心理活動對一定對象的指向和集中。注意是大家都非常熟悉的心理現象。例如，一個人認真聽故事，仔細觀察圖片，專心畫畫等，這裡的「認真」「仔細」和「專心」都是注意的表現。

注意的對象既可以是外部事物，也可以是人自身的內部狀態。指向性和集中性是注意的兩個基本特點。人們在清醒狀態時，每一瞬間都會有大量的事物作用於人的感官。但是，人們不可能同時對眾多的事物都加以反應，而是選擇少數事物加以注意，而離開其他事物，這就是注意的指向性。同時，注意不僅使人的心理活動有選擇性地指向一定事物，而且還會全神貫注地將注意集中在所選定的對象上，確保所選定的對像在頭腦中獲得完整而清晰的反映，這就是注意的集中性。

注意不是獨立的心理過程，它總是在感知、記憶、想像、思維等心理過程中表現出來，是各種心理過程所共有的特性，它不能離開一定的心理過程而獨立存在。如果把心理過程比作一艘航船，那麼注意不僅掌管著起航，還

負責領航、護航，也就是說，注意貫穿於各種心理過程的始終。一旦注意中止，心理過程將偏離目標，甚至終止。總之，注意本身並不是獨立的心理過程，但任何一種心理過程自始至終都離不開它。

生活中的心理學

愛因斯坦的故事

1933年美國加州大地震時，愛因斯坦正在研究地震理論，他的注意力太集中了，完全進入了「痴迷」的境界，竟沒有發現房屋、桌凳在震盪、移動。直到幾個大學生喊他，他才意識到正在地震，趕緊跑出大樓。這是注意的特點的充分體現。

（二）注意的種類

根據注意產生和維持有無預定的目的以及是否需要意志努力，可將注意分為無意注意和有意注意兩種。

1. 無意注意

「無意注意」也稱「不隨意注意」，它既沒有預定的目的，也不需要意志的努力，也就是人們常說的「不經意」。例如，幼兒正在聽老師講故事，教室外突然有人大聲說話，這時幼兒自然會將視線轉向室外，這就是無意注意。無意注意是被動的，是對環境變化的應答性反應。

引起人的無意注意有兩方面原因：一是刺激物本身的特點，主要指刺激物的絕對強度和相對強度、刺激物之間的對比關係、刺激物的活動和變化，以及刺激物的新異性。如巨大的雷聲、雞群中的「鶴」、忽明忽暗的光線等事物容易引起人們的注意。二是人的主觀狀態。同樣一個刺激物，未必能引起所有人的注意，這就與人的主觀狀態有密切的關係。凡是能滿足人的物質或精神需要的，以及人們感興趣的事物，都容易成為注意的對象。例如，有人在路邊下棋，有些行人（棋迷）會停下來長時間地觀戰，而有些行人卻匆匆而過。此外，無意注意也和個人的經驗、情緒、對事物的理解以及機體狀態有關。

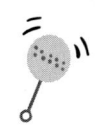

無意注意可以幫助人們對新異事物進行定向，使人們清晰認識事物，獲得一些計劃外的知識經驗，但也有干擾人們正在進行的活動的消極作用。

2. 有意注意

有預定的目的，還需要意志努力的注意叫有意注意，就是人們常說的「刻意」。例如，學生為了達成自己的目標，儘管對某些學科不感興趣或學習起來比較吃力，但仍能克服重重困難，堅持認真努力地學習，這就是有意注意。有意注意受人的意識調節和支配，是人類特有的注意形式，與無意注意有著質的不同。

引起和保持有意注意的首要條件，是需要有明確的活動目的和任務。因為有意注意是一種有預定目的的注意，個體對活動的目的明確與否，對有意注意的發生和維持具有重大意義。個體對活動的目的越明確、理解越深刻，有意注意就越容易被引起和維持。

其次，需要具備良好的意志品質。有意注意是一種隨意注意，是需要意志努力來維持的注意，因此，它與人的意志品質有著密切的聯繫。意志堅強的人能主動調節自己的注意，使注意服從於活動的目的和任務；意志薄弱者則很難排除來自環境和自身的干擾，因而，也就不可能很好地保持自己的有意注意。此外，組織的活動是否合理以及主體對活動的結果是否感興趣，也是影響有意注意的因素。

在人們的活動中，如果只有無意注意相伴的話，活動就難以堅持和深入；如果只有有意注意參與的話，又容易使人感到枯燥乏味和疲勞，投入的程度不高。所以，在活動中只有將兩種注意相互配合、交替運用，人們才能主動積極地投入活動，使活動達到最佳效果。

二、注意的發生

從產生方式上看，注意是一種定向反射。當新生兒處於覺醒狀態時，周圍環境中的強光、巨響等刺激物都會使他們或自動把眼睛轉向亮處，或停止正在吸吮的動作，這就是定向反射。這種定向反射是先天的、無條件的。

新生兒期出現的無條件定向反射就是一種與生俱來的、不由自主的注意，這種注意是無意注意的最初形態。因此，嬰兒一出生就具備注意能力。

三、1歲前兒童的注意

出生後第一年，嬰兒清醒的時間不斷延長，覺醒狀態也較有規律，這時期的注意迅速發展。1歲前兒童注意的發展主要表現在注意選擇性的發展上，其基本特徵如下。

（一）注意的選擇帶有規律性的傾向

嬰兒注意的選擇性主要傾向於視覺方面（也稱視覺偏好），並表現出一定的規律性：

1. 偏好複雜刺激物；

2. 偏好曲線多於直線；

3. 偏好不規則圖形多於規則圖形；

4. 偏好輪廓密度大的圖形；

5. 偏好集中的刺激物多於非集中的刺激物；

6. 偏好對稱的刺激物多於不對稱的刺激物。

（二）注意選擇性的變化發展過程

1. 從注意局部輪廓到注意較全面的輪廓

新生兒在注意簡單的形體時，常常會把注意集中在形體外周單一、突出的特徵上，如方形的邊，三角形的角。他們偶爾會出現對輪廓較全面的掃視，但是，其組織程度較差。3個月大的嬰兒的注意則已經比較全面。

2. 從注意形體外周到注意形體的內部成分

新生兒在注視某個形體時，如果該形體既有外部成分，又有內部成分，他的注意主要傾向於形體的外部輪廓，很少去關注形體的內部成分。可是，2個月大嬰兒的注意就發生了變化，他開始有規律地注視形體的內部成分。

（三）注意活動中經驗開始起作用

生理成熟對 3 個月後嬰兒注意的制約性越來越小，經驗開始對嬰兒的注意起作用。6 個月後的嬰兒，經驗逐漸增加，他們對熟悉的事物更加注意，突出表現在社會性方面。比如，嬰兒對母親特別關注。

嬰兒的選擇性注意屬於無意注意。1 歲前兒童的注意都是無意注意，而且很不穩定。

四、1～3 歲兒童的注意

1～3 歲兒童注意的發展與認知的發展聯繫密切，並開始受表象和語言的影響。

（一）注意的發展和「客體永久性」的認識密不可分

嬰幼兒注意的發展和皮亞傑提出的「客體永久性」的認識緊密聯繫。1 歲以後，他們能夠懂得當一個物體從眼前消失，被移動到其他地方時，這個物體仍然是存在的，這就是客體的永久性。當他們獲得了客體永久性的認識後，其注意活動就具有了持久性和目的性，而不再受物體出現與否的影響，也使其注意活動更具有積極主動性和探索性。

（二）注意受表象的直接影響

表像是過去感知過的事物形像在頭腦中再現的過程。1 歲半至 2 歲的兒童，表象開始發生，從此注意與表象密切聯繫起來，表象將直接影響他們的注意。當眼前的事物和已有表象差距較大，或事實與期待之間出現矛盾時，他們會產生最大的注意。如凱根（1971）在一個對 2 歲兒童的實驗中發現，半數以上的被試在看見幻燈片中的一個女人把自己的頭拿在手裡時，表現出明顯的心率減速，產生了最集中的注意。

（三）注意的發展受語言的支配

1 歲以後兒童能說出單音重疊詞，能夠以詞代句、以音代物，對成人的言語指令能做出相應的反應。語詞作為第二信號系統的刺激物，已能夠引起兒童的注意。這時，他們的注意活動有一個明顯的特點，就是當聽到別人說

出某個物體的名稱時,便會把注意指向這個物體,而不管其物理特性如何,是否是新異刺激,是否能直接滿足其機體的需要。

嬰幼兒語言的發展拓展了注意的領域。1歲半以後的兒童,開始能夠集中注意看圖書、唸兒歌、聽故事、看電視電影等。

(四)注意的時間延長,注意的事物增加

2歲後兒童在活動中注意的時間已有所延長,在這個時期,他們已能注意到周圍人的活動,如:爸爸看報紙、媽媽織毛衣等。2歲半到3歲的兒童,注意的時間進一步延長,對自己喜歡的電視、電影,基本能堅持看完,對周圍生活中出現的各種事物都能加以關注,注意到的事物更多。

隨著嬰幼兒活動能力及語言的發展,在嬰兒末期有意注意就開始萌芽了,但其發展比較緩慢。3歲前兒童的注意基本上還是無意注意。

複習鞏固

1. 引起無意注意的原因有哪些?
2. 1～3歲兒童的注意發展的特徵有哪些?

第二節 3～6歲兒童的注意

一、3～6歲兒童無意注意的發展

3～6歲的兒童以無意注意為主。凡是對比鮮明的、新異的、活動的事物都容易引起他們的無意注意。隨著活動範圍的擴大,以及新需要和新興趣的不斷產生,周圍的更多事物都將引起他們的注意。比如,幼兒產生了參加成人社會實踐活動的新需要,此時,成人的許多活動,如司機開車、交警執勤、護士打針等都會成為他們關注的對象。

(一)3～4歲兒童的無意注意

3～4歲是幼兒初期,這時期的兒童無意注意明顯占優勢,刺激物的物理特性仍是引起他們無意注意的主要因素,如精彩的動畫節目、飛舞的蝴蝶、游動的魚、新奇的玩具等很容易引起他們的注意。他們對於自己喜歡的遊戲

或感興趣的學習活動可以聚精會神地進行，如專心玩積木、膠泥，認真看圖畫書，甚至還可以專心一小會兒聽老師講生動有趣的故事。但是，只要周圍稍有「風吹草動」，他們的注意就會因受到干擾而分散。

3～4歲幼兒的注意很不穩定，教師可以利用它來解決教育活動中棘手的問題。例如，幼兒因得不到某一個玩具而哭鬧時，教師就可以給他一個新玩具，轉移其注意，解決問題。

（二）4～5歲兒童的無意注意

4～5歲的兒童，其無意注意進一步發展，且比較穩定。他們對於感興趣的活動，能夠較長時間地保持注意。例如，在玩橡皮泥的過程中，幼兒把橡皮泥搓成大圓團，然後壓扁代表魚的身體，再捏個小半圓和三角形代表魚頭，長圓形壓扁代表魚鰭，稍大的扇形壓扁代表魚尾等，一直玩個不停，遊戲時間到了，幼兒的興致仍然很高，不肯停下。他們注意的時間不僅較長，注意的集中程度也比較高，當被某一事物所吸引時，甚至可以對其他的事物都不予理睬。

（三）5～6歲兒童的無意注意

5～6歲是幼兒晚期，無意注意已經相當發達。他們對於感興趣的活動注意保持的時間會更長，注意的集中程度更高。比如，每當他們獲得新玩具後，他們不僅會長時間地玩耍，而且還會拆拆卸卸，看看裡面都有些什麼，它為什麼會動，為什麼會發出聲音等，進行一系列的探究活動。又如，喜歡玩「餐廳」遊戲的幼兒，活動可以持續幾個小時。如果活動受到干擾或被中止，往往會引起他們的不愉快和反感，而且還會想法排除干擾。

二、3～6歲兒童有意注意的發展

大腦額葉的發展，為3～6歲兒童有意注意的發展提供了生理條件。這是因為有意注意是由腦的高級部位，特別是額葉控制的。

3 歲後的兒童進入幼稚園後，開始常規訓練，要有行為規則，嘗試完成相關任務，這些都要求他們的注意服從於任務或要求。3～6 歲兒童的有意注意也就在外界環境，特別是在成人的教育要求下不斷發展起來。

（一）3～4 歲兒童的有意注意

3～4 歲兒童的有意注意初步形成，但水平低下。他們逐漸能夠按照要求來調節自己的心理活動，使之集中於應該注意的事物。例如，在手工活動中，老師教幼兒在紙上黏貼小鳥，告訴幼兒從幾何圖形中取出圓形的紙片代表小鳥的頭、大的三角形做小鳥的身子，幼兒能一步一步地按照老師的要求進行操作。但是，其有意注意的穩定性很低，注意不能長時間地集中在某一對象上。即使在良好的教育條件下，3～4 歲兒童也只能集中注意 3～5 分鐘。例如，在自由活動的時候，一位 3 歲多的兒童，在實習老師的指導下正在對圖形進行配對，這時，小夥伴來邀請他去參加遊戲，他就不管任務是否完成，轉身就離開了。

（二）4～5 歲兒童的有意注意

4～5 歲兒童的有意注意有了一定的發展。在無干擾的情況下，他們注意集中的時間可達 10 分鐘左右。在短時間內還可以將注意自覺地集中在他並不是很感興趣的活動上。例如，為了把畫畫好，在繪畫活動中，他可以專心地看範畫，耐心地聽老師講解繪畫的步驟，然後再認真地畫畫。又如，幼兒在聽老師講故事時，他想知道老師講的是什麼故事，故事裡都有誰，他們在幹什麼。所以，他會集中注意一直聽完老師所講的故事，而不去幹其他的事。

（三）5～6 歲兒童的有意注意

5～6 歲兒童的有意注意迅速發展，注意具有了一定的穩定性和自覺性。他們能夠根據成人的要求去組織自己的注意。例如，小朋友在自由玩玩具的時候，老師對玩串珠的幼兒說：「請你們幫娃娃家的布娃娃們串一條藍色和白色間隔排列的項鏈，看誰最先完成。」結果孩子們都圓滿完成了任務。有時 5～6 歲兒童也能自己確定任務，自覺地調節自己的心理活動和行為，使

之服從於當前的活動目的與任務。例如，他們能自己確定遊戲的主題，構思遊戲情節的發展，能根據遊戲規則約束自己的行為，確保遊戲的順利進行；有時也會自覺地放下手中的活動，安靜地等待老師講新故事。在適宜的條件下，5～6歲兒童注意集中的時間可延長到15分鐘左右。

（四）3～6歲兒童能逐漸學習一些組織有意注意的方法

由於有意注意是自覺進行的，保持有意注意需要克服困難。因此，需要有一定的方法來組織有意注意。3～6歲的兒童在成人的教育和培養下，能逐漸學會一些組織有意注意的方法。

1. 用自己的語言來組織注意

3～6歲的兒童，常常用自己的語言控制和調節自己的行為，使注意集中在與當前任務有關的事物上。例如，他們在玩遊戲、繪畫或拼圖時，常常會自言自語：「我得先找一塊三角形積木當屋頂」「可別忘了畫小貓的鬍子」「這個放在那裡？不對，這應該放這兒，噢！對了，對了。這是個什麼？唉！」

2. 用動作來維持注意

3～6歲兒童學會了用動作來集中注意或排除干擾。例如，看書時，會用手指指著書上的圖畫或文字；為了避免別人的干擾，會把自己的椅子挪開；為了阻隔外界嘈雜的聲音，會用手摀住耳朵等。

大約在7歲時，人的大腦額葉的發展才達到成熟水平。因此，3～6歲兒童的有意注意只是初步發展，其水平大大低於無意注意，而且依賴於成人的組織和引導。

複習鞏固

1. 3～6歲兒童以什麼注意為主？它有何特點？
2. 3～6歲兒童有意注意的發展有什麼特點？

第三節 嬰幼兒注意品質的培養

一、注意的品質

(一) 注意的穩定性

注意的穩定性是指注意較長時間地保持在某一對象或某種活動上。注意的穩定性與注意對象的特點和主體的主觀狀態都有關係。注意對像是活動的、豐富多彩的、能滿足主體需要的、感興趣的，注意就容易穩定；反之，注意就難以長久地保持。但注意的穩定並不意味著注意始終指向同一對象。為了完成一項活動任務，有時需要注意不同的對象，但活動的總方向始終不變。如：學生在課堂上，注意總是隨著教師的板書、講解、提問、演示等活動不斷變化，這也是注意穩定性的表現。

(二) 注意的廣度

注意的廣度是指同一瞬間所把握的對象的數量。比如，「一目十行」指的就是注意的廣度。

注意的廣度有一定的生理制約性，在 1/20 秒的時間內，成人一般能注意到 4～6 個相互之間沒有聯繫的對象，幼兒則只能把握 2～4 個。注意的廣度還取決於注意對象的特點以及主體的知識經驗。當注意的對象形態相似、排列整齊、顏色大小相同、能成為互相聯繫的整體，注意者的知識經驗豐富，注意的範圍就大些；反之，注意的範圍就小些。例如，遊戲區有 8 根散亂的彩色小棒，幼兒不容易把握；如果 4 根為一組，整齊地排成兩排，幼兒就容易把握。此外，注意的廣度隨著活動的任務不同而有所不同。如：只要求知覺漢字數量的注意廣度就大於指出某個漢字書寫的錯誤的注意廣度。

(三) 注意的分配

注意的分配是指在同一時間內把注意集中到兩種或兩種以上的不同活動。例如，在音樂教學中，教師一邊彈琴，一邊唱歌，還要觀察幼兒的表現，這就是注意的分配。注意能否分配，首先取決於技巧的熟練程度，即在同時進行的幾種活動中，只有一種是不熟悉的，其餘的活動技巧已經非常熟練，

甚至達到自動化的程度。例如，學生上課邊聽邊記，這時的注意主要集中在聽上，書寫熟練的漢字就無須冥思苦想，稍加留意即可。其次，有賴於同時進行的幾種活動之間的關係，如果它們有內在聯繫，注意的分配就要容易些；反之，則比較困難。比如：邊唱歌邊跳舞時，如果跳的動作與唱的詞意吻合，注意分配就能順利進行。

（四）注意的轉移

注意的轉移是指根據任務主動、及時地把注意從一個對象轉換到另一對象上。注意的轉移可以發生在同一活動的不同對象間，例如作家在寫作時，一會兒凝神思索，一會兒奮筆疾書，活動目的相同，而注意是從一個對象轉移到另一個對象。注意的轉移也可以發生在不同活動間。例如，上課時，學生的注意指向集中於教師的教學內容；下課後，學生的注意則可以轉移到玩遊戲、聽音樂等其他活動上。注意轉移的快慢、難易，取決於原來注意的強度和新注意對象的性質。如果原來注意的緊張度高或新注意的對象不符合主體的需要和興趣，注意的轉移就困難而緩慢；反之，就容易且迅速。此外，注意的轉移與神經過程的靈活性有關。神經過程靈活的人，其注意容易轉移。

注意的轉移與注意的分散是不同的。注意的轉移是根據任務的需要，主動地轉換注意的對象；注意的分散就是被無關的刺激所干擾和吸引，注意不能保持在應該注意的對象或活動上。因此，注意的轉移是主動的，是注意靈活性的表現；注意的分散則是被動的，是注意不穩定的表現。

二、嬰幼兒注意品質的發展

在教育影響下，嬰幼兒注意的品質隨著年齡的增長而不斷發展，表現為：注意穩定性的提高、注意範圍的擴大、注意轉移和分配能力的增強。

(一) 注意的穩定性不斷提高

1. 注意的穩定性存在年齡差異

有研究報告指出，1 歲的嬰兒注視一個玩具的時間僅能維持 2 秒鐘，到 2 歲時能集中注意力於一個玩具的時間已長達 8 秒鐘以上 (Ruff & Lawson, 1990)。

李洪曾等人採用「校對改錯法」，對 48 名 5～6 歲的幼兒有意注意的穩定性進行了實驗研究。結果表明：6 歲幼兒的成績優於 5 歲的幼兒（李洪曾等，1983）。這說明幼兒注意的穩定性存在年齡差異。劉金香、劉建華等人的研究也表明，幼兒注意的穩定性存在著年齡差異。年齡越小，注意的穩定性越差。（見表 3-1）

表3-1　不同年齡幼兒的注意穩定性比較

年齡	平均數	標準差	P
3~4歲	0.4082	1.0301	<0.05
5~6歲	1.2304	0.5646	

在良好的教育影響下，如前所述，3～4 歲兒童能集中注意 3～5 分鐘；4～5 歲兒童可達 10 分鐘左右；5～6 歲兒童可延長到 15 分鐘左右，嬰幼兒注意的穩定性隨年齡增長而不斷提高。

2. 注意的穩定性存在性別差異

在嬰幼兒階段，女童的注意穩定性高於男童（李洪曾等，1983）。小學階段女性兒童的注意穩定性高於男性兒童（李洪曾等，1987）。初中階段同齡女生的注意穩定性顯著高於男生（鄭暉，2008）。由此說明，從嬰幼兒起至初中，各年齡階段的女生注意的穩定性均高於男生。

但總的來說，嬰幼兒注意的穩定性還比較差，難以持久地、穩定地進行有意注意。因此，教師在教學活動中，教學內容應避免過難或過淺；教學方法要多樣化；不同年齡段兒童活動的時間應當長短有別。

（二）注意範圍不斷擴大

嬰幼兒視覺注意的範圍比較小。不過，隨著年齡的增長，注意的範圍逐漸擴大。從一項考察幼兒在單位時間內能夠辨認點子數量的研究結果得以證實。4歲（有73.5%）幼兒只能辨認2個點子；6歲（有66.6%）幼兒已經能夠辨認4個點子；4歲幼兒沒有人能辨認出6個點子，而有44%的6歲幼兒能夠辨認出6個點子。

但總的看來，嬰幼兒注意的範圍還是比較狹小。所以，教師製作的圖片，內容應該簡單，突出中心（特別是小班）；不能同時出現數目較多的刺激物（如掛圖或教具），排列不可雜亂無章，應有規律。

（三）注意分配的能力在不斷增強

由於嬰幼兒掌握的熟練動作較少，注意在進行分配的時候常常顧此失彼，比較困難。例如，遊戲時，3歲的兒童就無法做到既能讓自己玩好，又能兼顧到同伴，不能同時注意幾種對象，所以單獨玩的情況居多；4歲的兒童則可以與同伴聯合玩遊戲；5～6歲的兒童則能參加複雜的遊戲活動，並能和同伴們協同一致。又如，做操時，3歲的兒童關注手上動作的同時就無法兼顧到腳的動作；5～6歲的兒童則可以在關注手、腳動作的同時，還能注意保持體操隊形的整齊。由此可見，嬰幼兒注意分配的能力在不斷增強。

因此，教師和家長應創造機會和提供條件，讓嬰幼兒在各種活動中掌握更多的熟練動作與技能，以提高他們注意分配的能力。

（四）注意轉移的能力不斷發展

嬰幼兒的注意轉移不夠靈活。年齡小的兒童在應注意另一對象時，一般還會沉浸在原來的對象中難以離開。如，3～4歲的兒童聽完有趣的故事後會一直沉浸在故事裡，對老師組織的下一個活動心不在焉，而是繼續詢問與故事有關的話題。但是，隨著活動目的性的增強和言語調節機能的發展，5～6歲的兒童則逐漸學會根據活動任務的需要調動自己的注意。

基於此，教師組織活動時應注意：在活動之初，儘量用猜謎、活動的教具等有吸引力的方式，將嬰幼兒的注意轉移到當前的活動中來；活動中，用

語言幫助他們明確活動的目的或任務，以便能根據目的任務的需要主動轉移注意。

三、嬰幼兒注意品質的培養

（一）創造良好的環境

對於自控力差、注意力容易分散的嬰幼兒來說，很難做到鬧中求靜，為他們營造一個安靜的環境、防止其注意的分散是極其重要的。

教師應從以下幾方面著手：第一，為3～6歲的兒童提供一個佈置得整潔優美的環境。第二，玩具、教具配置應適宜，出示應適時。教具、玩具不宜繁多，且不用或用後都要藏起來，切忌擺在顯眼的位置。第三，衣著應恰當，不要過於花哨和新潮，以免分散兒童的注意。第四，供幼兒自由選擇的遊戲種類，以四五種不同的遊戲為宜（陳會昌等，1983）。另外，教學活動中對個別注意力不集中的幼兒，最好採用暗示的方式，以免影響其他孩子。

家長應監管幼兒玩耍電子產品的時間。美國的一項研究顯示，長期暴露於電子設備屏幕前會影響兒童的大腦發育。1～3歲經常看電視的兒童，到7歲時注意力出現問題的概率明顯高於較少看電視的兒童。英國心理學家及兒童健康問題專家埃里克·西格曼建議：3歲前的兒童不應該看電視。

（二）培養穩定的興趣

興趣能使嬰幼兒產生愉快的情緒，從而自覺控制自己的注意力，全神貫注地投入活動中。比如，被稱為「神童畫家」的王亞妮，對猴子特別感興趣，到動物園玩時，整個半天，她一步也不願意離開猴山。她可以連續幾個小時作畫，畫的猴子妙趣橫生、神態各異，她的佳作《猴山》引起了許多老畫家的驚嘆和讚揚。正如昆蟲學家法布爾所說的：「興趣能把精力集中到一點，其力量好比炸藥，立即可以把障礙物炸得乾乾淨淨。」

首先，成人應發現並尊重嬰幼兒的興趣。應觀察嬰幼兒在日常生活和遊戲中的表現，捕捉他們的興趣點。例如，一個5歲幼兒對汽車特別感興趣，家裡的玩具全是汽車，談論的話題也是汽車，無論在哪裡看到汽車，他都會

第三節 嬰幼兒注意品質的培養

去關注。又如，一位小女孩特別喜歡畫畫，想畫畫時不管在什麼環境，她都入神地畫起來，甚至衣服、地面、牆壁、床單、被套等都會成為她的「畫紙」。成人應對這些現象引起重視，加以指導，孩子的興趣只要是積極的，成人都應予以尊重。

其次，運用鼓勵和表揚，鞏固其興趣。嬰幼兒年齡小，興趣不穩定，容易受外界的影響。成人在日常生活中要注意觀察孩子在興趣方面的進步，如喜歡汽車的孩子，今天提了一個新問題；喜歡畫畫的孩子，今天畫的線條比昨天的更流暢。對孩子的這些點滴進步及時給予鼓勵和表揚，是使孩子堅持和鞏固興趣的良好方法。

（三）明確活動目的和要求

嬰幼兒在活動中常常因為不明確該幹什麼而左顧右盼，注意力分散，從而不能積極地從事活動。比如，成人帶孩子外出散步時，僅提出「你來看看這棵樹」，孩子就常會因要求籠統模糊而不明白自己需要觀察什麼以及怎樣觀察，從而導致注意的時間短而且不穩定。因此，在活動中成人應向孩子提出明確而具體的要求，如「你來看看這棵樹，樹幹是怎樣的？樹葉像什麼？每片樹葉的顏色一樣嗎？」等一些具體的要求，這樣，孩子注意的時間才會持久。

（四）開展豐富的遊戲活動

遊戲是嬰幼兒最喜愛的活動形式，能激發他們快樂的情緒，能使他們的心理活動處於積極狀態。遊戲是培養嬰幼兒注意力的最佳途徑。

蘇聯的畢都霍娃做過這樣一個實驗：要求幼兒把各種彩色紙條分別放在顏色相同的盒子裡，比較幼兒在遊戲中與單純完成任務情況下的注意。結果發現，在單純完成任務的情況下，4歲幼兒的注意最多只能堅持17分鐘，6歲幼兒最多能堅持62分鐘。而在遊戲中，4歲幼兒的注意最多可持續22分鐘，6歲幼兒最多可堅持71分鐘。由此可見，在遊戲中幼兒的注意更加持久而穩定。

透過遊戲還能訓練嬰幼兒注意分配和轉移的能力。比如，開展「砲兵」遊戲時，扮演砲兵的幼兒在執行任務「炸碉堡」的途中，不僅要歷經跨過斷牆、鑽過山洞、跳過雷區、渡過獨木橋的重重阻礙，時時還得提防「敵人」。又如，在占椅子的遊戲中，幼兒需要一邊隨音樂節奏繞著椅子跑，一邊還需盯著椅子，同時還要監督同伴是否違規等。遊戲還能訓練嬰幼兒注意事物廣度。例如，傳統遊戲「什麼東西不見了？」這類遊戲就要求幼兒快速地注意並記住所呈現的物品，從而訓練他們注意的廣度和記憶能力。

（五）針對個別差異，進行個別培養

嬰幼兒的注意有明顯的個別差異。有的能長時間地看漫畫書、做手工、畫畫或做遊戲；有的活潑好動，常常表現出興奮過度，注意力難以穩定和集中；有的行為衝動，注意力不集中，多動……面對活潑好動、注意力難以穩定和集中的嬰幼兒，成人可以多給他們安排一些下棋、串珠子、編織、拼圖等安靜的活動，以培養他們長時間地集中注意力、耐心地做一件事的習慣；也可以在遊戲中安排他們扮演交警、醫生等角色，並按照角色的職責要求他們。這樣，既有利於培養嬰幼兒注意的穩定性，又能提高他們的自控能力。

值得一提的是，成人需審慎處理嬰幼兒「多動」的現象，輕率地斷定「多動」就是「注意力缺陷多動障礙」（ADHD），是不可取的。

對於被診斷為 ADHD 的嬰幼兒，成人應多一分理解和關愛，切忌管束過嚴，更不能動輒採取體罰、打罵等手段對患兒進行身體和精神上的虐待。醫生、家長和教師應持之以恆地幫助及指導他們。

拓展閱讀

注意力缺陷多動障礙患兒與正常活潑好動兒童的區別

ADHD 患兒存在注意力缺陷、衝動、多動，學習和人際交往受到了嚴重阻礙。但活潑、好動是兒童的天性，有些兒童的好動是屬於貪玩或者缺乏學習興趣，而非 ADHD。二者的區別在於：

1. 有無場合性和時間性：

ADHD 患兒的多動和衝動是不分場合的，比如大家非常安靜地在教室裡上課，他會突然地發出怪聲，這就屬於 ADHD。好動兒童在嚴肅的、陌生的環境中，有較強的自我控制能力，這個要區分開。

2. 有無目的性：

ADHD 患兒的多動是無目的的、雜亂的，他們往往意志力薄弱，做事有始無終，常常一件事情沒有做完又去換做另一件事情。而好動兒童具有較強的意志力，他們的活動常具有一定的目的性，並有計劃及安排。

3. 有無真正的興趣愛好：

ADHD 患兒沒有真正的興趣愛好，無論何時何地，都不能較長時間集中注意力。而好動兒童對於感興趣的事情能全神貫注，並且還討厭別人的干涉和影響。

4. 是否可被理解：

ADHD 患兒的多動和衝動往往沒有原因，常常使人難以理解。而好動兒童即使特別淘氣，他的好動也往往事出有因，能為人們所理解。

5. 與夥伴的關係：

ADHD 患兒往往夥伴關係不好，常常說「他們不和我玩」。而好動兒童的夥伴關係一般較好。

複習鞏固

1. 注意的品質有哪些？
2. 嬰幼兒注意品質的發展有何特點？
3. 如何培養嬰幼兒的良好注意品質？

嬰幼兒心理學
第三章 嬰幼兒注意的發生發展

本章要點小結

　　注意是一種心理狀態，是指心理活動對一定對象的指向和集中。注意可使嬰幼兒不斷地從環境中接收訊息，並能發覺環境的變化，調節自己的行為，保證活動的順利進行。

　　3歲前兒童的注意基本上屬於無意注意。

　　3～6歲兒童以無意注意為主，無意注意已經相當發達。同時，有意注意在外界環境，特別是在成人的教育要求下逐漸獲得發展。

　　注意的品質包括注意穩定性、注意分配、注意轉移和注意範圍。

　　注意的品質隨著嬰幼兒年齡的增長而不斷發展。因此，教師在組織活動時，要充分考慮其注意品質的特點，應從創設環境、興趣培養以及開展遊戲活動等方面培養嬰幼兒注意的品質。

關鍵術語表

注意

無意注意

有意注意

注意的廣度

注意的轉移

注意的分配

注意的穩定性

選擇題

1. 幼兒在教室裡聚精會神地聽老師講故事，其心理活動指向和集中到故事的內容。幼兒的這種心理活動屬於（　）。

A. 感覺

B. 記憶

C. 注意

第三節 嬰幼兒注意品質的培養

D. 知覺

2. 駕駛員在駕車時,眼、耳、手、腳並用是（　）。

A. 注意的分散

B. 注意的分配

C. 注意的轉移

D. 注意的範圍

3. 注意是一種（　）。

A. 定向反射

B. 食物反射

C. 防禦反射

D. 巴賓斯基反射

4. 「一目十行」指的是注意的（　）。

A. 選擇性

B. 廣度

C. 分配

D. 穩定性

5. 注意的廣度有一定的生理制約性,在 1/20 秒的時間內,幼兒只能注意到（　）相互之間沒有聯繫的對象。

A. 2～4 個

B. 3～5 個

C. 4～6 個

D. 5～7 個

6. 幼兒在上課時低頭搞小動作,老師發現後,最好是（　）。

A. 叫他的名字

B. 叫他站起來

C. 馬上叫他站一邊

D. 走到他身邊輕輕地拍拍他

7. 幼兒在繪畫時常常「顧此失彼」，說明幼兒注意的（　）較差。

A. 穩定性

B. 廣度

C. 分配能力

D. 範圍

8. 教師在組織幼兒活動時，要提出具體而明確的要求，不能要求幼兒在很短的時間裡注意較多的事物，這主要是考慮到幼兒注意（　）的特點。

A. 分配

B. 穩定性

C. 範圍

D. 分散

9. 在良好的教育環境下，5～6 歲的幼兒一般能集中注意約（　）。

A. 5 分鐘

B. 7 分鐘

C. 10 分鐘

D. 15 分鐘

10. 3～6 歲的兒童是（　）占優勢。

A. 選擇性注意

B. 有意注意

C. 無意注意

D. 定向性注意

第四章 嬰幼兒感知覺的發生發展

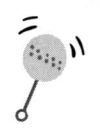

　　你知道人為什麼剛出生就要哭？就會吃奶？嬰幼兒是怎樣認識這個五彩繽紛的世界的呢？曾經在很長一段時間內，新生兒和嬰兒被人們認為是無知、無能和幼稚可笑的。直到 20 世紀 60 年代，心理學研究技術的發展才使人們驚異地發現新生兒和嬰兒具有的感知能力大大超出了人們的已有認識。心理學家驚呼：「我們過去太低估新生兒和嬰兒了！」事實是，在思維產生以前，感知覺就是嬰幼兒認識世界的唯一途徑。本章將重點介紹嬰幼兒感覺和知覺發生發展的特點，感知覺規律與嬰幼兒活動的關係，以及培養嬰幼兒觀察力的方法和策略。

第一節 嬰幼兒的感覺

一、感覺與感覺規律

（一）什麼是感覺

　　在現實生活中存在的客觀事物總是具有一定的屬性，如顏色、形狀、聲音、氣味、味道、軟硬、溫度等等，我們用眼睛看顏色、形狀，用耳朵聽聲音，用鼻子聞氣味，用嘴巴嘗味道、用手摸軟硬和溫度等，都是感覺。

　　感覺是人腦對直接作用於感覺器官的客觀事物的個別屬性的反映。感覺是最基礎、最簡單的心理現象，是人全部心理現象的基礎。如果沒有感覺，人的大腦就無法認識和反映客觀事物，意識也就無法產生。

　　根據引起感覺的刺激來源於外界還是人體內部，感覺分為外部感覺和內部感覺。外部感覺主要包括視覺、聽覺、味覺、嗅覺和膚覺等；內部感覺包括運動覺、平衡覺和機體覺。

（二）感覺的規律

感覺的規律表現在感受性變化的規律上。在實際生活中，一個人的感受性不是恆定不變的，往往會因為環境因素、機體狀況以及實踐訓練等因素的變化而發生變化。

1. 感覺的適應

感覺的適應是由於刺激物對感受器的持續作用，而使感受性發生變化的現象。適應有時表現為感受性的提高，如暗適應；有時表現為感受性的降低，如明適應；還可表現為感受性的消失，如古話所說：「如入芝蘭之室久而不聞其香，如入鮑魚之肆久而不聞其臭。」

教師在組織嬰幼兒的活動時，要注意運用感覺的適應規律。在帶領嬰幼兒進入較暗的場所，如電影院、幻燈室或暗室時，要稍停留一下待他們的視覺適應了再進行下一步行動。同時，由於暗適應可使嬰幼兒在較暗的光線下也能看圖識字，所以教師要注意及時把他們領到明處或開燈，以保護視力。教師還要注意通風換氣以保證室內或活動場所的空氣清新，嬰幼兒在長時間呼吸一些有毒或有害的氣體後難以察覺，很容易造成嚴重的後果。另外，讓嬰幼兒嗅聞某種氣味的時間不宜太久，以免因適應而不能分辨。

2. 感覺的對比

感覺的對比是指當同一感受器受到不同刺激的作用時，其感受性會發生變化。對比一般表現為感受性提高。感覺的對比可以分為同時對比和繼時對比。生活中所說的「不怕不知道，就怕來比較」就是同時對比，而吃了酸的食物後再吃甜的會感到特別甜便是繼時對比。

教師在為嬰幼兒製作教具或佈置活動室時，要注意運用對比規律。例如，白底的貼絨教具上面黏貼黑色的圖形便很突出……對比規律主要運用於事物的顏色、大小、長短、粗細等方面。

3. 聯覺現象

對一種感官的刺激作用觸發另一種感覺的現象，在心理學上被稱為「聯覺」現象。

顏色感覺最容易產生聯覺。例如，色覺與溫度感覺，紅、橙、黃色會使人感到溫暖，所以這些顏色被稱作暖色；藍、青、綠色會使人感到寒冷，因此這些顏色被稱作冷色。另外，還有「色-聽」聯覺，如微光刺激可提高聽覺的感受性，而強光刺激則會降低聽覺的感受性，而強烈的噪聲可使視覺的差別感受性顯著降低。同時，聽覺還可引起皮膚覺、內部感覺，如刀子劃玻璃的聲音可引起人起雞皮疙瘩或產生心悸，等等。

教師可以有效利用聯覺現象，如巧妙運用色彩，為嬰幼兒營造溫馨的生活環境；上課時說話輕聲細語，忌高聲大叫，以免影響嬰幼兒的聽覺感受性。

4. 感受性的訓練

個體感受性的根本性提高，與人的實踐活動和訓練有密切關係。

盲人的聽覺和觸摸覺特別發達，聾啞人的視覺通常會特別敏銳。這是後天在生活實踐中經過長期鍛鍊慢慢發展起來的。如：染色工人由於職業需要和實際鍛鍊，可以區分 40～60 種黑色色調；畫家對於比例估計非常敏感；等等，說明感受性可以透過實踐活動的訓練得到提高。

為此，幼兒教師要重視透過活動有意識地訓練和提高幼兒的感覺能力。如：透過觀察和繪畫活動發展兒童的視覺能力；透過音樂、朗讀活動發展兒童的聽覺能力；透過手工、泥工發展兒童的觸覺能力；透過舞蹈、體育活動等發展兒童的運動覺、平衡覺能力；等。

（一）視敏度的發展

視敏度是指精確地分辨物體細微結構或處於一定距離物體的能力，也稱為視力。研究表明，人獲取的外界訊息有 80% 來源於視覺，所以視覺在人們的認識活動中占有特別重要的位置。

二、嬰幼兒視覺的發展

1. 視覺的發生

20世紀以來，很多心理學家對胎兒的視覺進行了實驗研究，發現了胎兒期的視覺活動。如，臨床用胎兒鏡檢查孕婦子宮的時候，發現胎兒有用手遮住眼睛擋光的動作。日本的小林登教授利用強光照孕婦的腹部時，發現胎兒會閉眼。北京人民醫院和北京醫科大學附屬一院（現北京大學第一醫院）聯合實驗也發現，當攝影燈突然打開發出強光後，胎兒會因此而馬上活動起來，幾分鐘的適應後活動才會減弱。為避免因強光的熱效應刺激孕婦腹部而引起胎兒的反應，北京天壇醫院產科實驗中把白熾燈泡浸入裝水的玻璃槽中，光線透過裝水的玻璃照在孕婦腹壁，然後光線再透入子宮內，同樣發現了光線突然照射，引起胎動增強的現象（劉澤倫，1991）。

因此，可以認為視覺最初發生的時間應當在胎兒中晚期，大約五六個月的胎兒即已有了視覺。

2. 視敏度的發展

目前，研究嬰兒視敏度的方法主要有以下三種：一是「偏愛法」（由范茲首創），由嬰兒注視的偏愛性（時間長短）來判斷其視敏度的水平；二是「視動眼球震顫法」，根據嬰兒掃視物體時不自覺的眼球運動來鑑別其視敏度；三是「視覺誘發電位測量法」（MVEEP），測量記錄大腦枕葉區（視覺中樞）腦電波變化特點來確定視敏度。

視敏度的發展首先是依靠眼睛晶狀體的調節來進行的。新生兒的晶狀體不能變形，因而投射到其視網膜上的形象比成人要模糊 (Bower, 1977)。研究表明，新生兒的最佳視距為20公分，2個月後嬰兒晶狀體的調節功能基本成熟，4個月時嬰兒的視覺協調合成功能已經成熟。

馬革 (Marg, 1976) 等人採用「視覺誘發電位測量法」的研究表明：4週時新生兒視敏度已達6/180。很多心理學家採用「偏愛法」和「視動眼球震顫法」對嬰兒的視敏度進行了研究。黑斯 (Haith) 1990年總結了大部分研究後指出：新生兒視敏度為6/60到6/120之間，即新生兒能在6米處看見正常

第一節 嬰幼兒的感覺

成人在 60 米或 120 米處看見的東西，其後視敏度迅速穩定發展。1～2 歲兒童的視力為 0.5～0.6，3 歲兒童的視力為 1.0，4～5 歲後視力趨於穩定。

由此可見，嬰幼兒的視敏度是隨年齡增長而不斷提高的。為此，應注意結合嬰幼兒視敏度發展的特點，在桌椅的購買、繪本的選擇以及教具、圖片的製作方面考慮周全。

另有研究表明，出生後頭半年是嬰兒視敏度發展的關鍵期，這個時期如果出現發育異常，會引起視力的喪失。

弱視是嬰幼兒時期視覺發育障礙的一種常見病。弱視兒童的視力達不到正常水平，兩眼不能同時注視同一目標，無立體感，不能判斷自身的空間位置，分不清物體離自己的遠近高低，定位不準確，不能完成精細動作。所以，對兒童弱視應及早發現和治療。治療最佳期是 3～5 歲，一般無器質性病變的弱視，經過及時治療後，絕大多數兒童可以獲得正常視力。

（二）顏色視覺的發展

顏色視覺是區別顏色細微差別的能力，俗稱「辨色力」。

嬰兒顏色視覺的發展和成熟相對比較早。馮曉梅（1988）報告的採用去習慣法研究的實驗結果表明，80% 出生 3 分鐘到 13 天的新生兒（12 名被試）能分辨紅和灰，說明出生兩週內的新生兒具有顏色辨別能力。黑斯 (Haith, 1990) 總結了大部分研究資料後認為：具有三色視覺（紅、黃、綠）是成人具有完全顏色視覺的標誌。4 個月的嬰兒已能在可見光譜上辨認各種顏色，說明這時嬰兒的顏色視覺已接近成人水平。

3 歲以後，兒童顏色視覺的發展主要表現為區分顏色細微差別能力的繼續發展，以及掌握顏色名稱能力的發展方面。

3 歲的兒童一般能夠初步辨認基本色，但不能很好地區分各種顏色的色調。4 歲的兒童區分各種顏色的色調細微差別的能力開始逐漸發展起來，而且開始認識一些混合色。

3歲以後兒童辨色能力的發展關鍵在於掌握顏色名稱。如果掌握了顏色名稱，即便是混合色，如古銅色、檸檬黃等，他們同樣可以辨別。

採用配對法、指認法、命名法可瞭解嬰幼兒識別顏色的能力。

三、嬰幼兒聽覺的發展

聽覺是個體對聲波刺激的物理特性的感覺。聽覺在嬰幼兒心理發生發展過程中具有重要意義，是他們探索世界、認識世界、從外界獲取訊息不可缺少的重要手段。

（一）純音聽覺的發展

兒童心理學的鼻祖普萊爾1882年在人類第一本兒童心理學專著中斷言：「一切嬰兒剛生下來時都是耳聾的。」那麼，兒童究竟在何時開始形成聽覺？幼兒的聽覺發展處於什麼樣的狀態和水平？最新臨床研究表明：胎兒期聽覺就已經存在。胎齡5個月的胎兒，聽覺系統已經基本發育完成，開始對聲音產生興趣，強音刺激能引起胎兒產生身體緊張反應，出現痙攣性胎動；胎齡6個月，胎兒可聽見母親有節奏的心跳聲和血流聲，以及外界的樂音、噪聲。國外有人把母親的心跳聲錄下來，經過擴音，播放給煩躁不安或者哭鬧的新生兒聽，結果新生兒很快就安靜了下來，這說明胎兒已有聽覺，而且還有聽覺記憶，這一成果為胎教實施拓寬了領域。

研究表明，新生兒具有十分敏銳的聽覺能力。出生第一天的新生兒已經能對聲音產生反應。研究者（1983）曾對42名出生不到24小時的新生兒施以類似蟋蟀叫聲的聲音刺激，結果發現，約83.3%的新生兒能在僅施以1～2次刺激的情況下迅速做出反應（頭扭動、眼珠轉動、睜眼等），其餘新生兒雖然較慢（需3～5次刺激），但也都有所反應。

嬰兒能辨別不同的聲音，而且表現出對某些聲音的「偏愛」，即對某些聲音能更長時間地注意傾聽。研究者發現，1～2個月的嬰兒似乎偏好樂音（有規律而且和諧的聲音），不喜歡噪聲（雜亂無章的聲音）；2個月以上的嬰兒似乎更喜歡優美舒緩的音樂，不喜歡強烈緊張的音樂；7～8個月的

嬰兒樂於合著音樂的節拍舞動雙臂和身軀，對成人愉快、柔和的語調報以歡愉的表情，而對生硬、呆板、嚴厲的聲音表示煩躁、不安，甚至大哭。

研究表明：在 13 歲以前，兒童的聽覺敏感性一直在增長。成年以後，聽力逐漸有所降低。

（二）言語聽覺的發展

1～2 個月的嬰兒喜歡聽人說話的聲音，尤其是母親說話的聲音。7～8 個月的嬰兒對成人安詳、愉快、柔和的語調報以歡愉的表情，而對生硬、呆板、嚴厲的聲音表示煩躁、不安，甚至大哭。

勞林 (Lorain, 1988) 等人的研究發現，生活在英語環境中的 5 個月大的嬰兒，已具有辨別母語與外國語的初步能力。其測試方法為：讓嬰兒聽成人說兩句話，一個用西班牙語說，一個用英語說。在挑選所說語句時，儘量把音節數量安排一致，同時兩位說話者讀句子時儘量在速度、強度及面部表情上保持一致。結果發現，儘管如此，嬰兒仍表現出不同的反應，說明他們已能區分這兩種語言。

聽力可以經過訓練得到提高，同時我們必須保護嬰幼兒的聽力。成人應有意識透過音樂或語言培養嬰幼兒的聽覺能力。

四、嬰幼兒觸覺的發展

觸覺是人體發展最早、最基本的感覺，也是人體分佈最廣、最複雜的感覺系統。觸覺是膚覺和運動覺的聯合，是嬰幼兒認識世界的重要手段，特別是在 2 歲以前，嬰兒依靠觸覺或觸覺與其他感覺的協同活動來認識世界，透過多元的觸覺探索，可促進其動作及認知的發展。不僅如此，觸覺在嬰幼兒依戀關係的形成過程中也占有非常重要的地位，透過養育者的擁抱與愛撫及雙方身體的接觸，嬰幼兒獲得滿足感和舒適感，產生被愛和安全的感覺，從而建立依戀。

（一）觸覺的發生

研究表明，大約 3 個月時胎兒就已經產生了觸覺，而且較為靈敏。胎兒透過自身的活動感受觸覺刺激。在懷孕早期，如果胎兒的手觸及嘴，頭就會歪向一側，張開口。孕中期的胎兒就會把手伸到嘴裡去吮吸，也會抓住臍帶往嘴邊送，當碰到子宮壁、臍帶和胎盤時，胎兒會膽小地立即避開。臨床用內窺鏡觀察到，如果用一根小棍觸動胎兒的手心，胎兒的手指會握緊；碰足底，腳趾就會動彈；胎兒的膝蓋也可以動，有時連小嘴巴也能張開。孕晚期的胎兒會抓握臍帶，會撫摸自己的臉。隨著胎兒的成長，他們「踢」子宮壁的次數也逐漸增多。

一般新生兒的口周、眼、前額、手掌和腳底等部位觸覺非常靈敏，當乳頭或手輕觸其口唇或口周皮膚時，新生兒馬上就會出現吸奶動作並將臉轉向被觸的一側，去尋找乳頭或其他觸碰他的物體。0～2 個月的嬰兒，其觸覺表現主要以反射動作為主，許多天生的無條件反射，如吸吮反射、防禦反射、抓握反射等等都有觸覺參與，這些反應都與覓食或自我保護有關。

（二）口腔觸覺的發展

嬰兒對物體的觸覺探索最早是透過口腔的活動進行的。出生後的嬰兒不但有口腔觸覺，而且透過口腔觸覺認識物體。

3 個月的嬰兒在吸吮時，對熟悉的物體，吸吮的速度逐漸減低，出現習慣化現象。一旦換了新的物體，嬰兒就又會用力吸吮，即出現去習慣化。這表明，嬰兒早期已經有了口腔觸覺的探索活動，且有了口腔觸覺辨別力。

3～5 個月的嬰兒可以將反射動作加以整合，利用嘴巴與手去探索，並感受到各種觸覺的不同，開始對物體進行簡單的辨別。6 個月以後，嬰兒的觸覺發展已經遍及全身，他們會用身體的各個部位去感受刺激、探索環境，觸覺定位越來越清晰，開始能分辨出所接觸的不同材質。

當嬰兒手的觸覺探索活動發展起來以後，口腔的觸覺探索逐漸退居次要地位。但是在嬰兒滿週歲之前，口腔觸覺仍然是嬰兒認識物體的重要手段。可以說，在相當長的時間內，嬰兒仍然以口腔的觸覺探索作為手的觸覺探索

的補充。比如，6個月以後的嬰兒，看見了東西，往往抓起來就往嘴裡放；1～2歲的嬰兒，在地上撿起東西后也同樣可能往嘴裡送。

（三）手觸覺的發展

手的觸覺是透過觸覺認識外界的主要渠道。換句話說，觸覺探索主要透過手來進行。

新生兒出生後就有本能的手的觸覺反應。比如，抓握反射。無意性撫摸是繼抓握活動之後出現的又一個手的動作。當嬰兒的手偶然間碰到某個東西，如被子的邊緣時，他會沿著邊緣下意識地撫摸被子。這是一種早期的、無意的觸覺探索。

眼手協調（視覺和手的觸覺的協調）動作的出現，是半歲前（大約4個月左右）嬰兒認知發展的重要里程碑，也是手的真正觸覺探索的開始。眼手協調出現的主要標誌是伸手能夠抓住東西。

積極主動的觸覺探索是在7個月左右發生的。眼手協調動作出現後，嬰兒就逐漸用手以各種方式去擺弄物體，表現為把東西握在手裡擠捏它、敲擊它或把它轉來轉去等。

年齡越小的嬰幼兒，越需要接受多樣的觸覺刺激。成人平時可以多給他們擁抱和觸摸；帶他們外出，充分接觸大自然，如草地、沙地、植物等，這對嬰幼兒觸覺的發展都大有幫助。

五、嬰幼兒其他感覺的發展

（一）味覺和嗅覺

研究表明，味覺感受器是在胚胎3個月時開始發育的，到6個月時形成，出生時已發育得相當完好。味覺是新生兒出生時最發達的感覺。剛出生的新生兒對甜味表現出明顯的偏愛。與酸、鹹、苦或中性液體（如：水）相比較，他們吸吮甜汁液的頻率更快，持續的時間更長。

出生24小時以內的新生兒已經能初步辨別不同的氣味，對不同的嗅覺刺激能做出不同的反應，如全身性運動、踢腿、呼吸變化等，甚至能「躲避」

不愉快的嗅覺刺激（L.P.Acredolo, Hake, 1982）。恩金和利普賽特（1965）對嬰兒嗅覺習慣化和嗅覺適應現象進行對比研究後發現，嬰兒鑒別新的嗅覺刺激主要是一個「習慣化—去習慣化」的過程。

（二）痛覺

新生兒痛覺的感受性很低。國外有人做過對新生兒的痛覺測查，他們用針刺人體最富有感受性的區域——鼻、上唇和手，結果表明，未足月的新生兒，對極強的刺激都沒有產生不愉快的表現，即可能是不感到痛。但並不是所有疼痛對新生兒都不會產生影響。反覆的、較長時間的疼痛刺激會嚴重影響新生兒腦的發育。

在嬰幼兒身上，疼痛是一種經常發生的現象。疼痛的原因主要來自三方面：傷害或過強的刺激、痛覺閾限、痛的情緒。一般來說，傷害可透過醫學上及時的處理得到治療；痛覺閾限隨嬰幼兒年齡的增加而降低，即，隨年齡的增長，嬰幼兒痛覺的感受性逐漸增強；從情緒方面來看，通常緊張、恐懼、傷心、焦慮等可構成痛的情緒成分，可增強嬰幼兒的痛覺。當然，成人的愛撫和行為干預則可適當減輕嬰幼兒的疼痛感；成人的言行也可對嬰幼兒的疼痛情緒起暗示作用。

（三）運動覺與平衡覺

在人類的整個感官體系中，運動覺和平衡覺是「工作」時間最長，然而又是最容易被「遺忘」的基礎感覺。即便是在睡眠中，運動覺和平衡覺的中樞部分仍在工作，例如：睡眠中的翻身帶來肢體位置的變化，甚至於一些夢遊者在睡夢中完成許多複雜動作。在日常生活中，個體的走、跑、跳、臥、站立、吃飯等動作多半是在無意識中學會的，因此，大多數情況下運動覺和平衡覺僅僅停留在本能狀態，常常被其他感覺訊息遮蔽，從而被忽略。同時，運動覺、平衡覺對嬰幼兒心理、智慧和學習的影響也同樣容易被忽略。但近二三十年的研究證明了運動覺、平衡覺對於嬰幼兒發展的重要性，它不僅能夠促進嬰幼兒腦部的發育和腦功能的發展，而且還會對嬰幼兒的運動能力、學習能力以及自信心等方面的發展產生巨大的影響。

第一節 嬰幼兒的感覺

1. 運動覺的發展

1歲以前是嬰兒建立、健全前庭神經系統以及良好本體感覺的關鍵時期，其發展狀況直接影響到視覺、聽覺等感官系統的發育，並且對嬰兒今後的感覺統合起著至關重要的作用。

嬰兒最初的頭部運動能夠促進頸部肌肉的發育。四肢舞動、蹬踢活動有利於嬰兒肢體肌肉的鍛鍊，尤其是翻身後的爬臥造成的抬頭動作，有助於抬頭肌的發育和頸部肌肉的鍛鍊，並為下一步的爬行動作奠定了基礎。

爬行動作對嬰兒良好前庭平衡覺的建立、視覺的平衡和穩定的發育起著極其關鍵的作用，而這些能力的發展又為嬰兒的獨立行走打下了堅實的基礎。基礎很穩固的嬰兒，一旦邁步，步伐就顯得比較穩定，即便跌倒，也具有很好地保護自己頭部不受傷害的本能。

4歲以後，幼兒已經建立了很好的身體運動意識。幼兒活潑好動的年齡特徵或許部分地來自運動覺的需要，此時幼兒已經能夠比較自如地控制自己身體的運動和姿勢。

2. 平衡覺的發展

平衡覺是由於人體位置重力方向發生的變化刺激前庭感受器而產生的感覺。搖盪、旋轉的刺激能引起人的平衡覺。搖晃嬰兒不僅能給嬰兒施加觸覺刺激，還能給嬰兒的平衡器官很多刺激信號。嬰兒很喜歡被輕輕搖晃。很多時候，較大幅度的搖晃可以使啼哭的嬰兒安靜下來。

3歲以後，幼兒對平衡覺的刺激仍然敏感而且喜愛，他們不僅喜歡盪鞦韆、玩轉椅，也喜歡讓成人抱著旋轉或拉著手臂旋轉。

拓展閱讀

感覺統合訓練法

感覺統合訓練的終極目標是提升嬰幼兒的組織能力、學習能力、集中注意的能力等等。

101

·大腦平衡功能的訓練

出生後的嬰兒，要經常並且適度地抱著輕輕搖晃，讓嬰兒的大腦平衡能力得到最初的鍛鍊。七八個月大的嬰兒，要訓練爬行，這對手腳協調能力很有幫助。再大一點兒的時候，要多進行走平衡木、盪鞦韆、玩旋轉木馬等練習。儘量讓嬰幼兒做自己力所能及的事情，允許他們嘗試錯誤，促進大腦平衡功能逐漸發展成熟。

·本體感的訓練

本體感可以幫助一個人很自然地運作自己的身體並且跟環境產生正確靈活的適應。本體感是在追、跑、趕、跳、碰等各種活動中發展和成熟的。要注意讓嬰幼兒參加各種體育活動，比如多跟小朋友一起玩、一起翻跟頭、拍皮球、跳繩、游泳、打球等，都是很好的訓練。

·觸覺訓練

觸覺訓練就是多創造機會和嬰幼兒玩一切需要身體皮膚接觸的遊戲。

比如：從小讓嬰幼兒進行玩沙、玩水、玩泥巴、游泳等活動；經常讓嬰幼兒光腳走路，洗完澡以後用比較粗糙的毛巾給他們擦身體，並用電吹風把他們身上的水吹乾；經常用毛刷給嬰幼兒刷身體，並進行撫觸按摩等。

·前庭覺訓練

前庭覺對大腦起過濾訊息的作用。為了不讓無關緊要的訊息影響大腦的思考和運作，需要過濾掉不重要的訊息。頸部運動可使前庭神經發育得更成熟，因此可設計各種頸部動作和爬行動作，讓嬰幼兒的前庭神經發育得更好。

複習鞏固

1. 感覺的規律有哪些？如何利用感覺的規律組織嬰幼兒的活動？
2. 0～3歲兒童的感覺發展有哪些特點？

第二節 嬰幼兒的知覺

一、知覺與知覺規律

（一）什麼是知覺

知覺是人腦對直接作用於感覺器官的客觀事物的各個部分和屬性的整體的反映。

知覺在感覺的基礎上產生。一方面，沒有感覺對事物個別屬性的反映，就不可能有在頭腦中綜合反映事物各種屬性的知覺；另一方面，事物總是以整體的形式存在，人們在反映事物的時候也是以整體的形式來反映的。離開了知覺的孤立的、純粹的感覺很少，因此我們往往把感覺和知覺統稱為感知覺。

知覺的種類很多，根據知覺過程中起主導作用的感覺器官分類，知覺可分為視知覺、聽知覺、嗅知覺、味知覺和觸知覺等等；根據知覺對象的不同來分類，知覺可分為物體知覺和社會知覺；根據知覺內容是否符合客觀現實來分類，知覺可分為正確的知覺與錯覺。

（二）知覺規律

1. 知覺的選擇性

人在眾多的事物中根據需要選擇少數事物作為知覺的對象，對這些事物知覺得特別清晰，這種現象就叫做知覺的選擇性。知覺的對像是感知的中心，知覺的背景則是襯托的部分。

影響知覺選擇性的主要因素有：

（1）知覺對象與背景的差別；

（2）知覺對象的活動性；

（3）知覺對象的特徵。

2. 知覺的整體性

知覺對象由許多不同特徵的部分構成，但是在知覺過程中人們不是孤立地反映刺激物的個別特性和屬性，而是將多個個別屬性有機地綜合在一起，反映事物的整體和關係，這種特性被稱為知覺的整體性。如一首歌的歌詞和旋律是歌曲的關鍵部分，所以無論是誰唱、怎樣唱，我們都會把它知覺為同一首歌。

3. 知覺的理解性

人在知覺過程中是以過去的知識經驗為依據，力求對知覺對象做出某種解釋，使它具有一定的意義。知覺的這種特性就是知覺的理解性。

一方面，知覺的理解性是以知識經驗為基礎的。有關知識經驗越豐富，對知覺對象的理解就越深刻、越全面。如老中醫可透過號脈診斷疾病，資深的汽車修理工可透過聽發動機聲音判斷車的問題。

另一方面，言語對人的知覺具有指導作用。一開始人也許不能很快進行清楚明確的知覺活動，但如果此時有言語的提示，就會很快找到知覺的線索和方向。

4. 知覺的恆常性

當知覺到的條件在一定範圍內發生變化時，知覺映像仍然保持相對不變，這就是知覺的恆常性。知覺恆常性現像在視知覺中表現得很明顯，包括大小恆常性、形狀恆常性、亮度恆常性、顏色恆常性等。正是知覺的恆常性，使人能在不同條件下準確地認識和把握同一個事物。

二、嬰幼兒空間知覺的發展

空間知覺包括形狀知覺、深度知覺、大小知覺和方位知覺。嬰幼兒對物體及空間關係的認識，都不能離開這些知覺。

（一）形狀知覺

形狀知覺是指對物體的輪廓和邊界的整體知覺。

第二節 嬰幼兒的知覺

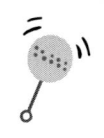

1. 嬰兒的形狀知覺

范茲 (Fantz) 在嬰兒形狀知覺和視覺偏好研究方面做出過不少貢獻。他專門設計了「注視箱」（如圖 4-1），讓嬰兒躺在箱內的小床上，眼睛可以看到掛在頭頂上方的物體。觀察者透過箱頂部的窺測孔，記錄嬰兒注視不同物體所花的時間。該實驗假定：看相同的兩個物體花同樣長的時間，看不同的物體花不同長的時間。這樣就可以從嬰兒注視兩樣不同的物體所花費的時間是否相同來判斷嬰兒早期能否辨別形狀、顏色等等，也就是視覺偏好。

范茲曾用偏愛法讓 8 週的嬰兒注視三角形的圖形和靶心圖，結果發現，嬰兒對兩個三角形注視的時間相同，而對三角形和靶心圖注視的時間則不同，說明嬰兒能區別兩種不同的形狀。

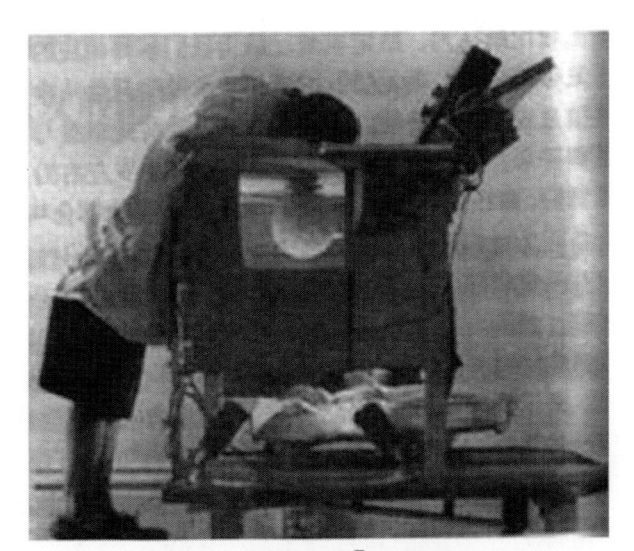

圖 4-1　范茲的「注視箱」

格林堡 (Greenberg, D.M) 也曾做過類似的實驗，他以 6～11 週的嬰兒為對象，給他們出示三類圖（圓點圖、方格圖和線條圖），且複雜程度不同。結果發現：不同年齡的嬰兒對不同複雜程度的圖形注視的時間也不同。年齡越小，越傾向於注視中等複雜程度的圖；年齡越大，則傾向於比較複雜的圖。這表明，不同年齡的嬰兒可能選擇與自己水平相適應的刺激，且具有處理這些刺激的能力。

大約從出生後第五六個月起，隨著能手眼協調地抓握物體，嬰兒開始積極地知覺物體的外形。2～3歲的嬰兒對其周圍經常見到的熟悉的物體已能辨認，也能認識一些簡單的圖形，如圓形和正方形。但對於複雜圖形的知覺還很困難，仍然難以辨別兩個相似圖形的細微差別。

2. 幼兒的形狀知覺

生活中的事物如果用平面圖形來表示，可以發現它們都是由各種基本的幾何圖式組成的（如圖4-2），因此，對幼兒期形狀知覺發展的研究一般是透過讓幼兒用眼或手辨別不同的幾何圖形來進行的。發展幼兒的形狀知覺，就是發展他們對於幾何圖形的認知。

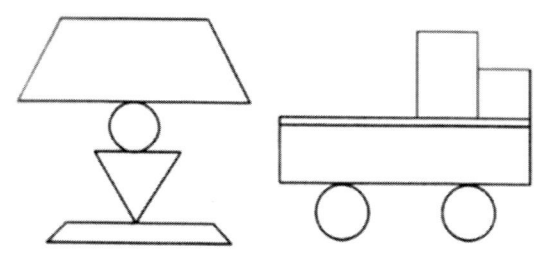

圖4-2 物體形狀可分解為基本的幾何圖形組合

實驗表明，3歲幼兒基本上能根據範樣找出相同的幾何圖形，5～6歲幼兒的正確率大大提高。幼兒辨別不同幾何圖形的難度有所不同，由易到難的順序是：圓形→正方形→半圓形→長方形→三角形→五邊形→梯形→菱形。同時幼兒對幾何圖形的分解、組合能力也隨年齡而增長。

如3歲幼兒懂得將正方形沿對角線對折可以變成兩個三角形；4～5歲幼兒懂得梯形可以分割成一個正方形（或矩形）和兩個三角形；6歲幼兒在良好的教育條件下，能將各種物品分解成各種基本幾何圖形及其組合。同時，幼兒對複雜圖形的知覺辨認能力也隨年齡而增長。如讓3～6歲幼兒確認圖4-3所示的圓形、矩形和三角形時，幾乎所有的6歲幼兒都能確認，而只有一半的3歲幼兒能確認。

第二節 嬰幼兒的知覺

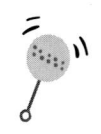

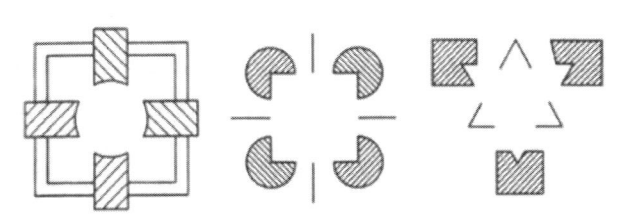

圖4-3 幼兒圖形知覺測查材料

當視覺、觸覺、動覺相結合時，幼兒對幾何圖形感知的效果較好。在幼兒辨別幾何圖形的任務中，如果只讓幼兒依靠手摸，排除視覺的參與，其任務完成的錯誤率較高；而讓幼兒既看又摸，即視覺和動覺都參與，幼兒完成任務就較容易。

幼兒形狀知覺的發展還表現在逐漸掌握形狀的名稱。在感知圖形或物體的過程中，當幼兒還不能準確稱呼圖形或物體名稱的時候，會自發地用生活中所熟悉事物的名稱來稱呼它們。如，3～4歲的幼兒把圓形稱為太陽、皮球，把半圓形稱為月亮或半個太陽等。

發展幼兒的形狀知覺就是要鼓勵幼兒多看、多摸、多操作物體，同時要教給幼兒正確的幾何圖形名稱。

(二) 深度知覺

深度知覺是辨別物體遠近距離的知覺。

圖4-4 「視崖」實驗

為瞭解嬰幼兒深度知覺的發展狀況，吉布森 (Gibson) 和沃克 (Walk) 設計了著名的「視崖」試驗。「視覺懸崖」是一種測查嬰兒深度知覺的有效裝置。這種裝置把嬰兒放在厚玻璃板的平臺中央，平臺的表面用橫木分隔成「深區」和「淺區」兩個區域。在「淺區」的玻璃板下面直接貼了棋盤格子圖案；在「深區」則將棋盤格子圖案貼在地面上，從「淺區」邊緣向「深區」望去，會使人產生站在崖邊的深度視覺效果。吉布森和沃克曾選取 36 名 6 個半月～14 個月的嬰兒進行「視崖」實驗，將其放在「崖邊」，母親們輪流在「淺區」和「深區」兩側呼喚嬰兒。

結果發現大多數嬰兒只爬到淺區，母親在深區一側呼喚時，嬰兒不過去，或因為想過去又不能過去而哭喊。該實驗說明嬰兒已有深度知覺，但無法判斷是否是先天的。

坎波斯和蘭格 (Campos & Langer, 1970) 採用更靈敏的技術研究嬰兒的深度知覺。他們選取了 2～3 個月，甚至更小的嬰兒。結果發現：當把幼小的嬰兒放在深區邊時，嬰兒的心率會減慢，而放在淺區邊則不會有此現象。這表明，嬰兒是把「懸崖」作為一種好奇的刺激來辨認的。但如果把 9 個月的嬰兒放在懸崖邊，嬰兒的心率會加快，這是因為經驗已經使得他們產生了害怕的情緒。

深度知覺的發展受經驗的影響比較大，嬰幼兒的深度知覺隨著經驗的豐富逐步發展。遊戲和體育活動能夠促進嬰幼兒深度知覺的發展。

（三）大小知覺

大小知覺指對物體長短、面積和體積大小的知覺。

6 個月前的嬰兒已經能夠辨別大小；2～3 歲嬰兒已經能夠按照語言指示拿出大皮球、小皮球；3 歲以後幼兒辨別平面圖形大小的能力迅速發展。

幼兒大小辨別的正確率與圖形形態有關。一般來說，辨別圓形、正方形、等邊三角形的大小較易；辨別菱形、橢圓形、長方形、五角形的大小較難。

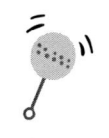

幼兒辨別大小能力的發展還表現在判斷的策略上。在判別積木大小時，4～5歲幼兒要用手逐塊觸摸積木邊緣，或將積木重疊在一起進行比較；而6～7歲幼兒已經可以僅憑視覺進行判別。

（四）方位知覺

方位知覺是對物體在空間所處的位置和方向的知覺。

空間定位能力的發生可反映嬰兒方位知覺的發展狀況。新生兒出生後就已經能夠對來自左邊的聲音向左側看或轉頭，對來自右邊的聲音向右側轉頭，表現出聽覺定位能力。正常嬰兒主要依靠視覺定位。

幼兒方位知覺的發展主要表現在對上下、前後、左右方位的辨別上。

心理學家很早就研究了幼兒空間方位知覺的發展（方雲秋，1958），發現其一般的發展趨勢是：3歲兒童能辨別上下方位；4歲兒童開始能辨別前後方位；5歲兒童開始能以自身為中心辨別左右方位；6歲兒童能達到完全正確地辨別上下前後四個方位的水平，以他人為中心的左右辨別尚未發展完善。

皮亞傑曾研究了兒童左右概念的發展，後來美國的埃爾凱德(Elkind)重複了皮亞傑的實驗，他們兩人的實驗結果大致相同：5歲兒童能辨別自己的左右手、左右腳；7～8歲兒童能辨別對面的人的左右手、左右腳；10～11歲才能完全掌握左右概念的相對性。

研究者重複了這一研究（朱智賢等，1964），所得結果證實了左右概念的發展可劃分為三個階段：

階段1. 兒童比較固定地辨別自己的左右方位（5～7歲）；

階段2. 兒童初步能具體掌握左右方位的相對性（7～9歲）；

階段3. 兒童比較概括地、靈活地掌握左右概念（9～11歲）。

這一發展是與兒童思維發展的趨勢（直覺行動思維—具體形象思維—抽象邏輯思維）相符的。

近年來，方格等人探查了 4～6 歲兒童對空間方位的理解。研究結果表明：第一，幼兒對簡單方位，如「上下」「前後」「裡外」「之間」的理解，4 歲時已經基本達到，但這種能力因測查材料的性質不同而有所變化。第二，對比較複雜的「左右」方位的理解呈年齡發展趨勢，以自身為參照的「左右」理解的正確率，4 歲組兒童為 50% 左右；5 歲組兒童為 65% 左右；6 歲組兒童為 70%～76%。以客體為參照的「左右」理解成績差，4～6 歲幼兒的正確率均在 70% 以下。

幼兒方位知覺的發展早於方位詞的掌握。所以，當幼兒還不能很好地掌握左右方位的相對性和方位詞的時候，成人應把左右方位詞與實物結合起來教他們。

三、嬰幼兒時間知覺的發展

時間知覺是對事物發展的延續性、順序性及週期性的知覺。由於時間看不見、摸不著，人也沒有專門感知時間的感受器，所以我們無法直接感知時間，而只能透過一些媒介，如太陽的升降、人體內部的生物鐘或專門的計時工具（鐘錶）等來反映時間。

嬰兒最早主要是依靠生理上的變化產生對時間的條件反射，也就是人們常說的「生物鐘」。例如，生活有規律的嬰兒到了吃奶的時候會自己醒來或哭喊，就是嬰兒對吃奶時間的條件反射。以後才能逐漸過渡到借助於某種生活經驗（生活作息制度、有規律的生活事件等）和環境訊息（自然界的變化等）來反映時間。

從 3 歲開始，幼兒有了一些初步的時間概念，但往往只與他們具體的生活活動聯繫在一起。如常常以自己的作息制度來定位時間，認為早上就是起床的時候，晚上就是睡覺的時候。4 歲左右，幼兒可以理解今天、明天、昨天，也會運用早上、中午、晚上等詞語。但對前天、大前天、後天、大後天還不是很理解。7 歲左右，在教育影響下，幼兒開始有意識地借助於計時工具或其他反映時間流程的媒介來認識時間。但由於時間的抽象性特點，總體來說，幼兒知覺時間比較困難，水平不高。

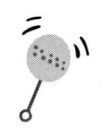

研究表明，幼兒的時間知覺表現出以下特點和發展趨勢。

1. 時間知覺的精確性與年齡呈正相關，即年齡越大，精確性越高。7～8歲可能是時間知覺迅速發展的時期。

2. 時間知覺的發展水平與幼兒的生活經驗呈正相關。生活制度和作息制度在幼兒的時間知覺中起著極其重要的作用，因此，嚴格執行作息制度，過有規律的生活有助於發展幼兒的時間知覺，培養幼兒的時間觀念。

3. 幼兒對時間單元的知覺和理解有一個由中間向兩端、由近及遠的發展趨勢。大量研究表明，幼兒先能理解的是「天」和「小時」，然後是「週」「月」等更大的時間單元或「分鐘」「秒」等更小的時間單元。在「天」中，最先理解的是「今天」，然後是「昨天」「明天」，再後才是「前天」「後天」「上週」「下週」。對於「正在」「已經」「就要」這三個與時間有關的常用副詞的理解，同樣也是以現在為起點，逐步向過去和未來延伸。

4. 理解和利用時間標尺（包括計時工具）的能力與其年齡呈正相關。年幼的兒童常常不能理解計時工具的意義。如媽媽告訴他當時鐘走到6點半時就可以打開電視看動畫片了。可孩子等得不耐煩，就要求媽媽把鐘撥到6點半。有個孩子聽見媽媽說「日曆都快撕完了，還有幾天就要過新年了」，就跑去把日曆統統撕掉，回來告訴媽媽：「快過新年吧，日曆已經撕完了！」大約到7歲，兒童才開始利用時間標尺估計時間。

成人要注意利用天體、人體、自然現象的變化等對嬰幼兒感知時間進行引導，同時要結合具體事情講時間，要借助於生活中的時間標尺發展幼兒的時間知覺。

生活中的心理學

時間知覺的相對主觀性

小麥和小兜二人約定週日上午十點鐘在老地點見面，一同遊玩。小麥準時到達相約地點，而小兜在路上偶遇了一位故友，寒暄了一陣，待趕到地點時，已經遲到半個小時了。小兜說：「不好意思，遲到了一會兒。」小麥抱怨道：「我等了老半天，腿都站酸了！」小兜說：「我晚到最多不超過十分鐘。」

111

小麥說：「我等了你最起碼一個小時。」實際上遲到時間是半小時，而小兜的感受是遲到最多不超過十分鐘，小麥的估計是最起碼等了一小時。

為什麼會產生這種現象呢？據說有位青年去拜訪愛因斯坦，請求他簡單地闡述相對論。愛因斯坦想了一下說：「當你伸手向你的父親要錢時，十分鐘你會覺得太長；當你和女朋友攜手遊玩時，十個小時你會覺得太短。這就是相對論。」

從心理學角度來說，上述兩種情況都體現了時間知覺的特點：相對主觀性。心理學研究發現，許多因素會影響人們對時間的知覺。

活動的內容影響著人對時間的估計。如小麥和小兜的事例，小麥等人的活動枯燥乏味；小兜重逢故友，聊天熱烈有趣，難免會造成時間知覺上的差異。

情緒和態度也對時間的估計有明顯影響。愛因斯坦指出的正是這種情況。所謂「歡樂嫌夜短，愁苦恨更長」就是這個道理。但實際上，時間並不會因為人的主觀感受而發生任何改變。

複習鞏固

1. 知覺有哪些規律？簡述知覺規律在嬰幼兒教育教學中的運用。
2. 嬰幼兒時間知覺的發展有何特點和發展趨勢？

第三節 嬰幼兒觀察能力的培養

一、嬰幼兒觀察能力的發展

觀察是有目的、有計劃、比較持久的知覺，是人們認識世界、獲得感性認識的重要途徑和窗口，是知覺的高級形式。觀察是嬰幼兒認識的源泉。嬰幼兒感知覺的發展水平集中體現在其觀察力的發展上。觀察力是在長期訓練的基礎上形成和發展起來的。

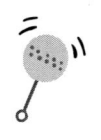

研究表明，3歲前兒童的知覺是不隨意的、被動的，還談不上觀察；3歲後觀察發展比較明顯。3～6歲是觀察力初步形成的階段，其觀察力的發展主要表現在以下幾個方面。

（一）觀察的目的性逐漸增強

3歲左右，幼兒常常不能自覺地、有意識地去觀察。他們的觀察或者事先沒有明確目的，或者在觀察中受外界因素、個人情緒、興趣的干擾而忘掉觀察任務。4歲以後的幼兒觀察的目的性有所提高，他們逐漸能夠排除一些干擾，能按照成人規定的觀察任務進行觀察。

一般來說，任務越具體，幼兒觀察的目的就越明確，觀察的效果就越好。比如，找出圖上的錯誤，如果能明確告訴幼兒圖片上有幾處錯誤，觀察的效果就會顯著提高。

（二）觀察的持續性逐漸延長

幼兒觀察的持續性與兩個因素密切相關。一方面與觀察目的密切相關。3歲左右，幼兒觀察的目的性不明確，觀察的持續時間較短。另一方面，與觀察對象的特點密切相關。幼兒對於喜歡的、感興趣的事物，觀察持續的時間就長些。如觀察活動多變的猴子，持續的時間就比觀察盆景長許多。總的來說，幼兒的觀察持續時間隨年齡增長而顯著延長。

（三）觀察的細緻性逐漸增加

3歲左右，幼兒的觀察一般是籠統的、片面的、模糊的。他們往往只看事物特徵突出、明顯的部分，看不到事物較隱蔽的、細微的特徵。只看大體輪廓，不看事物之間以及事物組成部分之間的相互關係。4歲以後，幼兒開始逐漸學會抓住事物的主要部分進行觀察，同時也開始關注事物的細微部分及背景部分，並嘗試把事物的各個方面聯繫起來考察，對事物之間以及事物組成部分之間進行整合，從而獲得對事物的比較完整的、系統的印象。

（四）觀察方法逐漸形成

觀察方法的形成是嬰幼兒知覺發展的重要方面。

嬰幼兒的觀察，是從依賴於外部動作向以視覺為主的內心活動發展的。3歲左右，幼兒觀察時常常要邊看邊用手指點，也就是說，視知覺要以手的動作為指導。以後，幼兒有時用點頭代替手的指點，有時用出聲的自言自語來幫助自己。6歲以後，幼兒可以擺脫外部支柱，借助內部言語來控制和調節自己的觀察。

此外，3歲左右幼兒的觀察往往是無序的、跳躍的，他們往往東看一眼，西看一下，沒有順序，導致觀察時多重複，也多遺漏。4歲以後幼兒的觀察逐漸向順序性發展，在引導和訓練下，幼兒能夠學會從上到下、從左到右，或從外到裡、從前到後地進行觀察。

二、嬰幼兒觀察能力的培養

俄國生理學家巴甫洛夫曾經提出：「觀察、觀察、再觀察。」觀察是嬰幼兒認識世界、增長知識的重要開端。培養嬰幼兒的觀察能力，可從以下幾方面入手。

（一）明確觀察目的，正確定位觀察內容

在給嬰幼兒提出觀察任務的時候，任務描述得越具體，觀察的目的越明確，觀察內容定位得越清晰，觀察的效果就越好。要充分發揮成人的語言指導作用，觀察前，提出具有啟發性的、引導性的問題；觀察中，要適時提供線索和幫助，以便於更好地幫助幼兒明確觀察目的，定位觀察內容，提高觀察的穩定性。

（二）激發觀察興趣

由於心理、生理的制約，嬰幼兒在觀察事物的時候往往注意力不集中，持續時間較短，這時引發他們的興趣就尤為重要。有了興趣，嬰幼兒的觀察才能更好地被激發和維持。成人應選擇足以引起嬰幼兒興趣的觀察對象，創造豐富多彩的觀察環境和條件，引導他們去觀察和發現。

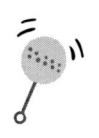

（三）教給觀察的方法

教給嬰幼兒一些觀察的方法，讓他們學會有目的、自主全面地、細緻地觀察事物，非常必要。常用的方法包括：

1. 順序法

順序法是按照事物一定的體系來進行觀察的方法。觀察可按從遠到近、從整體到局部、從局部到整體、從上到下、從明顯特徵到不明顯特徵等順序進行。這樣，嬰幼兒在觀察及用語言描述觀察結果時，就不會出現零亂、重複、遺漏的現象。

2. 比較法

比較法指比較兩個或兩個以上的事物和現象的異同的方法。可讓嬰幼兒學習對不同事物進行分析、比較、判斷、思考，從而正確、完整地認識事物。在觀察過程中，有些現像是嬰幼兒難以發現的，有些現象因為嬰幼兒容易忽視而導致觀察過程中斷，採用比較觀察法就可以很好地解決這個問題。

（四）充分調動多種感官參與

成人要充分調動嬰幼兒的眼、耳、鼻、舌、手等多種感官參與觀察活動。實踐證明，只有借助於多種感官參與，嬰幼兒才能獲得對事物的顏色、形狀、氣味、味道、性質等各個方面比較完整、精確的認識。

複習鞏固

1. 透過到幼稚園或早教機構實習或實踐調查，觀察、記錄嬰幼兒感覺訓練的項目、內容和方法，嘗試分析指出這些感覺訓練項目的優點和不足，並提出改進措施。
2. 幼兒觀察力的發展表現出哪些特點？如何培養？

本章要點小結

感覺是人腦對直接作用於感覺器官的客觀事物的個別屬性的反映。

嬰幼兒心理學
第四章 嬰幼兒感知覺的發生發展

嬰幼兒視覺的發展主要表現在視敏度和顏色視覺的發展上，它們都是隨幼兒年齡的增長而逐漸發展的。嬰幼兒的言語聽覺是在言語交際過程中發展起來的。

觸覺是膚覺和運動覺的聯合。觸覺是嬰幼兒認識世界的重要手段。嬰兒的觸覺探索主要有口腔探索和手的探索兩種形式。味覺是新生兒出生時最發達的感覺。新生兒出生 24 小時內已有了嗅覺反應。新生兒痛覺的感受性很低。嬰幼兒早期運動覺、平衡覺的發展，能夠促進腦部的發育和腦功能的發展。

知覺是人腦對直接作用於感覺器官的客觀事物的各個部分和屬性的整體的反映。

空間知覺主要包括形狀知覺、深度知覺、大小知覺和方位知覺，它們在嬰幼兒階段各有明顯發展，但不精確。

由於時間的抽象性特點，幼兒知覺時間比較困難，水平不高。在教育影響下，幼兒開始有意識地借助於計時工具或其他反映時間流程的媒介來認識時間。

感覺和知覺都屬於認識過程的初級階段，知覺在感覺的基礎上產生，它們之間存在著不可分割的聯繫，因此一般把它們統稱為「感知覺」。

觀察是有目的、有計劃、比較持久的知覺，是人們認識世界、獲得感性認識的重要途徑，是知覺的高級形式。嬰幼兒感知覺的發展水平集中體現在其觀察力的發展上，成人應從多方面注意培養。

關鍵術語表

感覺

感受性視敏度

眼手協調

知覺

視覺懸崖

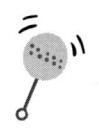

時間知覺

觀察

選擇題

1. 感受性與感覺閾限成（　）關係。

A. 正比

B. 反比

C. 正相關

D. 不相關

2. 「鶴立雞群」中的鶴易引起人的感知是因為（　）。

A. 刺激強烈

B. 對比鮮明

C. 變化多動

D. 新穎

3. 3歲幼兒主要以（　）反映時間。

A. 生物鐘

B. 具體生活活動

C. 時鐘

D. 其他

4. 「獵人進山只見禽獸，樵夫進山只見柴草」是知覺（　）的表現。

A. 選擇性

B. 整體性

C. 理解性

D. 恆常性

5. 吃了甜的再吃酸的，會覺得特別酸，這屬於感覺的（　）規律。

A. 適應

B. 對比

C. 理解性

D. 感覺代償

6.「窺一斑而知全豹」，體現了知覺的（　）。

A. 選擇性

B. 整體性

C. 理解性

D. 恆常性

7. 人們總是把紅旗知覺為紅色，無論它是在黃光或藍光照射下都是如此。這種知覺的特性被稱為（　）。

A. 明度知覺恆常性

B. 大小知覺恆常性

C. 顏色知覺恆常性

D. 形狀知覺恆常性

8. 幼兒容易把圖畫中遠處的樹理解為小樹，近處的樹理解為大樹，表現出他們在（　）方面的特點。

A. 方位知覺

B. 距離知覺

C. 形狀知覺

D. 視敏度

9.（　）兒童開始能以自身為中心辨別左右方位。

A. 3 歲

B. 4 歲

C. 5 歲

D. 7 歲以後

10. 眼手協調出現的主要標誌是（　）。

A. 抓握反射

B. 伸手能夠抓到東西

C. 手的無意性撫摸

D. 無意的觸覺活動

嬰幼兒心理學
第五章 嬰幼兒記憶的發生發展

第五章 嬰幼兒記憶的發生發展

你還記得如煙的往事嗎？為什麼有的往事清晰如昨，而有的卻模糊不清？為什麼有時候想記的事情記不住，想忘的事情卻忘不了？你留意過自己的記憶嗎？你想瞭解記憶的訣竅嗎？有人曾做過這樣的比喻：「如果沒有記憶，人將永遠處於新生兒狀態。」記憶因此享有「心靈倉庫」的美譽。同時，記憶也是更複雜、更高級的心理過程產生與發展的前提條件，它在嬰幼兒心理發展中的重要性由此可見一斑。本章將重點介紹嬰幼兒記憶發生發展的特點、嬰幼兒記憶的研究方法，以及培養嬰幼兒記憶能力的方法和策略。

第一節 0～3歲兒童的記憶

一、記憶及其基本過程

（一）什麼是記憶

記憶是人腦對過去經驗的保持和提取。運用訊息加工的觀點來看，就是人腦對外界輸入的訊息進行編碼、存儲和提取的過程。

記憶可劃分為不同種類。根據記憶內容的不同，記憶可分為形象記憶、運動記憶、情緒記憶和邏輯記憶。根據記憶材料保持時間的長短，記憶可分為感覺記憶、短時記憶與長時記憶。按訊息加工理論劃分，記憶的三種類型的關係是：外界刺激引起感覺，其痕跡就是感覺記憶；感覺記憶中呈現的訊息如果受到注意就轉入短時記憶；短時記憶的訊息若得到及時加工或複述，就轉入長時記憶（見圖5-1）。根據記憶過程中意識參與的程度劃分，記憶可以分為外顯記憶和內隱記憶。

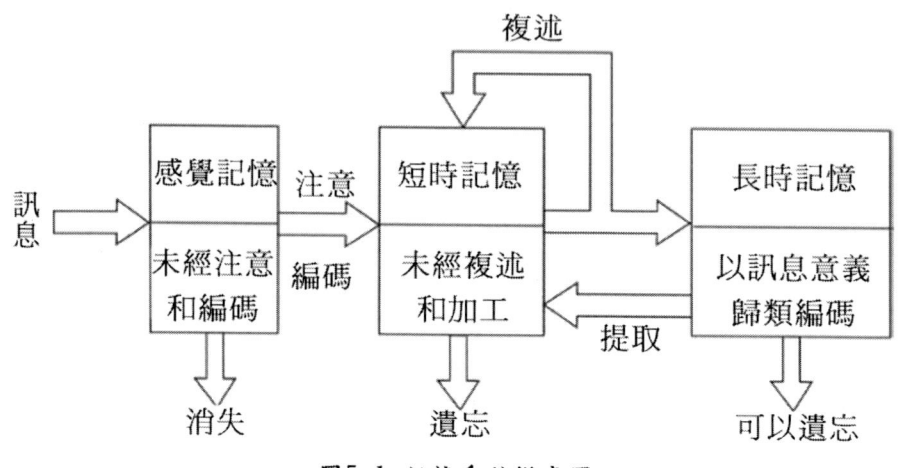

圖5-1 記憶系統模式圖

生活中的心理學

有趣的視覺後像

當眼睛看到的某個物體消失後，人對這個物體的感覺並不立即消失，就像人拍過的照片一樣可以保留下來，只不過這種感覺僅能保留一個短暫的時間，這就是視覺後像。你可以嘗試盯著太陽看一會兒，然後閉上眼睛，就會感覺到眼前有一個紅紅的圓團，這個紅紅的圓團就是你看過太陽後在視覺中留下的它的後像。視覺後像分兩種：一種是正後像，另一種是負後像。正後像是一種與原來的刺激性質相同的感覺印象。負後像則是一種與原來的刺激性質相反的感覺印象。

例如，你可以注視著一盞點亮的燈泡，然後閉上雙眼，就會感覺到眼前的黑色背景之上出現了燈的一個光亮形象，這是正後像；接著你可能就會看到有一個黑色的燈的形象，出現在一片光亮的背景之上，這就是負後像。正負後像的發生是由於神經興奮所留下的痕跡的作用。如我們看的電視、電影就是正後像的應用。電影膠片以 24 張 / 秒的速度放映，視覺的殘留使我們產生錯覺，誤認為畫面是連續的。你覺得這是不是一種很有趣的現象？

（二）表象及其特徵

表象可分為記憶表象和想像表像兩類。我們通常把「記憶表象」簡稱為「表象」。表像是指保存在人頭腦中的客觀事物的形象，即感知過的事物不在眼前時頭腦中重現出來的形象。表像是在感知覺的基礎上產生的，具有形象性、概括性特徵。

表像是記憶的主要形式。根據研究推測，在人腦的記憶庫中，形象訊息量與語詞訊息量的比例約為 1000：1。從直觀性看，表象與感知覺相似；從概括性看，記憶表象與思維接近。因此，表像是從感知過渡到思維的重要橋樑。有研究者對幼兒的加減法計算做過一項實驗研究，實驗者先讓只能按實物計算的幼兒用實物進行計算，然後把實物遮起來，讓幼兒想著實物（即利用表象）計算，經過這個環節的訓練，幼兒就能較快地進行口算或心算了。

（三）記憶的基本過程

記憶是一個從記到憶的過程。這個過程包括識記、保持和回憶三個環節。

1. 識記

識記就是識別和記住事物，是一個反覆感知的過程。識記是記憶的第一步，也是記憶的基礎。

根據識記的目的性和自覺性，識記可分為無意識記和有意識記。無意識記是指沒有明確目的或任務，也不需要意志努力的自然而然發生的識記；反之，就是有意識記。根據對識記材料是否理解，識記可分為機械識記和意義識記。機械識記指對所識記材料的意義和邏輯關係不理解，採用簡單的、機械重複的方法進行的識記，又稱為「死記硬背」；意義識記是指根據對所記材料的內容、意義及其邏輯關係的理解進行的識記。

2. 保持

保持是已經獲得的知識經驗進一步在頭腦中鞏固的過程。它是由識記通向再認或再現所必經的環節。

第五章 嬰幼兒記憶的發生發展

識記材料在保持的過程中會隨著時間的推移而發生量或質的變化。量的減少即遺忘。量的增加現象被稱為「記憶回漲」現象。一般來說，「記憶回漲」現象兒童比成人明顯；無意義材料比有意義材料明顯；完全不熟悉的材料比不夠熟悉的材料明顯。質的變化是指記憶內容的加工改造。記憶內容的加工改造因每個人的經驗不同而不一致。

遺忘就是對識記過的材料不能再認和回憶，或者錯誤地再認和回憶。德國心理學家艾賓浩斯最早對遺忘現象進行了研究。他用無意義音節作為實驗材料，自己作為被試。在識記材料後，每隔一段時間重新學習，以重學時所節省的時間和次數為指標，測量遺忘的進程，將實驗結果繪製成一條曲線，這就是心理學上著名的「艾賓浩斯遺忘曲線」（見圖5-2）。該曲線揭示了遺忘的規律：遺忘的進程是不均衡的。在學習停止後的短時間內，遺忘特別迅速，後來逐漸緩慢，到了相當的時間幾乎不再遺忘，即遺忘的速度是：先快後慢。

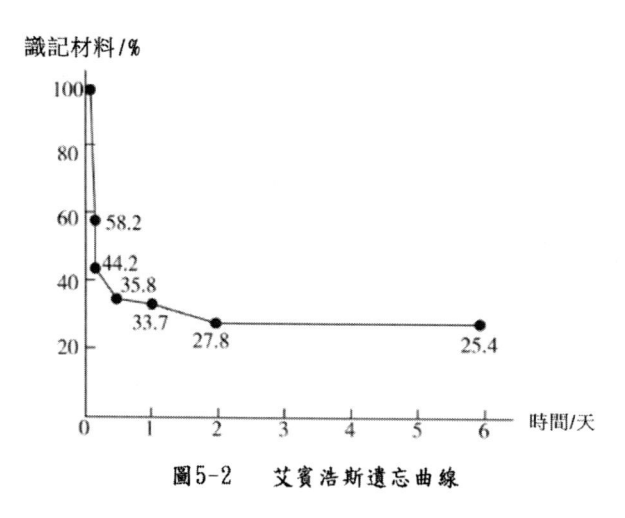

圖5-2　艾賓浩斯遺忘曲線

遺忘受很多因素的影響，有生理方面的原因，如因疾病、疲勞等；也有心理方面的原因，如過度緊張、焦慮等。遺忘的重要原因在於識記後缺乏複習鞏固。因此要注意根據遺忘的進程，及時、合理地安排複習。

3. 回憶

回憶是大腦提取過去經驗的過程，是記憶效果的具體體現。回憶包括再認和再現兩種方式。

再認是指當感知過的事物再次出現時能夠重新識別和確認。影響再認的因素有三：

一是識記的鞏固程度。識記得越清楚，保持得就越牢固，再認也就越容易。

二是當前呈現的事物和經歷過的事物之間的相似程度。如果事物的變化不大，便容易再認。

三是當前呈現事物的情景與過去識記時情景的相似程度。出現的情境相似，容易再認。

再現是指感知過的事物不在面前時，也能在頭腦中重新呈現出來的過程。

再認和再現都是過去經驗的恢復，它們之間沒有本質區別，但在保持的穩固程度方面有差別。一般情況下，能再現的一般都能再認；能再認的，不一定能再現。

二、0～3歲兒童的記憶

（一）記憶的研究方法

1. 習慣化 - 去習慣化法

習慣化：是指兒童對多次呈現的同一刺激的反應強度逐漸減弱，乃至最後形成習慣而不再反應。對刺激的習慣化，常常被作為新生兒能否再認的指標。

去習慣化：是指在習慣化形成之後，如果換一個新的不同刺激，反應又會增強。

運用習慣化和去習慣化，可以測量嬰幼兒是否已經具有良好的知覺辨別能力，即對呈現過的刺激所具有的記憶能力。

2. 條件反射法

嬰兒在某種條件下形成一個條件反射，間隔一段時間後，當這一條件再次出現時，觀察條件反射是否再次發生，如果發生則表明嬰兒具有記憶。一般認為，第一個條件反射的建立就意味著記憶的發生。

3. 延遲模仿法

延遲模仿是指在原型消失後的模仿。有研究報告表明，9個月的嬰兒能對24小時以前見到過的原型的動作加以模仿。這種行為需要對以往經驗的回憶。

4. 客體永存性

體永存性也稱為「永久性客體」，是瑞士兒童心理學家皮亞傑在研究兒童心理發展時使用的一個概念。所謂「客體永久性」，是指當一個物體從視野中消失後，兒童並不認為物體不存在了，而是相信它仍在某個地方。

皮亞傑透過實驗觀察，認為兒童大約在9～12個月獲得客體永久性。實驗時，9～12個月的嬰兒會推開或拉動面前的隔擋物，繼續尋找之前玩的物體，他們甚至能夠留意物體連續的位置變動。也就是說，當客體在眼中消失時，他們依然認為客體是存在的。客體永存性的獲得是兒童早期心理發展的一個重要里程碑。從記憶角度看，它標誌著嬰兒記憶的存在。

（二）0～3歲兒童的記憶

1. 胎兒的記憶

研究發現，如果把事先記錄的母親心跳聲放給嬰兒聽，嬰兒會停止哭泣。這是因為嬰兒感到他們又回到了熟悉的胎內環境裡。由此可見，胎兒已經有了聽覺記憶。關於七八個月大胎兒音樂聽覺的研究，也得出了類似結論，即胎兒末期已經產生了聽覺記憶。

2. 新生兒的記憶

新生兒的記憶主要是短時記憶，表現為最初條件反射的建立和對刺激的習慣化。

(1) 建立條件反射

新生兒記憶的主要表現之一，是對某種條件刺激物形成條件反射。自然條件反射和人工條件反射最初出現的時間有所不同。自然條件反射，指的是在日常生活中出現的條件反射，採用自然觀察法觀察到的第一個條件反射活動是新生兒在被抱成通常的哺乳姿勢時，會呈現出尋找、張嘴、吮吸等一系列食物性反應。這表明，新生兒已經「記住」了餵奶的「信號」──姿勢。這種條件反射發生於出生後 10 天左右。人工條件反射，指在實驗中經過專門提供的刺激反覆作用而建立的條件反射。比如，在西格蘭和利普西特的研究中，出生後 1～3 天的新生兒即可以形成出現鈴聲把頭向右轉的條件反射。這種行為模式包含著記憶的因素。可見，最初的人工條件反射的建立早於自然條件反射。

諾威 - 科利爾 (Rovee-Collier) 及同事從 1976 到 1987 年所做的「腳踢 - 車動」系列實驗，揭示了早期嬰兒的（包括記憶在內）的一些心理發展規律。如讓 2 個月大的嬰兒仰臥於小床上，腳繫上一根帶子，帶子的另一端與風鈴連接，如果嬰兒踢腳，風鈴就會轉動並發出響聲。結果證明，2 個月大的嬰兒能建立操作條件反射，即有意識地踢拴帶子的這隻腳以便聽到風鈴聲。

(2) 對熟悉的事物「習慣化」

習慣化是不學而會的，即使出生才幾天的新生兒，也能對多次出現的圖形產生「習慣化」，還似乎會因「熟悉」而喪失興趣。對刺激的習慣化，常常被視作新生兒能否再認的指標。如反覆給嬰兒呈現一定結構的圖形或一定色調的色塊，時間久了，當這個刺激再出現時，嬰兒就不再注視，即出現習慣化。

當習慣化產生後，改換呈現另一新圖形或色塊，嬰兒又會對新刺激重新表現出注視，產生去習慣化。

3. 嬰兒的記憶

嬰兒的記憶隨年齡增長不斷地發展。施特勞斯 (M. Strauss) 等人的研究發現，在對前一刺激物形成習慣化後，緊接著呈現第二個刺激物的實驗條件

下，5個月的嬰兒能記住所有特徵；如果將呈現兩個刺激物的時間間隔擴大到 15 分鐘，該嬰兒能記住兩個特徵；如果將呈現兩個刺激物的時間間隔擴大到 25 分鐘，該嬰兒只能記住一個特徵。隨著年齡的增加，嬰兒對訊息的保持時間逐步延長，對特定經驗的「編碼」也越來越多，對周圍環境中的精細特徵會越來越敏感。

嬰兒的再認有所發展。胎兒及新生兒的記憶，從其恢復形式看都屬於再認，儘管比較粗略。明顯的再認出現在 6 個月左右，主要表現為嬰兒開始「認生」，即對陌生人的接近感到不安，不願意接近陌生人，只願意親近母親及經常接觸的成人。

嬰兒的回憶也有所發展。7 個月以後的嬰兒能尋找從視野中消失的物體。9 個月的嬰兒在實驗條件下出現了延遲性模仿，如按壓一個按鍵使小玩具發出響聲的經驗，在 24 小時之後呈現小玩具時，被試嬰兒再現了按鍵行為 (Meltzoff, 1988)。這些都說明嬰兒的回憶開始萌芽。

總的來說，1 歲前兒童的記憶依賴於與事物接觸的頻率，即反覆多次接觸的事物容易被其記住。

4. 1～3 歲兒童的記憶

（1）記憶的遺失

在對嬰兒記憶的研究中，有一個「經典性困惑」十分有趣，那就是嬰兒期記憶的遺失。大量的研究發現，嬰兒期有記憶現象，但人們又發現每個人並不能回憶起自己在嬰兒期和幼兒前期（3～4 歲）的事情。

嬰兒期記憶的遺失也被稱為「幼年健忘」，是指 3 歲前嬰兒的記憶一般不能永久保持，以至於人們在成年後對 3 歲前的經歷幾乎不能回憶起來。關於這種現象的成因研究，至今沒有一致性的解釋。有人認為，這是由於嬰兒的大腦皮層的額葉尚未發展成熟的緣故；有人認為是嬰兒內隱記憶運用多，外顯記憶的功能較差的原因；有人認為，是因為兒童和成人對訊息採用不同的編碼方式所致；還有人從早期記憶中缺乏自我的介入、早期嬰兒缺乏分享

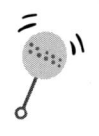

和複述記憶的社會系統等方面來解釋記憶缺失。學術界公認，只有當兒童出現自傳體記憶時，才標誌著嬰兒期記憶缺失階段的結束。

(2) 自傳體記憶

自傳體記憶是人對發生在自己身上的複雜生活事件的混合記憶，與記憶的自我體驗緊密相連。自傳體記憶不是一種獨立的記憶形式，而是一種混合記憶，或者說更像是一種整合記憶，它包括上下文背景訊息（情節記憶）和相關知識（語義記憶）、感知覺方面的訊息。在一些對自傳體記憶的研究中，一些人把自傳體記憶描述為一種情節記憶。自傳體記憶剛開始的時候可能是普通或日常的情節記憶，但如果得不到進一步加工，這部分記憶將不會成為被記住的個人生活的一部分，也就不能構成自傳體記憶的一部分。另外，自傳體記憶具有鮮明的自我參照性質。在現實生活中，不論何種形式的記憶只要與「自我」相關，就能達到更好的記憶效果，就像我們很容易記住自己的生日，卻經常忘了別人的生日一樣，是一種自我參照。自傳體記憶發生時，個體就已具備了記憶簡單事件的能力。1歲半～2歲時，兒童能在成人的幫助下開始談論過去的事，表明他們有了記憶比較複雜事件的能力。

(3) 初步的回憶

1～2歲兒童的記憶是無意記憶，整個記憶過程都缺乏明確的目的性。2～3歲兒童表現出明顯的回憶能力。2歲兒童產生了有意識地回憶以前發生過的事件的能力。這一發展顯然與嬰幼兒言語能力的發展有密切關係。

另外，再認先於再現發生，是由於二者的活動機制不同。再認依靠的是感知，再現依靠的是表象。感知的刺激是在眼前，可以立即引起記憶痕跡的恢復；而表象的活動，還有待在頭腦中進行搜索。

複習鞏固

1. 請簡述嬰兒記憶的相關研究方法。
2. 請簡述3歲前兒童記憶的發生發展。

第二節 3～6歲兒童的記憶

3～6歲兒童的記憶和其他心理過程一樣，隨著年齡的增長而逐漸發展，在識記方式、記憶內容以及記憶策略等方面呈現出這個年齡段的特點。

一、無意識記占優勢，有意識記逐漸發展

3歲以前的兒童基本上只有無意識記。3歲以後，由於心理水平的有意性較低，記憶的有意性也較低，表現為幼兒的記憶很難服從於一定的目的任務，而更多的是服從於對象的外部特徵。

（一）無意識記占優勢

3歲以後，幼兒的無意識記占主導地位。表現為幼兒的知識經驗大多是在生活和遊戲中無意識、自然而然地記住的，而且無意識記的效果隨著年齡的增長而提高。例如，給小、中、大三個班的幼兒講同一個故事，事先不要求記憶，過了一段時間以後，要求他們回憶。結果發現，年齡越大的幼兒，無意識記的效果越好。

幼兒無意識記的效果主要依賴於以下因素：

1. 客觀事物的性質

直觀、形象、具體、鮮明的事物，以其突出的物理特點，容易引起幼兒的集中注意，也容易被幼兒在無意中記住。

2. 客觀事物與主體的關係

對幼兒的生活具有重要意義的事物，符合幼兒興趣的事物，能激起幼兒愉快、驚奇等強烈情緒體驗的事物，都比較容易成為幼兒注意和感知的對象，也容易成為幼兒無意記憶的內容。如，感人的道德故事比空洞的道德說教更容易使幼兒記住。

3. 識記對象成為活動的主要對象或活動所追求的事物

如果使識記對象成為幼兒活動任務中的注意對象，無意識記的效果也較好。比如，有研究者曾發給一些幼兒15張圖片，每張圖片中央畫有他們熟

悉的物體，圖片的右上角畫有同樣醒目的符號，如「△」「+」「○」等。把幼兒分為兩組，一組的任務是按物體的特點分類，如把貓和狗放在一起；另一組的任務是按符號分類，如把有「△」符號的放在一起。分類完畢後，要求幼兒回憶各圖片上的物體。結果，按圖片所示物體分類的幼兒，平均能記住 10.6 個物體；按符號分類的幼兒，平均只記住了 3.1 個物體。這說明，由於活動中辨別的主要對象不同，對圖形的無意識記效果也不同。

4. 活動中感官參與的數量

多種感官參與的活動，無意識記效果較好。比如，同一年齡班的幼兒分為兩組進行實驗，學習同一首兒歌。第一次，甲組邊看圖片邊聽歌詞，乙組不用圖片，只聽歌詞；第二次，兩組交換識記方法，學另一首兒歌。結果，透過視聽兩個通道識記時，幼兒平均得分為 76.7 分，而單純透過聽覺識記的平均成績僅為 43.6 分。這說明，多種感官參與活動有助於提高無意識記的效果。

5. 活動動機

活動動機不同，無意識記的效果也不同。有研究表明，幼兒在競賽性遊戲中積極性較高，無意識記的效果也較好。

（二）有意識記逐漸發展

幼兒的有意識記是在教育影響下逐漸產生的。有意識記是幼兒記憶發展中最重要的質的飛躍。有意識記的效果依賴於以下因素：

1. 是否意識到識記的具體任務

研究表明，如果讓幼兒從事目標明確、有意義的活動，幼兒能表現出較強的記憶能力。如在一項研究中，將一組 4 歲的幼兒分配在兩種條件下做記憶實驗：第一種是實驗室條件，在實驗室內家長向自己的孩子呈現 10 張圖片，圖片上的物品都是跟午飯有關的：奶酪、麵包、餅乾、玉米條、蘋果汁、葡萄、小圓點心、紙盤、餐巾、塑膠口袋。

孩子唸出圖片中物體的名稱後，讓他們到另一個房間裡向實驗員一一回憶看到的圖片物品。第二種是「午飯」條件，家長對孩子說，現在要準備一份午飯帶到幼稚園去，帶什麼呢？要求孩子去「超市」向售貨員（由實驗員扮演）購買午飯。然後家長出示並要求幼兒記住上述 10 張實物圖片，幼兒要根據回憶「購回」午飯。實驗結果顯示，在第一種條件下幼兒平均能回憶起 2.7 項，而在第二種條件下幼兒平均能回憶起 5.3 項 (Rogoff & Mistry, 1990)。

2. 活動的動機

一些專門的實驗或測驗，如測查記憶廣度的實驗，把幼兒帶到實驗室裡，簡單地要求他們準確無誤地複述從三位數開始逐漸增加的數字表來完成記憶任務。因為缺乏對記憶枯燥乏味數字的積極性，幼兒的記憶效果往往比較差。而在遊戲中，如讓幼兒記憶一個玩具清單或衣物清單，幼兒甚至比成人還記得多些。這些表明了興趣或動機在記憶中的作用 (Lindbeng, 1980)。

無意識記和有意識記的發展並不是此消彼長的過程。事實上，隨著幼兒年齡的增長，幼兒的無意識記和有意識記均在發展，只不過在 3～6 歲這個階段，幼兒無意識記的效果要優於有意識記。

二、機械識記用得多，意義識記效果好

從方法論角度看，不可以把對無意義材料的識記簡單歸結為機械識記，也不可以將有意義材料的記憶簡單地歸結為意義識記，因為記憶方法的採用並不完全決定於記憶材料的性質。在生活實踐中我們可以看到，一則無意義的材料同樣也可以用意義識記的方法來識記；一則有意義的材料同樣也可以用機械識記的方法來識記。一般而言，在學習中以機械識記為主的人，思維會比較有惰性和消極，在學習過程中不善於動腦，不習慣於鑽研，學習比較被動，也比較難以完成最終的學習任務。

但幼兒不同，他們的生活經驗較少，對事物的理解能力較差，不會對材料進行加工，因此他們往往只能死記硬背，機械識記用得比較多。

第二節 3～6歲兒童的記憶

在正確教育的影響下，四歲以後的幼兒的意義識記開始發展起來，主要表現在：

1. 能用比較熟悉的詞去代替生疏的詞，表現出一種雖幼稚但具有概括性的特點；

2. 在複述故事時，能刪去無關緊要的部分，加上一些自己認為合理的細節；

3. 不再逐字逐句地照背故事，會在不破壞邏輯關係的範圍內對故事情節進行理解性的加工改造。

研究證明，如果是幼兒理解了的材料，則識記效果較好。蘇聯的研究人員柳布林斯卡婭進行了相關實驗。在實驗中，將幼兒分為兩組，給他們講述同樣的故事。故事的主角是兩個女孩，對第一組的幼兒講述時不用女孩的名字，而是以女孩的特徵——勤奮和懶惰來代替名字；對第二組幼兒則告訴女孩的真實名字，進行講述。結果顯示，第一組在一個月後，仍然能正確描述兩個女孩的形象，而第二組則在第5天後就不能正確描述女孩了。而且在一個月後，第二組20名幼兒中已有12名把故事中的兩個女孩描述成中性的形象，完全忽略了她們的形象特徵。

一般來說，幼兒對理解了的兒歌比不理解的詩歌的識記效果好；識記故事比識記寓言效果好。曾有研究者對幼兒識記常見物體和不熟悉的無意義圖形的效果進行比較，結果發現幼兒識記常見物體的效果明顯優於不熟悉的無意義的圖形（見表5-1）。

表5-1 不同年齡幼兒意義識記與機械識記圖片的比較

年齡	常見物體	無意義圖形
4歲	47	4
5歲	64	12
6歲	72	26
7歲	77	48

幼兒意義記憶的效果優於機械記憶的原因在於：

首先，意義記憶是在對識記材料理解的基礎上進行的。這樣，幼兒就可以把新識記的材料內容納入已有的知識系統之中，與原有的知識經驗聯結起來，形成一個新的有意義的知識系統。在這種情況下，幼兒很容易提取頭腦中的記憶儲備，也更容易把新納入的材料牢牢記住。

其次，機械記憶是透過對材料的外部特徵進行識記，識記材料猶如鏡子反射一樣保留在幼兒的頭腦中，雖然清晰，卻無法與頭腦中原有的知識經驗進行融合，致使這些材料在頭腦中以孤立的小單位存在，無法形成整體的、有意義的、聯繫著的系統。所以，意義記憶的效果好於機械記憶。

在3～6歲這個階段，無論是機械記憶還是意義記憶，其效果都隨著幼兒年齡的增長而有所提高，同時，兩種記憶效果的差距也逐漸縮小。

拓展閱讀

幼兒的結構知識

幼兒在長時記憶中存儲的知識是按照一定方式組織起來的結構知識，這些結構知識成為他們認識事物的工具。

1. 故事結構知識

故事的發生、發展和結局的時間順序和前後事件的某種因果聯繫，構成故事發展的邏輯和結構。幼兒在聽故事、看電視的過程中逐漸獲得了隱藏在故事中的結構知識，這使得他們對故事的發展有某種期待和預見，也幫助他們理解、回憶故事，發展自編故事的能力。

2. 程式知識結構

指日常生活情景或事件的心理表象，包括預料發生的事情的次序和人們應採取的行為等。幼兒累積的各種活動的程式知識結構，使其能夠預見在某種情境中事情發生的先後順序以及人們應採取的行動，有助於提高行為效率，甚至使行為自動化 (Hudson, Fivush & Kuebli, 1992)。

3. 心理地圖

指對各種物體在某一地點空間佈局的心理表象。它可使幼兒在環境中確定自己的位置和行動的方向。幼兒形成某一空間環境的認知地圖需要三個步驟：一要學會認路標，以確定位置和方向；二要學會認路徑，將若干路標按照先後順序整合成路線。三是形成心理地圖，即將路標和路徑整合起來，形成某一地區各種事物空間佈局的心理表象 (Anooshian & Siegel, 1985)。

4. 類別關係知識

按照不同的標準，同一事物可以被歸為不同的類別，對這些標準的認識是幼兒分類能力發展的基礎。幫助幼兒發展類別關係知識，能提高幼兒的記憶效率，促進其抽象概括思維的發展。

三、形象記憶的效果優於詞語記憶

在語言獲得發展之前，嬰兒只有形象記憶。語言發生以後，幼兒的形象記憶仍然占主要地位。卡爾恩卡（1955）曾在實驗中讓3～7歲兒童記住三種材料，第一種是熟悉的具體物體，第二種是標誌熟悉物體名稱的詞，第三種是標誌不熟悉物體名稱的詞。結果表明：幼兒最容易記住具體的、直觀的、形象的材料；其次記住那些關於實物的名稱、事物的形象和行為的詞語材料；最難記住的是概括性強的抽象的語詞材料（見表5-2）。

表5-2　幼兒形象記憶與語詞記憶效果的比較(10個詞或物回憶的數量)

年齡	熟悉的物體	熟悉的詞	生疏的詞
3~4歲	3.9	1.8	0
4~5歲	4.4	3.6	0.3
5~6歲	5.1	4.6	0.4
6~7歲	5.6	4.8	1.2

這主要是因為幼兒的第一信號系統占優勢，第二信號系統活動比較差，因此他們往往需要借助於事物的具體形象來進行識記。而且詞語記憶的發展速度逐漸快於形象記憶，所以形象記憶和語詞記憶兩者的差距會日益縮小。

四、記憶保持的時間延長，回憶迅速發展

隨著年齡增長，幼兒記憶保持的時間會逐漸延長。研究發現，4歲幼兒再認保持的時間要比3歲幼兒長幾個月。在回憶方面，幼兒的發展變化更加明顯。3歲幼兒僅能回憶幾週以前的事情，4歲時延長到幾個月。在另一個實驗中，實驗者分別讓3歲、4歲、5歲和6歲幼兒識記10張圖片，7天後要求回憶（見表5-3）。結果說明，幼兒的回憶能力是逐年提高的。

表5-3 3~6歲幼兒對10張圖片的平均再現情況的比較

年齡	3歲	4歲	5歲	6歲
長時記憶	2.78	4.71	4.88	5.79

（註：本表出自王小英，滿晶．學前心理學[M].長春：東北師範大學出版社，1995）

五、記憶的精確性差

幼兒的大腦容易興奮，記得快，忘得也快，同時記憶的精確性較差。主要表現在以下幾方面：

（一）記憶的完整性較差，回憶時材料大量遺漏

記憶的完整性是指記憶內容包括了事物的主要屬性，沒有較大的遺漏。幼兒對感興趣的事物記憶效果較好，對不感興趣的事物記憶效果較差。由於他們對感知材料的精細分化還有困難，因此記憶的完整性較差，常常是記住了偶然的、感興趣的、富有吸引力的內容，而遺漏了本質的東西，表現出記憶內容零散、雜亂、殘缺的特點。有一項實驗讓小、中、大班幼兒識記一則故事，故事可以劃分為35個意義單位。在即時回憶時，小班幼兒只能記住9個意義單位，中、大班幼兒可以記住19個意義單位，差別比較明顯。

（二）回憶的錯誤率高

回憶的錯誤率是指回憶內容與正確內容之間的差異對比程度的大小。幼兒的神經系統發育尚不完善，對複雜材料的分析還不夠精細，非常容易受到暗示、情緒等的影響，並且剛開始識記時就不是十分精確，回憶時自然會出現較多的錯誤。幼兒的回憶通常是雜亂無章的，表現為脫節、遺漏和順序顛倒的局面。有關實驗表明，小班幼兒記憶句子時，其完整性僅為26%，中班幼兒為43%，大班幼兒為60%。

（三）時常有歪曲事實的現象

幼兒往往把主觀臆測的事物當作自己親身經歷過的事情來回憶，這種現象常被人們誤認為在說謊。造成上述情況的原因，是幼兒心理發展不成熟，缺乏精細的分析能力，又容易受暗示，加上記憶的時候不求甚解，再現時不會想方設法進行追憶，所以記憶的精確性較差，容易出現不符合事實的情況。

六、開始使用記憶策略

記憶策略是人們為有效地完成記憶任務而採用的方法或手段。幼兒記憶策略的發展會經歷以下四個階段。

第一階段：無策略階段。幼兒既不能自發地使用某一種記憶策略，也不能在他人的要求或暗示下使用策略。

第二階段：部分策略階段。幼兒能部分地使用策略或使用一種策略的某種變式，表現為他們在有些場合能使用記憶策略，在另一些場合卻又不能使用記憶策略。

第三階段：策略與效果脫節階段。幼兒能在各種場合使用某一種策略，但記憶的效果並沒有因策略的使用而提高，表現出記憶成績滯後於策略使用的脫節現象。

第四階段：有效策略階段。幼兒能熟練地運用記憶策略，並能有效地提高記憶成績。

嬰幼兒常用的記憶策略有以下幾種。

1. 視覺複述策略

嬰幼兒在記憶過程中使用的最簡單的策略，就是將自己的視覺注意力有選擇性地集中在要記住的事物上，不斷地注視目標刺激，以加強記憶。在一項研究中，研究者向一些 18～24 個月的兒童出示一隻玩具大鳥，接著把大鳥藏在枕頭下面，並要求記住大鳥的位置，以便以後找到它。隨後宣布自由活動 4 分鐘，並在活動中用其他玩具設法使兒童分心。但是，結果發現，這些兒童在自由活動中經常會中斷活動而談論大鳥的位置，注視著這一位置，並用手指著它，或者在這個位置周圍徘徊或企圖掀開枕頭。他們顯然是在短期記憶中採用「視覺複述」的方法力求保持大鳥位置的訊息。為了對照實驗結果，當研究者把大鳥放在枕頭上面或放在枕頭下但不要求嬰兒取回玩具時，嬰兒在自由活動時就不再盯著大鳥所在的位置了。

2. 特徵定位策略

特徵定位策略，即「捕捉」事物的突出特徵，以便於記憶。一般 4 歲以上的幼兒具有這種特徵定位的策略。在一次研究中，研究者對 2～5 歲幼兒一個接一個地呈現 12 個大小、形狀完全相同的小盒子，有的盒子裡放一枚別針，有的放一塊巧克力……要求幼兒記住哪一個盒子裡放的是巧克力，記對了巧克力就歸他。結果即使是 4 歲幼兒，也會將藏有巧克力的盒子統統放在一邊，將藏有別針的盒子放在另一邊，這說明幼兒會利用「位置」來幫助記憶 (Deloache & Todd, 1988)。

3. 複述策略

複述策略，即不斷重複需要記憶的內容。在一次研究中，研究者分別給幼兒、小學二年級學生、五年級的學生呈現一系列圖片並要求他們記住。在呈現圖片後的 15 秒內，準備對兒童進行複測。研究者觀察幼兒在這段時間內動嘴唇的次數，並認定它與幼兒要努力記住詞有關。研究報告顯示，隨著年齡的增長，複述的次數有所增加。10% 的幼兒會自發複述，85% 的五年級兒童也會。另外，平均而言，在同一個年齡水平上，那些複述得多的幼兒比那些複述得少的幼兒回憶的內容更多。

4. 提取策略

個體將儲存於長期記憶中的特定訊息提取出來的方法和手段被稱為「提取策略」。再認和再現都需要運用提取策略。當然，再現比再認要困難得多。嬰幼兒在記憶能力上表現出的年齡差異和個體差異，有很多是由於提取能力的不同而造成的。

提取策略的核心是對線索的利用。年幼兒童通常不會自發地發現線索，必須依靠成人對線索做出形象的顯示和明確的說明，才會利用線索提取訊息。在缺乏線索的自由回憶中或雖有線索但不會利用的情況下，6～8歲的兒童回憶成績都不高。但當研究者告訴兒童如何利用線索後，回憶成績便顯著提高。

對於嬰幼兒來說，記憶刺激出現的實地情景對訊息的提取具有重要的線索意義。「觸景」不僅可以「生情」，而且還能「助憶」。這是因為記憶材料在儲存並接受網絡編織時，還夾雜著各種各樣的非邏輯線索（如與記憶材料無關的教室、桌椅板凳、燈光、位置、人物表情等）。這些非邏輯因素與要提取的訊息也有一定的聯繫，並且在條件相同或相似的情景中能幫助提取訊息。在進一步的研究中人們還發現，當兒童對某種記憶策略的作用具有合理的心理解釋後，會更多地採用這一策略。

嬰幼兒之所以不會自發地使用記憶策略，固然受他們的認知發展水平限制，另一個重要的原因是他們沒有使用策略的特殊需要。如果將記憶任務和他們本身的需要聯繫起來，他們就能使用一些最簡單的策略來幫助自己記憶。

複習鞏固

1. 簡述幼兒記憶發展的特點。
2. 簡述影響幼兒有意記憶效果的因素。

第三節 嬰幼兒記憶能力的培養

人的一切活動，從簡單的認識、行動，到複雜的學習、勞動，都離不開記憶。記憶是人心理活動的倉庫，是智力發展的一個重要指標。嬰幼兒記憶

的發展直接影響著其他心理因素的發展，所以有目的、有計劃地培養和發展嬰幼兒的記憶具有重大的意義。

一、重視大腦的狀態，提高記憶的效率

大腦的狀態直接影響記憶的效果，為此成人要悉心觀察和注意嬰幼兒，為他們創設良好的物質環境和精神環境，提供優質的均衡的營養，制定合理的作息制度，保證充足的睡眠，使嬰幼兒擁有飽滿的精神狀態，放鬆、穩定而愉快的情緒；科學地使用大腦，組織活動時注意動靜交替、勞逸結合；鼓勵嬰幼兒運用多種感官和多種活動方式進行活動，使他們的大腦處於良好的活動狀態，使記憶的效果事半功倍。

二、恰當運用直觀形象材料，增強記憶效果

抓住嬰幼兒以無意識記為主的特點。凡是直觀形像有趣味，又能引起應有強烈情緒體驗的事和物大多數都能被他們自然而然地記住。成人要精心選擇適宜的學習內容，設計生動有趣、富於變化的活動，準備豐富多彩、直觀形象的教具、玩具，提供能讓嬰幼兒直接操作的遊戲材料，同時用生動活潑、風趣詼諧的語言組織活動，就能緊緊抓住嬰幼兒的注意力，引起他們高度的情感共鳴，即可極大地提高記憶效率。同時，還應盡力為嬰幼兒配以生動活潑、深受其喜愛的遊戲與木偶戲等，這樣會更好地確保嬰幼兒獲得深刻的印象，從而達到提高記憶效果、發展記憶能力的目的。

三、明確識記目的和任務，激發記憶的願望和意圖

有意識記的形成和發展是幼兒記憶發展中最重要的質變。識記的目的是否明確，直接影響到幼兒記憶的效果。活動中成人應向幼兒提出具體、明確的記憶任務和識記要求，如在聽故事、外出參觀、飯後散步時都可給幼兒提出具體的識記要求，以促進幼兒有意識記的發展。

願望和意圖是記憶的動力。如果幼兒記憶的願望強烈，意圖明確，情緒積極，記憶效果就能增強。為此，成人要創設良好的環境氛圍，激發幼兒對識記材料的興趣和識記意圖，同時，對幼兒完成記憶任務的情況給予及時的

肯定和讚揚，激發幼兒有意識記的積極性、主動性，這樣幼兒識記的效果就會大大提高。

四、幫助理解識記材料，提高意義識記水平

以理解為基礎的意義識記比機械識記全面、迅速、精確和牢固。實踐證明：幼兒對記憶材料理解得越深，記得就越快，保持的時間也就越長。為此，成人在組織活動時，注意要採用多種多樣的方法，運用淺顯易懂的語言儘量幫助幼兒理解所要識記的材料，如透過各種小故事讓幼兒理解並記憶一些常見成語，而不是死記硬背。同時，注意指導幼兒在記憶過程中進行積極的思維活動，逐步嘗試學會從事物的內部聯繫上去認識和識記事物，讓幼兒在發展思維中達到意義識記的最佳效果。

五、合理組織複習，鞏固強化記憶

教師要根據遺忘的規律，合理地組織嬰幼兒進行複習，因為一定的重複和複習不僅是提高記憶效果的重要措施，也是鞏固、提高嬰幼兒記憶能力的最佳方法。一般來講，在引導嬰幼兒複習鞏固所學的內容時，不宜採用單調、長時間的反覆刺激，應該在他們情緒穩定時採用多種有趣的方法進行，可以利用講故事、唸兒歌、猜謎語、歌舞表演、搭積木、做遊戲、手工製作以及各種娛樂活動、比賽活動、散步與郊遊活動等進行。這樣，不僅可以使嬰幼兒在輕鬆愉快的情緒狀況下快速鞏固所學知識與技能，還可以激發他們的識記興趣，提高識記的積極性。

複習鞏固

1. 如何促進嬰幼兒記憶的發展？
2. 收集不少於5個常用的記憶策略，包括名稱、使用方法及實例。

本章要點小結

記憶是人腦對過去經驗的保持和提取。記憶的過程包括識記、保持和回憶三個環節。

嬰幼兒心理學
第五章 嬰幼兒記憶的發生發展

德國心理學家艾賓浩斯最早對遺忘現象進行了研究，揭示了遺忘發展的規律是「先快後慢」。

表像是在頭腦中出現的已感知過的事物的形象。形象性和概括性是其表現的基本特徵，表像是從感知到思維的中間環節。

嬰幼兒記憶的研究方法主要有習慣化-去習慣化法、條件反射法、延遲模仿法、客體永存性法等。

在胎兒的末期已經產生聽覺記憶。新生兒以短時記憶為主，表現為最初的條件反射的建立和對刺激的習慣化。嬰兒期的記憶主要以再認形式呈現。明顯的再認出現在6個月左右的嬰兒身上。

幼兒的記憶特點是無意識記占優勢，有意識記逐漸發展；機械識記用得多，意義識記效果好；形象記憶占優勢，語詞記憶發展快；記憶保持時間逐漸延長，回憶迅速發展以及記憶的精確性較差。

要注意從激發記憶的願望和意圖、重視大腦活動狀態、提出明確識記任務、運用直觀教具教學、豐富知識經驗、教授記憶策略、幫助有效複習等方面來培養嬰幼兒的記憶能力。

關鍵術語表

記憶

記憶表象

無意識記

有意識記

機械識記

意義識記

形象記憶

邏輯記憶

記憶回漲現象

延遲模仿

艾賓浩斯遺忘曲線

選擇題

1. 記憶的第一個基本階段是（　）。

A. 再認

B. 再現

C. 識記

D. 保持

2. 幼兒在人群中一眼就認出了送報的叔叔，這屬於（　）。

A. 識記

B. 保持

C. 再認

D. 回憶

3. 「觸景生情」是一種（　）。

A. 無意回憶

B. 有意回憶

C. 保持

D. 識記

4. 從記憶發生的順序來看，嬰幼兒最晚出現的是（　）。

A. 情緒記憶

B. 形象記憶

C. 邏輯記憶

D. 運動記憶

5. 嬰幼兒最早出現的記憶是（　）。

A. 情緒記憶

B. 形象記憶

C. 邏輯記憶

D. 運動記憶

6. 3 歲前兒童的記憶一般不能永久保持，這種現象被稱作（　）。

A. 動機性遺忘

B. 臨時性遺忘

C. 嬰兒期健忘

D. 不完全遺忘

7. 研究表明，遺忘發展的規律是（　）。

A. 先快後慢

B. 先慢後快

C. 均衡進行

D. 無規律可循

8. 記憶的容量為 7±2 個組塊的是（　）。

A. 長時記憶

B. 短時記憶

C. 瞬時記憶

D. 程序性記憶

9. 訊息保持時間長久，記憶容量大的記憶為（　）。

A. 感覺記憶

B. 短時記憶

C. 長時記憶

D. 瞬間記憶

10. （　）是從感知過渡到思維、從感性認識上升到理性認識的重要橋樑。

A. 感覺

B. 知覺

C. 現象

D. 表象

第六章 嬰幼兒想像的發生發展

　　一個筋斗十萬八千里的孫悟空，遙遠森林裡的藍色小精靈和賈不妙，還有喜羊羊、灰太狼，以及嬰幼兒表現出的許多「奇思妙想」，這些都是怎樣產生的呢？想像功不可沒！愛因斯坦曾說過：「想像力比知識更重要，因為知識是有限的，而想像力概括著世界上的一切，推動著社會的進步，並且是知識進化的源泉。」嬰幼兒時期是想像力快速發展的時期，其豐富多彩的想像和幻想常常令人驚嘆不已！在這些看似離奇的想像中，往往蘊含了創造的種子，這也是未來創造力萌發的基礎。本章將重點介紹嬰幼兒想像的發生及其表現、嬰幼兒想像的發展特點，以及培養嬰幼兒想像能力的方法和策略。

第一節 0～3 歲兒童的想像

一、想像及分類

（一）什麼是想像

1. 想像的概念

　　想像是人腦對已有的表象進行加工改造從而創造新形象的過程。所謂新形象，是指個體從未感知過的事物形象，這種事物形象來源於對頭腦中的表象的加工改造。形象性和新穎性是想像的兩大基本特徵。因為想像的原材料──記憶表象來源於客觀現實，想像中的新形象無論多麼離奇、新穎，我們終究會在客觀現實中找到它的原型，所以想像和其他心理過程一樣，仍然是對客觀現實的反映。

2. 新形象創造的方式 想像創造新形象的主要方式為：

（1）黏合

　　把現實生活中事物的某些屬性、特點或部分結合在一起形成新形象。如美人魚的形象就是美女的上身與魚身的結合。

(2) 誇張

透過改變、突出或誇大事物的某些特點而創造出新形象。如九頭鳥的形象就是將鳥頭從一個誇張到九個。

(3) 擬人化

把生命和靈性賦予非生物。如賦予太陽以生命，太陽就成了「太陽公公」。

(4) 典型化

綜合現實生活中複雜多樣的素材，創造出典型化的形象。如魯迅創造的阿 Q 就是當時中國農民的典型形象。

（二）想像的分類

1. 無意想像和有意想像

根據想像活動是否具有目的性，是否需要意志努力，可把想像劃分為無意想像和有意想像。

無意想像是一種沒有預定目的的、在一定刺激影響下自然而然地產生的想像。

例如，我們仰望天空變幻莫測的浮雲時，腦中會不自覺地就產生起伏的山巒、活動的羊群、潔白的棉花、奔馳的戰馬等形象。

夢是無意想像的特殊形式。夢是人在睡眠狀態下產生的一種正常的心理現象，其實質是一種漫無目的、不由自主的奇異想像。巴甫洛夫認為，人在睡眠時，整個大腦皮層處於一種瀰散性的抑制狀態，但仍有少部分神經細胞興奮活躍，由於意識控制力減弱，這些記載著往日經驗的細胞便隨意地、不規則地結合在一起，形成一個個離奇古怪、荒誕絕倫的夢境。

有意想像是根據一定的目的任務、自覺進行的想像。如科學家創造發明，作家創作小說，畫家作畫，建築師設計樓房，時裝設計師設計服裝等。學生在學習過程中為完成某項學習任務，獲得某些知識的想像也是有意想像。

2. 再造想像和創造想像

根據想像內容的新穎獨立性和創造性，可把想像分為再造想像和創造想像。再造想像是根據語言文字的描述或圖形、圖解、符號等非語言文字的示意，在腦中形成相應的新形象的過程。在現實生活中，當人們在閱讀文藝作品、看建築圖紙等時，頭腦中出現的有關事物的形象都屬於再造想像。

創造想像是根據一定的目的任務，獨立地構建新形象的過程。創造想像具有首創性、獨立性和新穎性等特點。科學領域裡的一切新發明、藝術領域裡的一切新形象，都必須有創造想像。

生活中的心理學

想像和好奇是創造的萌芽

據說達爾文從小就熱愛自然、酷愛幻想。他的父母十分重視和保護他的想像力和好奇心。

一次在給小樹培土時媽媽說：「泥土是個寶，小樹有了泥土才能成長。泥土上長出了青草，餵肥了牛羊，我們才有奶喝，有肉吃；泥土上長出了小麥和棉花，我們才有飯吃，有衣穿。」小達爾文問：「那泥土能不能長出小狗來？」媽媽笑著說，「小狗是狗媽媽生的，不是泥土里長出來的。」達爾文又問：「我是媽媽生的，媽媽是姥姥生的，對嗎？」「對呀！所有的人都是他媽媽生的。」「那最早的媽媽又是誰生的？」達爾文接著問。「是上帝！」「那上帝是誰生的呢？」小達爾文打破砂鍋問到底。媽媽說：「孩子，你快快長大吧，世界上有好多謎等待你去解開呢！」

達爾文上學後，其豐富的想像力曾多次讓同學或姐姐認為他「說謊」。比如，他會拿著一塊奇形怪狀的石頭煞有介事地對同學說：「這是一枚寶石，可能價值連城。」他曾向同學保證，他能用一種「祕密液體」製成各式各樣顏色的西洋櫻草和報春花。他神祕兮兮地拿給姐姐看一枚十分普通的舊幣，一本正經地說它是一枚古羅馬硬幣。達爾文的父親認為，這正說明了達爾文有豐富的想像力！

達爾文的父親還把花園裡的一間小棚子交給兒女，讓他們自由地做化學試驗。達爾文十歲時，父親還讓他到威爾士海岸度過了三週的假期。達爾文在那裡觀察和採集了大量海生動物的標本，由此激發了他採集動植物標本的愛好和興趣。

想像和好奇是創造的萌芽。達爾文的父母最可貴之處就在於特別注意愛護兒子的想像力和好奇心。沒有想像力，沒有好奇心，也許就沒有後來的「進化論」了。

幻想是一種與個人願望相聯繫並指向未來的想像。它是創造性想像的特殊形式。根據幻想的社會價值以及有無實現的可能性，可以把幻想分為積極的幻想和消極的幻想。積極的幻想是符合事物的發展規律，具有一定社會價值的、可能實現的幻想，又被稱為「理想」。這種幻想能使人展望到未來美好的願景，激發人的信心和鬥志，推動人頑強地去各種克服困難。消極的幻想是完全脫離客觀現實的發展規律的毫無實現可能的幻想，又被稱為「空想」或「妄想」。「空想」的特徵是脫離實際，以願望代替行動，成天在想入非非中求得幻夢中的精神滿足。成天耽於空想的人，只能白白地浪費青春和生命。

二、想像在嬰幼兒心理發展中的重要地位

2歲以後，兒童的想像開始迅速發展。3～6歲是想像發展最為活躍的時期，想像幾乎貫穿於幼兒的各種活動中，並對其認知、情緒、遊戲、學習活動產生十分重要的影響。

（一）想像與幼兒遊戲

遊戲是幼兒的主導活動，特別是象徵性遊戲。象徵性遊戲的心理成分首先是想像。在遊戲中，依託想像，幼兒不斷地變換同一個物體的功能，如小椅子一會兒可以是汽車，一會兒可以是坦克；晾衣竿一會兒可以是機關槍，用它「噠噠噠」地掃射，一會兒可以是馬，供幼兒任意馳騁，一會兒還可以是高爾夫球桿，甚至是釣魚竿、拐杖等等。經由想像，同一個幼兒可以一會兒是「娃娃家」裡慈愛的媽媽，一會兒是醫院裡醫術精湛、盡職盡責的醫生，

還可以是給人們帶來美的享受的理髮師；同一年齡的小夥伴可以在遊戲中是輩分、年齡各異的祖孫三代。至於遊戲的情節，更是可以根據情景和幼兒的需要而千變萬化。只要為幼兒提供一個可以任意活動的空間，哪怕只是一個小小的角落，只要提供幾樣簡單的玩具和遊戲材料，幼兒就可以借此進入色彩繽紛的想像世界。離開想像，也就沒有了遊戲。

（二）想像與幼兒認知

在認識客觀事物的過程中，人不可能事事都親身實踐和體驗。在獲取間接知識的過程中，沒有想像，就達不成對事物的認識和理解，而沒有認識和理解就無法掌握新知識。幼兒的想像越豐富、想像的水平越高，越有利於幼兒對事物的認識、理解和加工。

例如，聽故事時，幼兒的想像是隨著故事情節的展開而展開的，跟隨故事情節的逐漸深入，一幕幕被喚起的表象如同影片般在頭腦中活躍起來，使幼兒如同身臨其境一般。正是想像活動，使幼兒認識了故事裡的人物，瞭解了人物關係，清楚了故事情節，並理解了故事內容。其他包括欣賞音樂、繪畫和建構遊戲等活動，也同樣如此。

（三）想像與創造思維

人的創造力主要表現在創造性思維方面。創造性思維是一種具有開創意義的思維活動，是開拓人類認識新領域，開創人類認識新成果的思維活動。既然是開創，就離不開想像。人類的許多創造發明，最早多起源於想像。有些想像雖然暫時不能實現，但是幾經努力卻能變為現實。如傳說中的「嫦娥奔月」，表達了人類早有登上月球的幻想，如今已成現實。可見，想像是創造思維的前提和核心。

嬰幼兒期是想像發展的初級階段，豐富大膽、超出常規和現實的想像是兒童創造性思維的表現。對嬰幼兒創造性思維的評價也是從想像水平出發。所以，成人應高度重視嬰幼兒想像的發展。

三、0～3歲兒童的想像

想像的發生和大腦皮質的成熟有關，也和表象的發生、表象數量的積累以及言語的發生發展密切相關。

嬰幼兒想像最初出現的年齡和表象發生的年齡相同，即1歲半～2歲左右。這個時期的兒童出現了想像的萌芽，主要是透過動作和語言表現出來，如他們將椅子當作汽車，邊做「開車」動作，嘴裡邊「嘀嘀……嘀嘀……」說個不停，非常投入地扮演司機的角色。

3歲前兒童想像的發展，可分為三個階段，分別為表象遷移階段、表象替代階段、想像遊戲階段。

（一）表象遷移階段

這是想像的萌芽階段，大約出現在1歲8個月左右的兒童身上。這一階段的想像主要表現為簡單的表象遷移。一方面，主要是依靠事物外表的相似性而把事物的形象聯繫在一起，例如，把漂在水面上的肥皂盒稱為船，把圓圓的餅乾聯想為太陽等；另一方面，也常常把日常生活中的行為和表現遷移到遊戲中去，例如，抱玩具娃娃玩、餵玩具娃娃吃飯等。這些想像和記憶非常接近，其中並沒有非常顯著的加工改造的痕跡，想像和記憶表象之間沒有十分明顯的區別，只是將記憶表象遷移到了新的情景中。

（二）表象替代階段

想像一旦產生之後，就非常迅速地發展起來。大約在2週歲左右，兒童的想像就進入一個新的階段，可稱之為表象替代階段，其具體表現為：

1. 可用想像替代缺乏的遊戲材料。

比如，「娃娃家」遊戲中，媽媽或爸爸扮演者給娃娃餵飯時，沒有碗和勺，他們就會用手比畫著動作進行代替，借助自己的動作想像完成餵娃娃吃飯的活動。

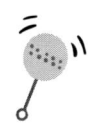

2. 給同樣的東西在不同的場合透過想像賦予不同的功能

進入2歲以後，兒童的活動能力得到了進一步的增強，這不僅拓寬了他們的活動空間，也使其獲得了越來越深刻的體驗，而這些正是想像進一步發展的基礎。同時，在這一階段，兒童已具備了基本的言語能力，他們開始借助言語去理解更多的事物並同成人進行交流，這為想像打開了一個廣闊的空間。2歲以後的兒童開始給同樣的東西在不同的場合透過想像賦予不同的功能，如同一個肥皂盒，漂在水裡就是船，地上開時就是車，桌上裝東西時就是碗。

3. 開始進行象徵性遊戲

2歲半左右兒童開始進行象徵性遊戲，但此時遊戲中的想像更多地侷限於具體事物的形象，以生活中的一個物體代替另一個物體，表現為一種簡單的代替。例如，生活中積累了把小女孩稱作「小妹妹」的經驗，在遊戲中就用玩具女娃娃來代替小妹妹。遊戲如果沒有更多的想像情節，就不能或很少能把已有經驗的情節成分重新組合。

複習鞏固

1. 什麼是想像？想像創造新形象的方式主要有哪些？
2. 0～3歲兒童想像的特點是什麼？

第二節 3～6歲兒童的想像

由於知識經驗的積累、言語能力的提高，以及分析、綜合能力的發展，在3～6歲兒童的學習、生活、勞動、遊戲等活動中已經表現出了極為豐富的想像。概括起來，其想像的特點大致表現在以下幾方面。

一、無意想像占主導地位，有意想像逐漸發展

（一）無意想像占主導地位

無意想像是最簡單的、初級的想像。幼兒的想像活動主要屬於無意想像，具有以下特點。

1. 想像的目的性不明確

（1）想像主要由外界刺激直接引起

幼兒初期的想像是一種自由聯想。這時的想像一般沒有主題，也沒有預定目的，常常是由於外界刺激而直接引起的。如，在繪畫以前，不知道究竟要畫什麼，畫完後看它像什麼就說是什麼。遊戲中也是如此，想像往往隨玩具的出現而產生，如看見小碗小勺就想像餵娃娃吃飯；看見小汽車，就想像當司機；拿起小竹竿，就想像騎馬。如果沒有玩具和遊戲材料，想像活動就不會產生。

（2）想像的內容零散、無系統

很多時候幼兒所想像的事物之間不存在有機聯繫，是散亂的、無系統的自由聯想。在幼兒的繪畫中常常有這種情況，畫了圓圈，又畫直線，畫了太陽，又畫氣球和雪花，畫了小人兒又畫牙刷等，所畫事物之間沒有任何聯繫，顯然是一串不繫統的自由聯想。

（3）以想像過程為滿足

幼兒的想像往往不追求達到一定目的，只滿足於想像進行的過程。如他們常常在一張紙上畫了一樣又畫一樣，直到把整張紙畫滿為止。有的幼兒甚至把紙的空白處全部塗滿黑色，一邊畫一邊唸唸有詞，感覺到極大的滿足。遊戲中也是如此，小班幼兒常常把小椅子當汽車開，手上做握方向盤開車的動作，嘴裡不停地叫著「滴滴滴滴」，至於說開的是什麼車、要開到哪裡去、去幹什麼等等，則不予考慮。聽故事也是一樣，特別是小班幼兒，對「蘿蔔回來了」「小紅帽」「白雪公主」等故事百聽不厭，老師剛講完，他們馬上就會要求老師再講一遍，表現出以想像過程為滿足的特點。

2. 想像的主題不穩定，易受外界干擾而發生變化

幼兒在想像進行的過程中往往容易受外界事物的直接影響，因而想像的方向常常隨外界刺激的變化而變化，主要表現為幼兒在活動過程中經常中途改變主意，特別是幼兒初期的兒童，想像往往不能按一定的目的堅持下去，很容易從一個主題轉換到另一個主題。如：有的幼兒一會兒選擇當老師，玩

幼稚園的遊戲；一會兒又跑去當醫生，玩醫院的遊戲；過一會兒又想起當司機，玩開汽車的遊戲。繪畫活動中也容易跑題，有的幼兒本來畫的是花草房子，看到別人畫兔子，又去畫兔子吃蘿蔔。

3. 想像受情緒和興趣的影響

幼兒初期，想像不僅容易被外界刺激所左右，也容易受個體情緒和興趣的影響，因此，幼兒的想像過程常表現出很強的興趣性和情緒性。如「老鷹捉小雞」的遊戲，本應以小雞被老鷹抓走而告終，可幼兒們同情小雞，就會產生諸如下面這樣的想像：最後雞媽媽和雞爸爸趕來，把老鷹啄死了，救回了小雞。如果是受到成人鼓勵和支持的想像活動，如老師對幼兒表現出喜愛和親昵，對他們的想像成果表示讚賞，幼兒往往就會產生豐富的聯想，在頭腦中浮現出老師喜歡他的種種情景，同時情緒高漲、想像活躍，不斷出現新的想像結果，而且往往能長時間地堅持活動。另外，興趣也影響幼兒的想像。對於感興趣的遊戲和活動，幼兒比較專注，能夠長時間去想像；而對不感興趣的活動，往往是消極地應付甚至遠離，想像貧乏或缺乏想像，同時在活動中堅持時間極短。

由此可見，幼兒想像的方向、想像的結果、想像的豐富程度受其情緒和興趣的影響較大，表現出明顯的無意性。

（二）有意想像逐漸發展

幼兒的想像雖然以無意想像為主要特徵，但有意想像在幼兒期已經開始萌芽。幼兒的有意想像是在無意想像的基礎上發展起來的。例如，一個四歲多的男孩說，「今天我要畫飛機」，於是就開始動手畫起來。畫好飛機後，又說：「我還要畫一隻蝌蚪」，於是就畫了蝌蚪，之後又要畫蘋果，畫了個圓形以後很開心：「蘋果、蘋果，大蘋果！」他盯著圓形看了一會兒，一邊動手畫，一邊自言自語地說：「大頭兒子，小頭爸爸！我要畫爸爸」，於是又在圓形上畫了眼睛、鼻子、嘴巴，在圓形下面畫了個正方形作為身子。從這個孩子的繪畫過程來看，他的想像基本上還是屬於自由聯想，無意性很大。但儘管如此，他還是能夠先想後畫，按照所想的方向進行繪畫，說明他的想像已經開始具有一定的目的性了。

幼兒有意想像的發展主要表現為：

1. 想像具有明確的目的

中班以後，尤其是大班幼兒，能夠逐步根據活動的目的和任務，按照成人的要求進行想像活動。如透過教師對故事前半部分的描述，幼兒會進行有意想像，續編故事的結尾；遊戲時可以先商量玩什麼，然後根據主題來分配角色和制定遊戲規則、發展遊戲情節；繪畫時能預先想好要畫的內容，有了預定的主題；等等，表現出明顯的有意性和目的性。

2. 想像的主題逐漸穩定

中班尤其是大班幼兒，在角色遊戲、繪畫等活動中，一旦選擇了某個角色或決定了某個主題，一般會一直堅持下去，想像的主題趨於穩定。

3. 為了實現主題，能夠克服一定的困難

在各種活動中，中班特別是大班幼兒，越來越能夠主動排除與活動無關的刺激的干擾，積極地克服各種困難，將主題堅持到底。

總的來說，與無意想像相比，幼兒有意想像的水平還是很低。如果成人在組織幼兒進行各種有主題的想像活動時能啟發他們明確主題，準備相關材料，並在活動過程中適時進行言語提示，都會對幼兒有意想像的發展造成促進作用。

二、再造想像占主要地位，創造想像開始發展

（一）再造想像占主要地位

3～6歲，幼兒想像以再造為主。表現在：

1. 想像常常依賴於一定的線索進行

幼兒聽故事時，其想像往往隨著成人的講述而展開。如果講述加上直觀的圖像，幼兒的想像會進行得更好。遊戲時，幼兒的想像往往也是根據成人的言語指導來進行的。這一點在幼兒初期表現得更突出，如幼兒抱著一個娃娃，只是靜靜地坐著，沒有任何想像的成分，這時老師走過來說「咱們給娃

娃洗個澡吧」，或者說「娃娃餓了，該吃飯了」，幼兒這才慢慢有了想像。即便是大一點的幼兒，想像的內容雖然複雜些，也仍然常常依賴成人的言語描述來進行。

幼兒的想像也會受當前刺激物的影響。他們常常無目的地擺弄、改變物體的形狀，當改變了的形狀正巧比較符合某個事物的形象時，幼兒就把它想像成某種物體。比如圓形餅乾，一口咬下去變成半圓形了，就馬上會把它想像成月亮。捏膠泥時，搓成長條就聯想成麵條，團成圓形時則想像成湯圓。

動作本身也很容易激發和引起幼兒的想像。即使是同一個物品，因操作動作不一樣，其功能也會發生翻天覆地的改變。如，一截木棍，提起來的動作會讓幼兒聯想成秤，挂著的時候會聯想成拐杖，掄起來的時候可能聯想到刀、劍。

2. 想像在很大程度上具有複製性和模仿性，缺乏新異性

再造想像是較低發展水平的想像。幼兒的想像往往是複製和模仿生活中的情景或者是熟悉的人，想像和記憶表象的差別很小，基本是記憶表象的簡單加工，缺乏新異性。如：玩「娃娃家」的遊戲，幼兒抱娃娃玩、餵娃娃吃東西和照顧娃娃睡覺的動作，實際上都是模仿媽媽照顧自己的動作；玩「幼稚園」的遊戲，幼兒扮演老師組織小朋友活動的經驗則完全來自對班級老師的模仿。小班幼兒甚至在玩具和遊戲材料的使用上都因為拘泥於模仿而缺乏靈活性。

（二）創造想像開始發展

幼兒創造想像的發生，表現為能獨立地從新的角度對頭腦中已有的表象進行加工改造。創造想像發生的主要標誌：一是獨立性，表現為想像不是在成人指導下進行的，不是來自重現和模仿，受暗示性少；二是新穎性，表現為已經擺脫原有知覺形象的束縛而成為一個全新的形象。

幼兒創造想像的發展大致經歷三個階段：

1. 幼兒初期，想像的創造性很低，更多地表現為無意的自由聯想，這時期的想像基本上是根據成人的描述和提示進行的，而且想像以重現生活中的

某些經驗為主，嚴格地說這還不算是創造。如，在角色遊戲中幾個幼兒扮演醫生，有負責掛號的，有負責診斷病情開處方的，有負責打針的，等等，整個遊戲過程就是以再造想像為線索，基本上都是模仿和重現幼兒生活中曾經看見過的醫院工作人員的工作狀態。

2. 幼兒中期，隨著知識經驗的豐富及語言和抽象概括能力的提高，幼兒的想像中便有了一些創造性成分。如在看圖說話時，他們可以加入本來沒有的人物、情節，使整個故事更加生動、豐滿。又如，繪畫時能透過自己的構思豐富和擴大主題，在完成教師要求的內容之外增加自己喜愛的情節。如老師要求畫人，他們會給人的手上加上拎包，旁邊加上房屋、樹木花草，天上加上白雲、小鳥；或者畫了船以後，會在旁邊畫上幾隻螃蟹、幾條小魚；畫了節日的大燈籠後，會在旁邊添幾個氣球、許多綵帶；或者能用圖形組合出許多別人意想不到的物品，如用三角形組成小魚、蝴蝶、小樹等等。

3. 幼兒晚期，想像內容豐富，新穎性增加，能更多地運用創造性想像進行一些創造性的遊戲和活動，幼兒想像的創造性比較顯著地表現出來。如1979年6歲兒童胡曉舟獲世界兒童繪畫比賽一等獎的作品《我在月亮上盪鞦韆》（見圖6-1），就凸顯了相當高的創造想像的水平。胡曉舟在畫中將小朋友、盪鞦韆、月牙兒等一系列大家頭腦中都具有的日常生活中的表象重新進行了加工組合，將這些大家司空見慣的平常形象組成了新穎、獨特的畫面，充分展示了其不受約束、天真大膽的奇思妙想，因此獲得好評。

圖6-1《我在月亮上盪鞦韆》

此外，幼兒的創造想像還表現在一些不平常的提問上。他們會提出許多稀奇古怪的問題，並且常常「打破砂鍋問到底」，試圖弄個水落石出。如，他們會問：「如果把天上的星星摘下，是不是就不用點燈了？」「人如果多吃飯，是不是可以長得像長頸鹿那麼高、大像那樣大？」等等。但是，3～6歲兒童的想像創造性的成分仍很少，他們的想像仍然以再造想像為主。

三、想像既脫離現實又與現實相混淆

想像既脫離現實又表現為與現實相混淆，是幼兒想像的一個突出特點。

（一）想像脫離現實

想像脫離現實主要表現為幼兒的想像具有特殊的誇張性，幼兒常常誇大事物的某個部分或某種特徵。

幼兒非常喜歡聽童話故事，就是因為童話中有許多誇張的成分。如吃了菠菜就成為力大無窮的大力水手、像天一樣高的巨人、一說謊就長鼻子的皮諾丘、拇指一樣大小的拇指姑娘等故事，簡直讓幼兒如痴如醉。幼兒自己講述事情，也喜歡用誇張的說法，如「我家大哥哥力氣可大了，天下第一！」，他們希望自己的東西比別人強，就不顧事實拚命地去誇大，甚至自己有時也信以為真。

幼兒想像的誇張性還表現在繪畫活動中。如一個幼兒畫的「到天上去玩」，畫中的長頸鹿身體高過 5 層樓的房屋，脖子升入雲端；另一個幼兒畫的「放風箏」，畫中放風箏孩子的那隻手是身高的 4 倍。

幼兒的想像為什麼會誇張？首先，是由於幼兒的認知水平尚處於感性認識階段，抓不住事物的本質，所以，誇張的往往是在感知過程印象深刻的事物。

其次，是情緒對想像過程的影響。幼兒的一個顯著心理特點是情緒性強。他們感興趣的東西、他在意的東西，往往在其意識中占據主要地位，所以，就會拚命地去誇大，甚至自己有時也信以為真。

（二）想像與現實相混淆

幼兒的想像常常容易與現實相混淆，表現為幼兒還不能把想像的事物與現實中的事物區分開來，常常把想像的當成真實的。具體表現在：

1. 把渴望得到的東西說成已經得到

有的幼兒看到別人有漂亮的會旋轉的娃娃、高大威猛的超人力霸王、會發出「噠噠噠」響聲的衝鋒槍等，特別希望自己也能擁有，於是就會告訴別人自己也有這些玩具，而事實上沒有。

2. 把希望發生的事情當成已經發生的事情來描述

幼兒常常把自己想像中希望發生的事情當作真實發生的事情，並以肯定的形式來加以敘述和描繪。例如，週一早上，一個小班的幼兒告訴老師，他昨天去了廣州。下午離園的時候家長告訴老師，沒有這麼一回事，事實是頭天幼兒的表哥去廣州，全家送到機場，孩子哭著想跟表哥一起去，結果沒如願。再如一位中班幼兒聽鄰居講去玄武湖公園玩的事，很開心，引發了他想去玩的願望。到幼稚園後，他就對其他小朋友描述他自己在公園玩的「經歷」。

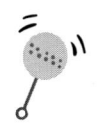

3. 在做遊戲和欣賞文藝作品時，往往身臨其境，與角色產生同樣的情緒反應。

把想像當作現實的情況在小班比較多，如幼稚園裡小班幼兒正在玩「狡猾的狐狸，你在哪裡」的遊戲，當老師扮演的狐狸逮著小雞（小朋友飾），裝著要吃他的時候，有的幼兒會拚命掙扎，甚至大哭起來說：「你是老師，怎麼可以吃人呢！」

中、大班幼兒想像與現實混淆的情況已經減少。例如，小班幼兒在看木偶劇時，看到「大老虎」出場時會感到害怕，而中大班的幼兒則會認識到這與真實的老虎不同，是假的，而不感到害怕。

想像與現實相混淆的原因在於：一方面，幼兒的感知分化發展不足。由於感知分化的不足，幼兒往往意識不到事物的異同；另一方面，幼兒認識水平不高，容易把想像表象和記憶表象相混淆。有些幼兒渴望的事情，經反覆想像在頭腦中留下了深刻的印象，以至於變成似乎是記憶中的事情了，這常常被成人誤認為幼兒在說謊。

從 3 到 6 歲，幼兒的想像發展有其自身的特點，且發展速度很快。應看到幼兒創造想像的潛在價值。幼兒的創造想像雖處於低水平、低層次，但它卻是高水平、高層次創造想像的基礎。

複習鞏固

1. 試分析想像在幼兒心理發展中的地位和作用。
2. 請簡述 3～6 兒童想像的特點。

第三節 嬰幼兒想像的培養

愛因斯坦說過：「想像力比知識更重要，因為知識是有限的，而想像力概括著世界上的一切，推動著進步，並且是知識進化的源泉。嚴格地說，想像力是科學研究的實在因素。」可見，想像力對人類社會的發展是何等的重要。進入訊息時代的今天，創造性想像的培養，已成為嬰幼兒教育中不可忽視的重要課題。

嬰幼兒心理學
第六章 嬰幼兒想像的發生發展

一、豐富表象，為想像增加素材

想像雖然是新形象的形成過程，然而這種新形象的產生也是在過去已有的表象基礎上加工而成的，表像是想像的基礎材料。也就是說，每個人在想像的時候都需要借助儲存在腦子裡的表象進行加工創造，頭腦中的表象積累得越多，能用來進行想像的資源就越多。想像的內容是否新穎，想像發展的水平如何，取決於原有的表像是否豐富，所以發展和豐富表象對於想像非常重要。

而原有表象的豐富與否又取決於感性知識和生活經驗的多少。因此，知識和經驗的積累，是幼兒想像力發展的基礎。在實際工作中，成人要指導嬰幼兒直接去感知客觀世界，使其置身於大自然和現實社會中，多讓他們去看、去聽、去觀察、去模仿，透過參觀、旅遊等活動開闊他們的視野，積累感性知識；還可借助電教多媒體、圖畫書籍，或老師生動的語言講解，去豐富嬰幼兒的認識和生活經驗，增加表象內容，為嬰幼兒的想像增加素材。

二、發展語言，促進想像的發展

幼兒想像的發展離不開語言活動。語言可以表達想像的過程和結果，語言的發展水平直接影響想像的發展。嬰幼兒在運用語言表達自己想像的內容時能進一步激發起想像活動，使想像的內容更加具體、鮮活和豐富。

一方面，成人應在各種活動中培養嬰幼兒用豐富、準確、清楚、生動、形象的詞語來描繪事物，發展他們的語言表現力；另一方面，成人自己也要具備良好的語言駕馭能力，能情緒飽滿、抑揚頓挫、繪聲繪色地進行描述和表達，從而有效地激發嬰幼兒展開豐富的想像。

三、充分利用文學藝術活動，創造想像發展的條件

給嬰幼兒以自由的空間，包括思想上的、行為上的。不要定格他們的思維，更不能扼殺他們的想像力，要讓他們在自由寬鬆的氣氛中異想天開，讓每個嬰幼兒都有從自己的創造中獲取樂趣和成功的機會。同時，成人要給予

嬰幼兒積極、正面的反饋，以大大增強他們想像方面的自信心，讓他們在審美感知充分積累的同時能乘著想像的翅膀進行自由自在、天馬行空的創造。

在文學藝術等活動中，成人還要善於透過音樂、繪畫、舞蹈、猜謎、故事等方式激發嬰幼兒的想像，使他們能夠加工、構思，創造出各種新形象。例如：透過文學活動中的講故事發展嬰幼兒豐富的再造想像；透過故事續編、仿編詩歌、適時停止故事講述讓嬰幼兒猜測故事發展情節等來激發嬰幼兒的聯想，使他們在已有的基礎上構思、加工，創造出自己獨特的想像成果；美術、音樂活動的作用更為特別，可以讓孩子們的想像插上理想的翅膀，無拘無束地發揮想像，構思出新穎獨特的作品。所以，成人要有意識地激發嬰幼兒的靈感，讓他們放飛想像，點燃創造的火花，鼓勵他們進行創造。

拓展閱讀

別剪掉天鵝的翅膀

在美國內華達州，有一天，一個名叫伊迪絲的 3 歲小女孩告訴媽媽，她認識禮品盒上「OPEN」的第一個字母「O」。媽媽非常吃驚，問她怎麼認識的。伊迪絲說：「薇拉小姐教的。」這位母親一紙訴狀把薇拉小姐所工作的地方——勞拉三世幼稚園告上了法庭，理由是該幼稚園剝奪了伊迪絲的想像力，因為她女兒在認識「O」之前，能把「O」說成蘋果、太陽、足球、鳥蛋之類的圓形東西。然而，自從幼稚園教她認識 26 個字母后，伊迪絲便失去了這種能力。她要求幼稚園對此負責，賠償伊迪絲精神傷殘費 1000 萬美元。她在辯護時講了下面這樣一個故事。

她曾經到某個國家旅行，在一家公園裡見到兩隻天鵝，一隻被剪去了左邊的翅膀，一隻天鵝的翅膀完好無損。被剪去翅膀的天鵝被放養在一片較大的水塘裡，翅膀完好的天鵝被放養在較小的水塘裡。管理員告訴她，這樣能防止它們逃跑。因為，剪去一邊翅膀的天鵝無法保持平衡，飛起來後會掉下來；在小池塘裡的天鵝，雖沒有被剪去翅膀，但起飛時會因無法達到必要的滑翔路程，而只能老實地待在水裡。她聽後既震驚又感到悲哀。她今天為女兒打官司，就是因為她感到伊迪絲變成了勞拉三世幼稚園裡的一隻天鵝。他

們剪掉了伊迪絲的一隻翅膀，一隻幻想的翅膀；他們早早地把她投進了那片小水塘，那片只有 A，B，C 的小水塘。

幼稚園最終敗訴了，因為陪審團被這位母親所講的故事深深地感動了！

四、透過遊戲活動，鼓勵大膽想像

遊戲，特別是創造性遊戲是嬰幼兒創造想像發展的重要源泉。遊戲總離不開玩具和遊戲材料，它們為嬰幼兒展開想像提供了物質基礎，尤其是靈活多變、可塑性強、結構性高的玩具和遊戲材料，更容易引起嬰幼兒豐富的聯想和幻想，使他們再現過去的經驗，激發其創造動機，並使其想像始終處於積極狀態。

在遊戲活動中，隨著扮演的角色和遊戲情節的發展變化，嬰幼兒的想像異常活躍，無論是角色扮演，還是遊戲情節的發展，都可以使他們充分展開自己的想像。

成人應讓嬰幼兒真正做遊戲的主人。要變成人的「導演」為啟發引導，變嬰幼兒的「表演」為按自己的意願進行遊戲。具體地說，成人應引導嬰幼兒自己提出主題與構思遊戲情節，自己選擇使用或製作遊戲材料，自己分配角色，自己組織遊戲，自己開展遊戲，自己評價遊戲，並鼓勵他們在遊戲中進行大膽想像、嘗試，等。這不僅有利於遊戲活動的縱深發展，更有利於嬰幼兒想像能力的發展。

五、透過專門訓練，提升創造想像的水平

嬰幼兒的創造想像存在著明顯的個別差異，這固然與其神經類型的靈活性有關，但更重要的是受教育環境的影響。一般來說，民主、寬鬆、自主的環境更能揚起創造想像的風帆。成人可採用一些有效的方法來激發嬰幼兒的創造性想像。比如，鼓勵他們的自由聯想和發散思維，看著天空的白雲，想像它們像什麼；列舉出某種物體（杯子、水等），儘量多地設想它們的用途……如果成人堅持鼓勵嬰幼兒從多個角度來探討問題、鼓勵與眾不同而又不失合理的想法和答案，嬰幼兒的創造想像能力和水平就會不斷得到提高。

複習鞏固

1. 如何發展嬰幼兒的想像？
2. 收集不少於 5 個訓練和發展幼兒想像的遊戲和活動。

本章要點小結

　　想像是人腦對已有的表象進行加工改造從而創造新形象的過程。根據不同的標準，可將想像劃分成不同類型。

　　幻想是一種與個人願望相聯繫並指向未來的想像，它是創造性想像的特殊形式。根據幻想的社會價值以及有無實現的可能性，可將幻想劃分為積極的幻想和消極的幻想。

　　想像發生的年齡大概在 1 歲半到 2 歲左右。最初的想像，可以說是記憶材料的簡單遷移，主要透過動作和語言表現出來。

　　幼兒想像的特點為：無意想像占主導地位，有意想像逐漸發展；再造想像占主要地位，創造想像開始發展；想像脫離現實，同時又與現實相混淆。

　　幼兒期是想像最為活躍的時期，想像幾乎貫穿於幼兒的各種活動中，同時又對嬰幼兒的認知、情緒、遊戲、學習活動產生重要影響。

　　應從發展和豐富表象，在文學藝術等活動中努力創造想像發展的條件，在遊戲中充分利用玩具和遊戲材料，鼓勵引導大膽想像，進行訓練等方面來培養嬰幼兒的想像力。

關鍵術語表

想像無意

想像有意

想像再造

想像創造

想像幻想

積極的幻想

消極的幻想

選擇題

1. 根據「天蒼蒼，野茫茫，風吹草低見牛羊」詩句的描述，在頭腦中浮現出一幅草原牧區的圖景，這種心理現像是（ ）。

A. 記憶

B. 想像

C. 注意

D. 知覺

2. 看到天上白雲的形狀，兒童一會兒想像它是一匹飛奔的「駿馬」，一會兒想像它是一座會動的「山」……這種想像屬於（ ）。

A. 無意想像

B. 有意想像

C. 再造想像

D. 幻想

3. 夢是一種（ ）。

A. 有意想像

B. 無意想像

C. 幻想

D. 創造想像

4. 幼兒想像的主要特點之一是（ ）。

A. 無意想像占主要地位

B. 有意想像占主要地位

C. 創造想像占主要地位

D. 理想占主要地位

5. 看見小碗小勺，就想像餵娃娃吃飯；看見玩具小汽車，就想像開汽車……如果沒有玩具，幼兒可能呆呆地坐著或站著，難以進行想像活動。這表現出他們（ ）的特點。

A. 想像的內容零散、無系統

B. 想像無預定目的，由外界刺激直接引起

C. 想像受情緒影響

D. 以想像過程為滿足

6. 文學家對於作品中故事情節和人物形象的構思屬於（　）。

A. 再造想像

B. 創造想像

C. 空想

D. 無意想像

7. 幼兒的想像容易誇張的原因之一是因為（　）對想像過程的影響。

A. 思維

B. 記憶

C. 空想

D. 情緒

8. 幼兒的想像之所以容易與現實相混淆，是由於他們認識水平不高，有時把想像表象和（　）表象相混淆。

A. 思維

B. 記憶

C. 空想

D. 情緒

9. 象徵性遊戲的心理成分首先是（　）。

A. 思維

B. 記憶

C. 想像

D. 情緒

10. 把現實生活中事物的某些屬性、特點或部分結合在一起形成新形象，屬於想像創造新形象中的（　）方式。

A. 黏合
B. 誇張
C. 擬人化
D. 典型化

第七章 嬰幼兒思維的發生發展

　　課堂上，老師最常用的口頭禪就是「這個問題需要大家好好思考一下」。生活中我們也經常思索答案……裡的「思考」「思索」其實就是思維。思維是高級的認識過程，是智力的核心要素。思維的發生使嬰幼兒心理開始成為具有一定傾向性的、穩定而統一的整體，對嬰幼兒心理的發展具有重大意義。本章將重點介紹嬰幼兒思維發展的階段與特點，嬰幼兒概念、判斷、推理、理解發展的特點，幼兒創造思維的萌芽，以及培養嬰幼兒思維能力的方法和策略。

第一節 0～3歲兒童的思維

一、思維概述

（一）思維及其特徵

　　思維是人腦對客觀現實間接的、概括的反映，是人認識的高級階段，是智力的核心，是人重要的心理過程。思維主要借助於語言來實現，可以揭露事物的本質屬性和內部聯繫。

　　思維具有兩個基本特徵，即間接性和概括性。前者指思維透過其他事物作為媒介，借助於已有的知識經驗來反映不能直接感知的客觀事物。正因如此，人才能夠透過表面現象認識事物的本質，才能夠瞭解遠古、推測未來。後者指思維所反映的是一類事物的本質特徵和事物之間的規律性聯繫。任何科學概念、定理以及規律、法則等，都是透過思維的概括得出的結論。

（二）思維的基本過程

　　思維是人類所具有的一種高級心理現象，思維的基本過程是人們運用概念、判斷、推理的形式對外界訊息不斷進行分析、綜合、比較、抽象和概括的過程。

1. 分析與綜合

分析是指在頭腦中把事物的整體分解為各個部分、各個方面或各種屬性的思維過程。綜合是在頭腦裡把事物的各個部分、方面、各種特徵結合起來進行考慮的思維過程。

2. 抽象與概括

抽像是在思想上抽出各種事物與現象的共同特徵與屬性，捨棄其個別特徵和屬性的過程。概括是在頭腦中把抽象出來的事物的共同的、本質的特徵綜合起來並推廣到同類事物中去，使之普遍化的思維過程。

3. 比較與分類

比較是把各種事物和現象加以對比，確定其異同，發現其關係的思維過程。

分類是在比較的基礎上，根據事物或現象的共同點和差異點，把它們區分為不同種類，以揭示事物的一定從屬關係和等級系統的思維過程。

4. 具體化與系統化

具體化是指在頭腦裡把抽象、概括出來的一般概念、原理與理論同具體事物聯繫起來的思維過程。系統化是指在頭腦裡把學到的知識分門別類地按一定程序組成層次分明的整體系統的過程。

（三）思維的形式

1. 概念

概念是思維的基本形式，是人腦對客觀事物的本質屬性的反映。概念是用詞來標示的，詞是概念的物質外衣，也就是概念的名稱。每個概念都有內涵和外延。

2. 判斷

判斷是概念和概念之間的聯繫，是肯定或否定某種事物的存在，或指明它是否具有某種屬性的思維過程。

3. 推理

推理是從已知的判斷推出新的判斷的思維形式。推理主要有歸納推理、演繹推理和類比推理。

生活中的心理學

張飛審「偷瓜案」

張飛任古城閬中縣令，統領軍政。一日，有一男一女擊鼓告狀。張飛昇堂高坐，見一青年男子拽一少婦上堂。

男子神情狡黠，肩負布袋，倒出三個西瓜；女子身材苗條，頗有姿色，淚流滿面，懷中襁褓裡的嬰兒呱呱啼叫。張飛問其擊鼓緣由，男子當堂一跪，搶先說道：「她偷了我的三個西瓜，請縣太爺為我做主。」少婦嚇得緊緊摟住嬰兒，一個勁兒地哭泣，連聲哀叫：「老爺，民女冤枉。」

張飛犯難，忽見男子神態得意，目光垂涎女子。張飛沉思片刻，對男子說道：「她偷你西瓜，就把她斷給你做小老婆。」男子樂得大嘴一咧，連連磕頭：「謝老爺恩典！」張飛哈哈大笑：「你用手抱上三個西瓜，領那小女子回去吧。」男子照張飛吩咐，可折騰半天卻怎麼也無法將三個西瓜抱起。張飛拍案而起，怒瞪環眼，喝道：「你這痞子，空手尚且無法抱起三個西瓜。小女子懷抱嬰兒，哪能偷你三個西瓜？你為搶占民女，栽贓陷害，矇騙本官，實在可惱，重責五十杖，打入大牢。女子無罪，僱頂小轎，送其回家。」

二、0～3歲兒童的思維

出現最初使用詞語進行概括，就是思維發生的標誌。兒童的思維發生的時間在2歲左右，與言語發生的時間基本一致。3歲前兒童的思維在分類、推理以及直覺行動思維方面都有發展。

（一）分類能力的發展

3歲前兒童的分類能力主要表現在兩個方面，即對圖形的辨識和對物體的區分。

1. 對圖形的辨識

觀察研究發現，將懸掛在床上方的各種圖形和繫在兒童腿上的繩子連接起來，讓 3 個月大的嬰兒透過繫在腿上的繩子可以拉動有條形圖案的玩具卡片。結果不需多久，兒童就會在看到相同條形圖案的時候繼續拉動腿上的繩子。但是如果改成環形、人臉、方格等其他圖案，兒童就不再做相同的動作。這說明 3 個月大的兒童可能具有對這些圖形進行辨識的能力，從而可以對這些圖形進行歸類，並與自己的踢腿動作聯繫起來。(Bhatt, Rovee Collier & Weiner, 1994; Hayne, Rovee Collier & Perris, 1987)。

有些研究則是透過去習慣化的方法來對兒童的這種歸類能力進行確認。在實驗中，給 7～12 個月大的兒童先展示一系列屬於同一類別物體的圖畫，如饅頭、麵包、米飯等，然後觀察兒童看非同類物體（如椅子）的時間是否比看同類物體的時間長。實驗將物體分為不同系列的物品，如食品、鳥類、動物、車輛、空間位置（上和下）等，這些實驗同樣證明了兒童具有圖形識別能力。(Mandler & Mcdonough, 1993; Oakesk, Madold & Cohen, 1991; Ross, 1980; Younger, 1985, 1993)。

2. 對物體的區分

1 歲以前的兒童對物體的區分基於感性，即基於相似的整體外觀或物體的明顯部分 (Rakison & Butterworth, 1988)；1～2 歲兒童對物體的區分就開始變成概念性的，即基於共同的功能和行為。雖然外形上的差異並不大，但是 1～2 歲兒童已經能夠對鳥和飛機加以區分。

遊戲中，1～2 歲兒童是給物體進行分類的積極分子。面對呈現的一系列物體，12 個月大的兒童只是觸摸物體而不會去歸類，而 16 個月大的兒童就能將這些物體歸為單一的類別。到了 18 個月左右，兒童就能將這些物體分成兩類 (Gopnik & Meitzoff, 1987)。他們採用的方式是觸摸、分類和其他遊戲行為。例如，14 個月的嬰兒看過一個實驗者用杯子給玩具狗餵水後，雖然同時給他呈現小兔子和摩托車，他們通常會給小兔子喝水。當實驗者示範給摩托車喝水後，兒童還是堅持選擇給小兔子喝水 (Mcponougy, 1998)。

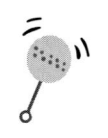

他們的行為表明,他們能區分某類行為只能適合某些物體的類別或動物,而不是其他物體。

(二)推理能力的發展

3歲前兒童常常呈現出相似性推理和類比性推理。

1. 相似性推理

表現為當兒童接觸到新異事物的時候,能利用與某一已知物體的相似屬性來進行推理。在一項研究中,向3歲兒童呈現4塊積木,實驗者將其中兩塊稱為「按鈕」,將另外兩塊稱為「非按鈕」。在兒童的注視下,實驗者將一個「按鈕」放在機器上,機器馬上變亮並播放出歌曲。然後要求兒童指出另一個將啟動機器的積木。3歲及一些2歲的嬰兒,能預測只有「按鈕」才能將機器變亮,因此他們會選擇看起來是「按鈕」的那塊積木。

2. 類比性推理

類比推理是根據兩個或兩類對像有部分屬性相同,從而推斷出它們其他屬性也相同的推理。3歲前的兒童能以非常簡單的方式進行類比推理。10～12個月的兒童從對父母的觀察中,學會了移開一個障礙物(一個盒子),拉動一塊藍布,就可以拿到上面的一條黑繩子。拉動黑繩子就可以得到他們想要的一輛紅色小汽車。兒童能把這組關係遷移到與最初的問題看起來十分不同的問題情境中去。例如以五彩馬作為目標物,其他物品也分別換為棕色繩子、黑白相間的條紋布和藍色盒子。

不斷增長的知識,極大地拓展了1～2歲兒童的類比推理能力。在一項研究中發現,24個月的兒童已能夠描繪出某種「破損與完好的關係」(Freeman, Mckie & Bauer, 1994)。實驗者首先出示一把破損的雨傘和一把完好的雨傘、一根折斷的木頭和一根完好的木頭,然後讓兒童看一個破損的蛋殼,並要求在下列選項中做出選擇:正確的物體(完好的蛋殼)、正確的變形但錯誤的物體(完好的雨傘),或正確的物體但錯誤的變形(破損的蛋殼上面綁著一根帶子)。結果顯示,2歲的兒童能夠無視知覺相似性而選擇完好的蛋殼。

（三）直覺行動思維的出現

兒童最初的思維與其動作的發展是分不開的，早期動作的發展具有重要的心理學價值。動作是思維的起點，是解決問題的概括性手段，也即直覺行動思維的手段。

1. 直覺行動思維的產生

直覺行動思維是在兒童的感知覺和有意動作，特別是一些概括化的動作的基礎上產生的。兒童在擺弄物體的過程中，同一動作往往會產生同一結果，經多次重複後動作和結果之間就會在頭腦中形成固定的聯繫。以後在類似的情境中，兒童如果想得到這個結果，就會自然而然地使用這種動作，此時這種動作已經可以說是具有概括化的有意動作。例如，兒童經過多次嘗試，透過拉桌布取得了放在桌布中央的玩具（見圖7-1）。下次看到在床單上的皮球、墊子上的娃娃，都會毫不猶豫地透過拉床單和墊子的動作去拿皮球和娃娃。也就是說，這種概括性的動作已成為兒童解決同類問題的手段，即直覺行動思維的手段。當兒童有了這種能力，我們就稱其有了直覺行動水平的思維。

圖7-1　直覺行動思維

直覺行動思維在 2～3 歲兒童身上表現得最為突出，並且可以一直延續到幼兒早期，在 3～4 歲兒童身上也常有表現。

2. 直覺行動思維的特點

所謂直覺行動思維，就是指兒童依靠對事物的感知，在動作中進行思維，也被稱為直觀行動思維。直覺行動思維是最低水平的思維。

直覺行動思維具有以下特點：

（1）直觀性和行動性

指兒童的思維與自己的感知和動作密不可分，因此有人也把直覺行動思維稱為「眼和手的思維」。這種思維只能反映自身動作所能觸及的具體事物，依靠動作思考，不能離開動作，即不能在動作之外進行思考。也就是說，兒童的思考和解決問題的行為還沒有區分開來，思維只能在活動中進行，他們不是先想好了再行動，而是邊做邊想，所以這個階段的兒童不可能預見、計劃自己的行動。如：兩三歲的幼兒只有看見盆裡的水和船後才會想到玩划船的遊戲。一旦盆子、船在眼前消失，玩這個遊戲的意識和動作也就不復存在了。可見直覺行動思維的過程是依據當時具體的情景和動作展開的，因此，直覺行動思維從一開始就表現出它的範圍的狹隘性和內容的表面性。

（2）出現了初步的間接性和概括性

直覺行動思維的概括性是透過動作的概括和感知的概括表現出來的。具體表現為兒童常以事物的外部相似點為依據進行知覺判斷。

雖然直覺行動思維具有一定的概括性，可以在刺激物的複雜關係和反應動作之間形成聯繫，但由於缺乏詞語的中介，兒童對外部世界的反應只是簡單運動性和直覺性質的，而不是概念的。但是，這一階段的思維絕不是沒有價值的、可有可無的或是可笑的。相反，直覺行動思維一方面使兒童的動作得以協調，另一方面也把客體從時間和空間上組織起來。所以，皮亞傑認為，直覺行動思維直到學齡時期也仍然是「概念智力」（抽象思維）的一個基礎。

複習鞏固

1. 什麼是思維？它有何特點？
2. 什麼是直覺行動思維？

第二節 3～6歲兒童的思維

一、以具體形象思維為主，抽象邏輯思維開始萌芽

（一）具體形象思維

具體形象思維是指依靠事物的具體形象和表象來進行的思維。如「2+3=5」的計算，幼兒雖然可以進行，但實際上他們在計算的時候並非對抽象數字進行分析綜合，而是依靠頭腦中再現的事物表象，如2個蘋果加上3個蘋果，或者2根手指加上3根手指，才算出結果的。具體形象思維是幼兒期典型的思維方式。

具體形象思維是介於直覺行動思維和抽象邏輯思維之間的一種過渡性的思維方式。幼兒期活動範圍的擴大、感性經驗的增加和語言的進一步豐富為具體形象思維的發生發展創造了有利條件。

1. 具體形象思維的產生

具體形象思維是在直覺行動思維之中孕育出來並逐漸分化的。隨著幼兒經驗的增加和動作的更加熟練，一些試誤性的無效動作逐漸被壓縮和省略，轉而由經驗來代替，於是在解決問題的過程中，頭腦中的表象就可以代替一些實際動作，幼兒在遇到問題時就可以不再試誤，而是先在頭腦中搜索表象，以便採取相應的有效動作。可見，具體形象正是直覺行動在思維中重複、濃縮而成的表象。隨著年齡增長，幼兒的表象也日益發展和豐富，表像在思維中所占的成分越來越大，於是具體形象思維產生，幼兒不再依靠動作而是依靠表象來進行思維，思考和解決問題的動作開始分離，其內部表像已經可以支配外部行動，最終成為幼兒期的主要思維方式。

從某種意義上講，具體形象思維標誌著真正的思維的產生，此時思維才真正由「手的思維」轉為「腦的思維」。

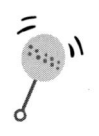

2. 具體形象思維的特點

（1）動作的內隱性

在直覺行動思維中，解決問題多採用「嘗試錯誤法」。當用這種思維方式解決問題的經驗積累多了以後，幼兒便不再依靠一次又一次的外顯動作的實際嘗試，而開始依靠關於行動條件以及行動方式的表像在頭腦中進行思維操作。思維的過程從「外顯」轉變為「內隱」。

（2）具體形象性

具體形象性的表現在於幼兒的思維內容是具體的。幼兒的頭腦中充滿著顏色、形狀、聲音等生動的形象，他們需要依靠事物在頭腦中的形象來進行思維，所以，一般來說幼兒容易掌握代表實際東西的概念，比如「桌子」「椅子」「汽車」「飛機」等，不易掌握抽象概念，如「家具」「交通工具」等。相比較而言，他們更容易掌握那些代表事物形象的詞。

幼兒思維的具體形象性還有一系列派生的特點：

1. 表面性

幼兒會把皮球和蘋果放在一起，理由是它們都是圓的；他們也常常會把葡萄和茄子放在一起，理由是它們顏色一樣。他們的思維只是根據具體接觸到的事物的表面現象來進行的，往往只是反映事物的表面聯繫，而不能反映事物的本質聯繫。

2. 絕對性

由於具體形象思維的具體性和直觀性，使得思維所能把握的往往是事物的靜態，而很難把握那種稍縱即逝的動態和中間狀態，因此幼兒認識和理解事物都是持「非好即壞」「非黑即白」的絕對化的認識，往往缺乏相對的觀點。

3. 自我中心性

所謂的自我中心性，是指幼兒在認識事物時往往是從自己的身體、動作或觀念出發，以自我為認識的起點或原因的傾向，而不太能從客觀事物本身的內在規律以及他人的角度認識事物。曾有一項研究（趙淑文等，1982），

考察兒童對各種自然現象（如晝夜、四季等）成因的理解。對「為什麼會有春夏秋冬」這一問題，6～8歲兒童的回答是：「這是為了讓咱們換個天氣，因為太冷了，就把人凍死了；太熱了，就把農村的地乾死了。」對「為什麼會有白天和黑夜」這一問題，他們的回答是「因為白天得起來上學、上班，晚上得睡覺」；「因為只有一個太陽，一個月亮，它不能光照一個地方，還得去照別的地方」；等等。以上次答表明，在兒童的意識中，彷彿自然現像是為了迎合人類的目的和需要而存在的，太陽、月亮如同人類一樣是有意識地、很公平地為了人的需要而貢獻它們的光和熱。

皮亞傑設計的「三座山試驗」是自我中心思維的一個最典型例證：實驗者先請幼兒圍繞三座山的模型散步，讓他從不同的角度觀看模型，然後請他坐在模型的一邊，從許多三座山的照片（拍攝角度各不相同）中選出和自己以及坐在 B、C、D 位置的娃娃所看到的模型相一致的照片。結果發現，相當一部分幼兒挑出的往往是與從自己的角度所見完全相同的照片（見圖 7-2）。

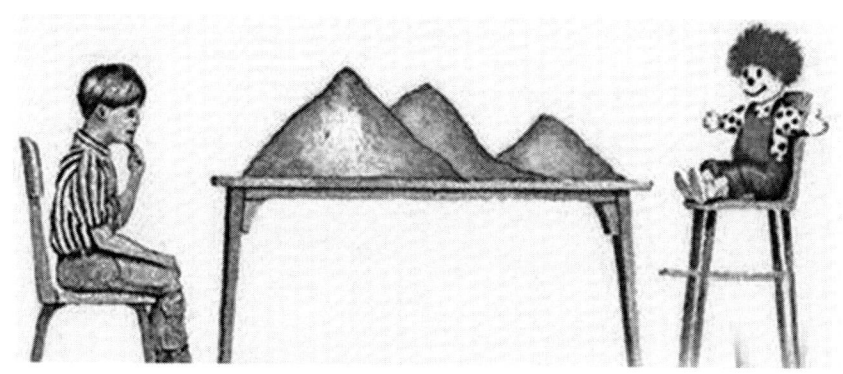

圖7-2　皮亞傑的「三座山試驗」

自我中心的特點還伴隨著不可逆性、擬人性（泛靈論）、經驗性。

（二）抽象邏輯思維

抽象邏輯思維是人類特有的思維方式。整個幼兒期都還沒有這種思維方式，只有到入學前，才有這種方式的萌芽。

抽象邏輯思維是指用抽象的概念（詞），根據事物本身的邏輯關係來進行的思維。由具體形象思維發展到抽象邏輯思維是思維發展過程中的質變，這種質變是一個較長的演變過程。到了幼兒晚期，抽象邏輯思維開始萌芽。如一個大班幼兒透過媽媽與遠在外地的外婆之間的通信往來情況，做出了外婆不識字的判斷推理。理由是：「外婆有眼睛，但是每次我們的去信她都要請人家唸；外婆也是有手的，但是每次她都要請人幫她回信。所以我想外婆肯定不識字。」識字意味著應該能閱讀、能書寫，該幼兒緊緊抓住了這一點來進行思維，外婆在生理上具備了閱讀和書寫的條件，卻未能閱讀和書寫，所以結論只有一個，即外婆肯定不識字。

隨著抽象邏輯思維的萌芽，幼兒開始「去自我中心化」，自我中心的特點逐漸開始消除。所以，幼兒晚期的兒童開始逐步學會從他人以及不同的角度考慮問題，開始獲得「守恆」觀念，開始理解事物的相對性。

綜上所述，3～6歲兒童思維發展的總趨勢，是按直覺行動思維在先，具體形象思維隨後，抽象邏輯思維最後的順序發展起來的。就這個發展順序而言，是固定的、不可逆的。但這三種水平的思維並不是相互排斥、絕對孤立的，事實上，它們在一定條件下往往相互聯繫，相互配合，相互補充。在幼兒的思維結構中，特別明顯地具有三種思維方式同時並存的現象。

有研究者進行了一項實驗，以研究幼兒期三種思維方式的關係和發展過程。實驗要求幼兒想辦法利用槓桿，以便取得用手拿不到的糖果。實驗設置了三種條件：第一種，實驗室桌子上放有實物槓桿，使幼兒能以直覺行動思維方式解決問題；第二種，提供有關物體形象的圖畫，使幼兒沒有利用實際行動解決問題的可能，但可以依靠具體形象進行思考；第三種，既無實物，也無圖形，只用口頭言語佈置任務，要求幼兒在言語的抽象水平上思考。結果見表7-1。說明，在3～6歲兒童思維結構中占優勢地位的是具體形象思維。但當遇到簡單而熟悉的問題時，能夠運用抽像水平的邏輯思維。而當遇到的問題比較複雜、困難程度較高時，又不得不求助於直覺行動思維。

表7-1 不同年齡幼兒用三種思維方式完成任務情況的比較

	A(動作)	B(表象)	C(語言)
3~4	55	17.5	0
4~5	85	53.8	0
5~6	87	56.4	15
6~7	96.3	72	22

二、3～6歲兒童掌握概念的特點

人類在認識世界、改造世界的過程中，把認識到的事物的共同特徵抽取出來加以概括，並用詞標示出來，就成為概念。

概念的掌握是針對個體而言的。幼兒知識經驗水平的豐富與否、詞的水平的高低，制約著其概括水平的高低，而概括水平的高低又制約著幼兒概念的掌握。所以，雖然概念總是以一定的詞來標誌的，但是，幼兒對概念的掌握並不是簡單地、原封不動地接受，而是要把成人傳授的現成概念納入自己的經驗系統中，按照自己的方式加以改造。每個幼兒所掌握的同一概念的廣度和深度是不同的，而且同一個幼兒在其不同發展時期對同一概念掌握的廣度和深度也是不同的，所以幼兒掌握的概念與社會形成的概念之間往往有一定的差距。例如，兩三歲兒童掌握的「貓」，只代表自己家裡的小花貓或少數他所看到過的貓，「樹」只代表自己家門前的樹或少數他所看到過的樹。到了幼兒晚期，隨著經驗的豐富和理解的加深，概念之間的差距逐漸縮小。

（一）掌握概念的方式

幼兒掌握概念的方式大致有以下兩種類型。

1. 透過實例獲得概念

幼兒在日常生活中經常接觸各種事物，其中有些就被成人作為概念的實例（變式）而特別加以介紹，同時用詞來稱呼它。例如，帶幼兒到花園散步時，

教其認「樹」「花」等；教給幼兒概念時，也往往會透過列舉實例的方式進行，如指著圖片上的物品告訴幼兒「這是牛，這是馬」等。幼兒就是這樣透過詞（概念的名稱）和各種實例（概念的外延）的結合，逐漸理解和掌握概念的。以這種方式獲得的概念大部分為日常概念，或稱「前科學概念」。

2. 透過語言理解獲得概念

在較正規的學習中，成人也常用給概念下定義，即講解的方式幫助兒童掌握概念。在這種講解中，把某概念歸屬到更高一級的類或種屬概念中，並突出它的本質特徵是十分關鍵的，只有真正理解了定義（解釋）的含義才能掌握概念。以這種方式獲得的概念一般為科學概念。但由於幼兒晚期抽象邏輯思維才開始萌芽，因此幼兒很難用這種方式獲得概念。

（二）幼兒掌握概念的特點

概括水平的高低制約著幼兒概念掌握的程度。一般認為，幼兒概括能力的發展可以分為三種水平：動作水平概括、形像水平概括和本質抽像水平的概括，分別與三種思維方式相對應。幼兒的概括能力主要屬於形象概括水平，後期開始向本質抽像水平發展，這就決定了他們掌握概念的三個基本特點。

1. 以掌握具體實物概念為主，向掌握抽象概念發展

幼兒所掌握的概念以實物概念為主。在實物概念中，基本上掌握的是日常生活中具體物體的名稱。如：樹、桌子、花、椅子、床等。

根據抽像水平的高低，一般將幼兒獲得的概念分為上級概念、基本概念、下級概念三個層次。有研究者研究了幼兒對不同等級概念的掌握情況，發現幼兒最先掌握的是基本概念，由此出發，上行或下行到掌握上、下級概念。比如，「花」是基本概念，「植物」是上級概念，「桃花」「迎春花」是下級概念。幼兒先掌握的是「花」，然後才是更抽象或更具體的上、下級概念。

以具體形象思維為基本特點的幼兒較難掌握抽像水平更高些的上級概念，這容易理解。但為什麼幼兒不先掌握最具體、最形象的下級概念，卻從基本概念掌握起呢？主要原因可能來自以下兩個方面。

（1）幼兒主要是透過實例獲得概念的。即主要是透過接觸、認識概念的各種變式（即不同的實例），同時學習標示它的詞來逐漸獲得該概念的。幼兒接觸的變式越多，越容易掌握概念，而幼兒能接觸到的基本概念的變式遠遠多於下級概念的變式。

（2）雖然下級概念所包含的訊息很具體、形象，幼兒可以透過直接感知獲得大量與概念有關的訊息，但訊息量大卻會加重認知的負擔，使儲存變得困難。對事物的概括作用可以相對減輕認知的負擔，但概括程度越高也就越抽象，越可能丟失那些可以作為幼兒理解概念的支柱的形象性訊息。對於幼兒掌握概念來說，需要在訊息的數量和抽象概括水平之間找到一個均衡點，這就是基本的、適當的概括。而基本概念的概括性質和程度是比較適當的：既保留著一定的形象訊息（樹有高高的樹幹、綠色的樹冠等），又保持著適當的訊息量，不至於使認知負擔過重，故而幼兒優先掌握的是基本概念。

幼兒晚期，開始能夠掌握一些生活中常見的抽象概念，但幼兒對這類概念的掌握也離不開事物的形象和具體活動的支持。例如，幼兒對「勇敢」的理解是「打針不哭」「摔跤不哭」；對「節約」的理解就是「不撒米飯」；對團結的理解是「不吵架、不打架」；等等。

2. 掌握概念的名稱容易，掌握真正的概念困難

幼兒掌握概念的名稱容易，而掌握真正的概念就比較困難，通常表現為掌握概念的內涵不精確，外延不恰當。日常生活中，幼兒往往會說很多的詞，但不代表他們能真正理解這些詞所代表的概念的含義。在幼兒經常接觸的各種事物中，對於那些常見的，對某一概念具有代表意義的典型實例往往就會被成人作為概念的實例而特別加以介紹，同時用詞來稱呼它。如認識兔子時，成人往往就選擇白兔為代表加以介紹，這樣做固然符合幼兒認識事物的特點，有利於他們較快地獲得概念，但同時也容易使幼兒獲得概念的範疇侷限於典型實例，讓幼兒自然而然地誤認為所有兔子都是白色的，造成內涵和外延的不準確。很多時候幼兒掌握的日常概念的內涵中甚至遺漏了事物的本質特徵，而包括了非本質特徵，這就導致幼兒在把握概念時常常帶有片面性，甚至有錯誤和歪曲的現象。如教師帶幼兒去動物園，一邊看猴子、老虎、大象等，

一邊告訴他們這些都是動物。回到幼稚園後，當老師問幼兒什麼是動物時，很多幼兒都回答「動物是動物園裡的，讓小朋友看的」，「動物是獅子、老虎、大象……」當老師告訴幼兒「蝴蝶、螞蟻也是動物」時，很多幼兒覺得奇怪；當老師又告訴他們「人也是動物」時，幼兒就更難理解，甚至有的幼兒爭辯說：「人是到動物園看動物的，人怎麼是動物呢，哪有把人關在籠子裡讓人看的！」

為提高幼兒掌握概念的水平，比較可行的辦法是多為幼兒提供具有不同典型性的實例，同時注意引導他們關注和概括其中的共同特徵。

3. 幼兒數概念的發展

數概念是反映事物數量和事物間序列的概念。數概念的掌握是以事物的數量關係能從各種對象中抽出，並和相應的數字建立聯繫為標誌的。幼兒掌握數概念也是一個從具體到抽象的發展過程。幼兒數概念的發展大約經歷三個階段。

第一階段（2～3歲）：對數量的感知運動階段

特點：

（1）對大小、多少的籠統感知。

此階段兒童能區分明顯的大小、多少的差別，對不明顯的差別只能籠統地說「這個大，這個也大」，「兩個都差不多，要合起來才多」。

（2）會唱數、但一般不超過5。

（3）逐步學會口手協調的小範圍（不超過5）的點數（數實物），但點數後說不出物體的總數，個別兒童能做到伸出同樣多的手指來比畫。

第二階段（3～5歲）：建立數詞和物體數量間聯繫的階段

特點：

（1）點數後能說出物體的總數，即有了最初的數群（集）概念，末期開始出現數字的守恆現象。

（2）這個階段的前期一般能分辨大小、多少、一樣多。中期認識第幾、前後順序。

（3）能按數取物。

（4）逐步認識數與數之間的關係。如有了數序的概念，能比較數目的大小，能應用實物進行數的組成和分解。

（5）開始做簡單的實物運算。

第三階段（5～7歲）：數的運算初期階段

特點：

（1）對10以內的數大多數能保持守恆。

（2）計數能力發展很快，大多數幼兒從逐個計數向按群計數過渡，由表象運算向抽象數字運算過渡。

（3）序數概念、基數概念、運算能力的各個方面都有不同程度的擴展和加深。透過教學，到幼兒晚期一般可以學會計數到100或者100以上，並學會20以內的加減運算，個別的幼兒可以做100以內的加減運算。

總的來說，幼兒數概念的發展遵循以下順序：最初憑藉對實物的感知來認識數，之後憑藉實物的表象來認識數，最後在抽象概念的水平上真正掌握數概念。

拓展閱讀

瞭解幼兒概念掌握水平的常用方法

1. 分類法

所謂分類法，就是在幼兒面前隨機擺好若干張畫有他們熟悉的物品的圖片（內含幾個種類），讓他們把自己認為有共同之處的那幾張放在一起，並說明理由。可根據幼兒圖片分類的情況和說出的理由，瞭解其掌握概念的水平。

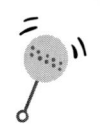

2. 排除法

排除法實際是分類法的一種特殊形式。即在幼兒面前放若干組圖片，每組4～5張，其中有一張與其他幾張不屬於同一類，要求幼兒將這一張找出來，並說明理由。

3. 解釋法（定義法）

即說出一個幼兒熟悉的詞（概念），請他加以解釋。如：請幼兒說說「動物」這個詞是什麼意思，根據其解釋的程度確定對該概念的掌握情況。

4. 守恆法

這是由瑞士心理學家皮亞傑的守恆實驗演繹過來的一種方法，目的在於瞭解幼兒是否已獲得某些數學概念，或者所獲得的概念是否具有穩定性。

幾種典型的守恆實驗主要有數量守恆實驗、長度守恆實驗、液體質量守恆實驗、面積守恆實驗、體積守恆實驗、重量守恆實驗等。

三、3～6歲兒童判斷能力的發展

幼兒的判斷能力已經開始初步發展起來，具體表現在以下幾方面。

（一）以直接判斷為主

判斷可以分為兩大類：直接判斷和間接判斷。一般認為直接判斷是一種感知水平的判斷，不需要複雜的思維活動參加；間接判斷則需要一定的推理，因為它反映的是事物之間的因果、時空、條件等聯繫。

幼兒的判斷以直接判斷為主。他們進行判斷時，容易受知覺線索的左右，把直接觀察到的事物的表面現象或事物間偶然的外部聯繫當作事物的本質特徵或規律性聯繫。李文馥等在研究幼兒對面積的判斷時發現（1982，1983，見表7-2），五六歲的幼兒在判斷兩塊相等的面積時，大部分依靠直覺判斷。他們傾向於認為一塊完整的面積比被分割開的同樣面積大，或者相反。他們會說「一整塊大，許多小塊小」或「分成兩塊的就小，一大塊的就大」或說「四周有空大，一塊地方小」等。再如，有幼兒認為「汽車比飛機跑得快」，

理由是「我坐在汽車裡,看到天上的飛機飛得很慢。」這個幼兒的堅持就來自直接判斷。

表7-2 兒童直接判斷與間接判斷的發展(%)

	年齡					
	5	6	7	8	9	10
直接判斷	74	63	27	28	23.1	4.2
間接判斷	11.2	22.8	71	70	76.2	95
其他判斷	14.7	14.2	2	2	0.7	0.8

從表7-2可以看出:7歲前的兒童大部分進行的是直接判斷,7歲之後兒童大部分是進行間接判斷,6～7歲判斷能力發展顯著,是兩種判斷變化的轉折點。

(二)判斷內容的深入化

只有揭示事物的本質和規律性聯繫的判斷才是正確的。幼兒判斷的深入化表現為判斷逐漸分化和準確化。由於受具體形象思維的影響,幼兒的判斷往往只反映事物的表面聯繫,尤其是幼兒初期,他們往往把直接觀察到的事物的表面現象作為因果關係來認識。例如,對木板浮在水面上的原因,3～4歲的幼兒認為是「因為木板大」。隨著年齡的增長和經驗的豐富,幼兒開始逐漸找出比較準確而有意義的原因,開始能夠按事物隱蔽的、比較本質的聯繫做出判斷和推理,開始逐漸反映事物的內在、本質聯繫。如,對木板浮在水面上的原因,一些5～6歲的幼兒會認為是「因為木板輕」。再如,當問到斜坡上皮球滾落的原因時,5～6歲幼兒會說:「球從斜面上滾下來,因為這兒有小山,球是圓的,它就滾了。如果不是圓的,就不會滾動了。」

幼兒對事物的因果判斷的深入化不僅反映在自然現象上,也反映在社會生活中。如在進行道德判斷時,年幼的孩子根據後果進行判斷,年長的孩子開始學會根據主觀動機進行判斷。

在這個過程中,幼兒的判斷也從反映事物的個別聯繫逐漸向反映事物多方面的特徵發展。例如,較小的幼兒會說:「火柴浮起來,是因為它小」,

較大的幼兒則會說：「鑰匙沉下去，是因為它小而且重。」由此可見，較大的幼兒能夠把事物及特性之間的聯繫和關係分解並且概括起來，開始反映概括了的一般普遍規律，判斷的深度和概括性在逐漸提高。

（三）判斷依據客觀化

從判斷的依據看，幼兒是從以自己對待生活的態度為依據，開始向以客觀邏輯為依據發展。幼兒初期常常不能按事物的客觀邏輯進行判斷，而是按照「遊戲的邏輯」或「生活的邏輯」來進行。這種判斷沒有一般性原則，不符合客觀規律，而是從自己對生活的態度出發，屬於「前邏輯思維」。例如，3～4歲的幼兒認為，球會滾下去，是因為「它不願意待在椅子上」，或者是因為「它怕被狗吃掉」；給書包上殼是「因為怕書冷」；木板會在水裡浮起來是「想洗澡了」；秤桿之所以一頭翹起，是因為「它不乖，不聽話」；等等。在前述李之馥等人的研究（1982，1983）中，5～6歲幼兒在判斷面積時，也常常以生活邏輯作為判斷的依據，如：「一大塊地能讓很多小朋友玩，幾個小塊地只能玩很少的小朋友」；「四周都空，地方多大呀！哪兒都能跑著玩。那邊那塊地太小了，跑不了，一跑，再一跑，就不行了」。

隨著年齡的增長，幼兒逐漸向以客觀邏輯為依據的判斷發展。在這個過程中，還要經過以事物的偶然性特徵（顏色、形狀等）為依據，過渡到以孤立的、片面的、不確切的原則為依據（「重的沉，輕的浮」），然後，才開始出現一些正確的或接近正確的客觀邏輯的判斷（「木頭輕，木塊做的東西在水裡能浮在上面」）。

（四）判斷論據明確化

從判斷論據看，幼兒從最初沒有意識到判斷的依據，發展到以後逐漸開始明確意識到自己的判斷依據。幼兒初期兒童雖然能夠做出判斷，但是，他們沒有或不能說出判斷的依據，或者總是以他人的判斷為依據。如：問3～4歲幼兒「你知道為什麼要刷牙嗎？」他們往往回答：「因為是媽媽說的。」或者說「因為是老師說的。」有時候，他們甚至於並未意識到判斷的論點應該有論據。

隨著年齡的發展，在進行判斷時幼兒逐漸意識到需要論據的支撐，於是開始設法尋找論據，但最初的論據往往是遊戲性的或猜測性的。例如，幼兒認為「又小又輕的東西會浮在水面上」，所以判斷：「別針會浮在水面上」。看到別針在水裡下沉了，幼兒說：「別針變大了。」幼兒晚期，兒童不斷修改自己的論據，努力使自己的判斷有合理的根據，對判斷的論據日益明確，說明思維的自覺性、意識性和邏輯性開始發展。

四、3～6歲兒童推理能力的發展

（一）幼兒推理能力發展的一般趨勢

相玉英（1983）用玩具得獎遊戲的方法，要求兒童進行四步實驗：第一步，歸納遊戲的規則；第二步，分析形成規則的機制；第三步，運用規則認識具體的事物和現象；第四步，運用規則解決實際問題。前兩步主要運用歸納推理，後兩步主要運用演繹推理。

實驗結果表明，雖然在四步實驗中兒童進行的推理活動內容和形式不同，卻表現出共同的發展趨勢：

1. 推理能力隨年齡的增長而發展

3歲組基本上不能進行推理活動；4歲組的推理能力開始發展；6歲組兒童中大部分（62%以上，平均為75%）可以進行推理活動；6歲到7歲兒童全部可以進行推理活動。

2. 各步實驗中的推理過程都可以劃分為四級水平

0級水平。不能進行推理活動。

1級水平。只能根據較熟悉的非本質特徵進行較簡單的推理活動。

2級水平。可以在有提示的條件下，運用展開的方式逐步發現事物的本質聯繫，最後得出正確的結論。

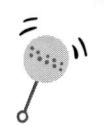

3級水平。可以獨立而較迅速地運用簡約的方式進行正確的推理活動。推理水平的提高表現在推理內容的正確性、推理的獨立性、推理過程的概括性及其方式的簡約性等方面。

3. 推理方式的發展是由展開式向簡約式轉化

所謂「展開式」，是說兒童的推理是一步一步進行的，比如，透過對三套玩具進行分析、比較，逐步排除非本質特徵的干擾，推理過程進行緩慢，主要透過外部（如語言和動作）表現出來。所謂「簡約式」，是說兒童的推理活動是獨立而迅速地在頭腦中進行的。

展開式的推理過程在五歲以前迅速發展，其人數百分比隨年齡增長而迅速增加，5歲以後，曲線開始迅速下降。簡約式推理則從4或5歲開始發展，百分比隨年齡增長而逐步增加。5～6歲是兩種推理過程迅速轉化的時期，5歲以前兒童的推理以展開式為主，6歲開始，簡約式推理占優勢。

（二）幼兒推理能力發展的特點

1. 抽象概括性差

幼兒期（尤其是幼兒初期）的兒童，對事物的抽象概括往往只是對其某一屬性或某些屬性的概括；或只顧把相同屬性抽出而不顧及不同屬性的剔除。他們只能反映事物的直觀特點，即在感知水平上進行抽象概括。因此，幼兒往往只能對事物的外部的非本質的特徵進行歸納，很難抓住事物間的本質聯繫進行推理，以至於出現從一些特殊事例到另一個特殊事例的推理，即從個別到個別的推理，稱為「轉導推理」。「轉導推理」在3～4歲幼兒身上是常見的。例如，幼兒看到大人種豆，知道了「種豆得豆，種瓜得瓜」的道理，於是會種自己最愛吃的糖或者最喜歡的玩具，希望它們發芽、長大、開花，結出許多許多的糖和玩具來。可見，「轉導推理」不是邏輯推理，而是前概念的推理，是幼兒還沒有形成「類概念」，即不能把同類與非同類事物相區別的結果。

2. 邏輯性差

年齡較小的幼兒，推理的邏輯性較差。如對幼兒說：「別哭了，再哭就不帶你找媽媽了！」幼兒通常會哭得更厲害，因為他不會推出「不哭就帶你去找媽媽」的結論。大一些的幼兒似乎有了一點推理能力，但是其思維方式與事物本身的客觀規律之間的一致性程度較低，他們常常不會按照事物本身的客觀邏輯去進行思考，不會根據給定的邏輯前提去推理判斷，往往是按照自己的邏輯去思考，如：3～4歲的幼兒認為在斜坡上的球之所以會滾落是因為「球站不穩，沒有腳」。

3. 自覺性差

幼兒的推理往往不能服從一定的目的與任務，在推理時思維過程常常離開推理的前提和內容。如問幼兒：「一切木頭制的東西在水中都會浮起來，這個東西在水中不會浮，所以它怎麼樣？」有幼兒回答「我的槍是木頭做的」「木頭是圓的」等等，答案完全偏離預想，不受前提之間和前提本身的內在聯繫所制約。

五、3～6歲兒童理解能力的發展

理解是個體運用已有的知識經驗去認識事物的聯繫、關係乃至其本質和規律的思維活動。理解普遍存在於人的認識過程中，無論是對事物的感知還是對事物內在實質的把握，都離不開理解的參與。幼兒對事物的理解有以下發展趨勢。

（一）從對個別事物的理解發展到理解事物間的關係

這是從理解的內容上來談的。從幼兒對圖畫和對故事的理解中，我們都可以看到這種發展趨勢。如對圖畫的理解，最初只是理解圖畫中最突出的個別人物或事物，然後理解人物形象的姿勢和位置，再然後理解主要人物或物體之間的關係。

幼兒理解成人講述的故事也是如此，常常是先理解其中的個別字句、個別情節或者個別行為，以後才理解具體行為產生的原因及後果，最後才能理解整個故事的思想內容。

（二）從主要依靠具體形象來理解事物發展到依靠語言說明來理解事物

這是從理解的依據上來談的。由於言語發展水平的限制以及思維的特點，幼兒常常依靠行動和形象來理解事物。如小班幼兒在聽故事或者欣賞文藝作品時，常常要靠形象化的語言和圖片等輔助才能理解。隨著年齡的增長，大一些的幼兒逐漸能夠擺脫對直觀形象的依賴，而只靠言語描述來理解。但仍然是在有直觀形象的條件下理解的效果更好。例如，一項研究指出：在教幼兒學習文學作品時，有無插圖的效果很不一樣。假定沒有插圖時幼兒的理解水平為1，有插圖後，3歲到4歲半幼兒的理解水平為2.12；4歲半到9歲半兒童的理解水平為1.23。可見，幼兒的年齡越小，對直觀形象的依賴性越大。

（三）從對事物簡單、表面的理解發展到理解事物較複雜、較深刻的含義

這是從理解的程度上來談的。幼兒的理解往往很直接、很膚淺，年齡越小越是如此。例如，在給小班幼兒講完《孔融讓梨》的故事後，問幼兒：「孔融為什麼讓梨？」不少幼兒回答：「因為他小，吃不完大的。」可見他們還沒有真正理解讓梨這一行為背後的含義。又如，一個幼兒說：「紅紅是好孩子！」當被問到什麼是「好孩子」時，他回答說：「上課坐得好，手不亂動，眼睛看老師，不打架，不擠人就是好孩子。」可見該幼兒對好孩子這個概念的認識和理解全部來源於具體可見的表現和行為，不能夠達到更深刻的對守紀律、愛學習、友愛謙讓等抽象品質的認識和理解。同樣地，幼兒對語言中的轉義、喻義和反義現象也比較難理解。例如，上課時有一個小朋友歪歪斜斜地坐著，如果老師批評說：「××坐的姿勢多好！」小班幼兒可能都學著他的樣子坐起來。他們以為老師真認為那樣坐很好，真的是在表揚那位小朋友。所以對幼兒，尤其是小班幼兒一定要堅持正面教育，千萬不要說反話。

（四）從與情感密切聯繫的理解發展到比較客觀的理解

這是從理解的客觀性上來談的。幼兒年齡越小，情緒情感對其心理活動的影響就越大，所以情感態度常常影響幼兒對事物的理解，尤其在4歲前幼兒身上表現得最為突出。這就導致了幼兒對事物的理解常常是情緒化的、不客觀的。如有位媽媽給4歲的兒子出了道加法題：「哥哥有4塊糖，弟弟有2塊糖，他們一共有幾塊糖？」孩子不去考慮答案，而是糾結於「憑什麼哥哥的糖比弟弟的糖多」的問題，表現出對事物理解的強烈的情緒性。而更大的幼兒則開始能夠根據事物的客觀邏輯來理解。

（五）從不理解事物的相對關係發展到逐漸能理解事物的相對關係

幼兒對事物的理解常常是固定的或極端的，不能理解事物的中間狀態或相對關係。看電視時，幼兒常常會問這是好人還是壞人？如果成人說既有好的一面，也有壞的一面，幼兒會感到難以理解。因為對幼兒來說，不是好人，就一定是壞蛋；東西不好吃，就一定難以下嚥。學會了「3+2=5」後，不經過進一步學習，不知道「2+3=5」。隨著年齡的增長，幼兒逐漸能理解事物的相對關係。

綜上所述，3～6歲兒童思維的發展有其自身的客觀規律和特點，成人要用心瞭解和把握，把握他們思維的特點，注意在教育教學過程中不能把成人的思維方式強加給兒童。

複習鞏固

1. 什麼是具體形象思維？具體形象思維有哪些特點？
2. 3～6歲兒童理解能力的發展有哪些特點？

第三節 嬰幼兒思維能力的培養

思維是智力活動的核心，是在活動中發展起來的，嬰幼兒的思維更是如此。因此，我們要高度重視嬰幼兒的活動，一方面，要針對嬰幼兒的思維特點組織活動；另一方面，要有意識地在活動中發展嬰幼兒的思維。

一、嬰幼兒思維培養的原則

（一）互動性原則

嬰幼兒是在自身與環境中的人、事、物相互作用的活動過程中得到發展的。現代幼兒教育中一個非常重要的觀念就是：兒童是具有自覺的主觀能動性和獨立人格的主體。互動性作為幼兒教育的基本表現形態，貫穿於嬰幼兒每一天的生活之中，因此，成人要善於營造積極、有效的師幼交流、生生互動、幼兒和情境互動的氛圍和條件；要積極利用和創設環境，為嬰幼兒提供多樣的能發現問題、分析問題以及解決問題的活動教具、學具、遊戲材料；要善於引導幼兒與成人、幼兒與幼兒之間的共同探索、發現和討論，充分進行雙向甚至多向互動，引導他們在交流過程中透過碰撞迸發出新的思維火花，萌生出更多的解決問題的新思路和新想法。

（二）啟發性原則

「一個壞的教師奉送真理，一個好的教師則教人發現真理。」所謂啟發性原則，就是要求成人遵循嬰幼兒的認知規律和心理發展水平，採取多種有效方法啟發誘導他們的學習主動性、自覺性和積極性，設計和組織能夠激發嬰幼兒積極思考、靈活動腦的活動，善於在活動中透過設置問題情景引導嬰幼兒透過積極探索、獨立思考，在解決問題的過程中生動活潑地學習和獲取知識，從中使他們初步掌握一定的方法，發展分析問題和解決問題的能力。

（三）創造性原則

創造是積極大膽的想像和獨立創新的過程，是積極開動腦筋，不斷調整解決問題的角度、策略和方法，追求更好、更快、更新的一種思維方式。創造離不開主動求異的智力活動。創造性不僅表現為知識經驗的改組和運用，而且還是一種力求創新的意識體現，是一種不斷發現的積極心向。所以，創造性不僅僅是一種智力特徵，更是一種人格特徵，一種積極進取的精神狀態，必須從小就培養。培養嬰幼兒的創造性思維便是要培養他們具備不斷創新的意識，形成一種不斷進取的精神狀態，同時引導他們掌握必要的探索策略和解決問題的方法，最後使其形成一種創造性的人格特徵。

二、嬰幼兒思維能力的培養

（一）創設問題情境，調動思維的積極性

思維總是從問題開始的。嬰幼兒天生好奇心強，常提出各種各樣的問題，比如：「魚兒在水中為什麼不閉眼睛？」「馬兒能站著睡覺嗎？」面對這些千奇百怪的問題，成人應熱情、耐心地解答，並及時給予鼓勵和讚揚。

嬰幼兒能否有動腦筋的積極性，能否對問題進行思考，依賴於一定的問題情境。只有在生活和活動中遇到了問題，感覺到好奇，或意識到必須想辦法解決問題時，才會引發積極的思維活動。好的問題情境既要為嬰幼兒的學習提供認知「停靠點」，又要激發他們動腦探索的積極心向。

為此，成人要在幼兒的生活和活動過程中，注意選擇那些源於他們的現實生活、有利於建構嬰幼兒知識結構和培養創新精神的、容易激發嬰幼兒探究和發現熱情的、符合他們心理特點和發展水平的、難度適中的、富有啟發性的問題情境，以此調動嬰幼兒思維的積極性，引起他們對問題的注意和思考，激發他們積極尋找問題的答案，達到培養思維能力的目的。

心理學研究認為「聽會忘記，看能記住，做才能更好地理解」。嬰幼兒的天性就是喜愛活動，且活動中蘊含了從觀察到思維、從認識到操作、從想像到創造等多種教育契機，所以成人要讓嬰幼兒在遊戲和各種活動中，透過拼拼擺擺、撕撕折折、塗塗畫畫、說說講講……把認識、情感、行為及各種能力整合起來，讓嬰幼兒在做做玩玩中快樂地認知、感受、思考，展開豐富的聯想，碰出創造的火花。成人應引導嬰幼兒大膽地想像和創造，鼓勵他們勇於實踐與創新，讓他們的創造意識和自信心在每一次活動的成功體驗中得到增強。

（二）提高語言水平，促進思維的發展

語言是思維的工具。嬰幼兒的思維一方面需要借助於具體形象事物的幫助，一方面需要借助於語言進行。語言不僅用於思維的過程，而且記錄思維的成果。嬰幼兒期是人的一生中掌握語言最迅速、最關鍵的時期，語言的發展直接影響和制約著思維的發展。要發展嬰幼兒的思維，尤其是抽象邏輯思

維，必須幫助他們掌握豐富的語詞。成人應透過各種活動幫助嬰幼兒正確認識事物、豐富詞彙，學會正確理解和使用各種概念，發展語言表達能力，只有這樣才能促使嬰幼兒的思維從具體的事物和情境中解放出來，從具體形象思維向抽象邏輯思維轉化。

（三）根據思維發展的特點有效開展活動

首先，應注重為嬰幼兒創設直接感知和動手操作的機會。3歲左右，兒童的思維在很大程度上帶有直覺行動的特點，因此，成人要有目的、有計劃、合理地向他們提供豐富多樣的、可以直接感知的活動材料和玩具，同時提供可感知觀察、可活動操作的條件和機會，允許他們邊活動邊思考。

其次，具體形象思維是嬰幼兒期最主要、最典型的思維方式。各種事物的形象和在頭腦中的表像是支撐嬰幼兒進行思維的基礎。為此，成人應擴大嬰幼兒的視野，提供大量生動具體的、活生生的感性材料，注重教學內容的具體形象性，方便他們透過自己的手、眼、耳、鼻等感覺器官去認識和辨別事物。對一些比較抽象的材料和概念，要避免空洞、抽象的講解，應根據嬰幼兒的理解水平，儘量化繁為簡、深入淺出，化抽象為直觀形象，為嬰幼兒的認識和思維發展提供支持和幫助。

五六歲後，伴隨著抽象邏輯思維的萌芽，成人也要注意在活動中引導他們運用概念、判斷和簡單推理，促進抽象思維能力。

（四）結合思維的過程，訓練發展思維

在活動中培養嬰幼兒的分析和綜合能力是發展思維的有效途徑。在不同的思維發展階段，嬰幼兒分析和綜合的水平也不相同，嬰幼兒的典型思維是具體形象思維，所以對事物的分析綜合離不開事物的具體形象和具體特點。為此，成人要透過引導嬰幼兒觀察具體事物，動用多種感官充分感知事物的每一個方面、每一個特點，學習對事物的具體特徵進行分析綜合。如：透過對蠟光紙、報紙、餐巾紙在水裡下沉速度的觀察，分析得出紙張的下沉速度與紙張吸水的速度和程度密切相關。吸水越快越多的紙張，下沉的速度就越快。

另外，幼兒初期還不善於對物體進行一一對應的比較，在具體操作中表現為還不善於找到物體之間的相應部分，所以，成人可帶領他們先學會找物體的不同處，再學會找物體的相同處，接著學會找物體的相似處，再然後透過對物體的相同之處進行概括和判斷，在此基礎上嘗試按照不同的標準對物體進行分類，促進抽象邏輯思維的發展。

（五）重視訓練創造性思維

創造性思維被譽為最高境界的思維方式。嬰幼兒好奇、好問，敢說、敢想、敢為，有一種「初生牛犢不怕虎」的精神，不拘泥於框框套套，不受縛於常規陋習，常常在生活和遊戲中表現出創造的火花。如在「玩沙」活動中，有些幼兒能創新出「抗洪大堤」「防洪壩」來保護家園；在「變廢為寶」活動中有的幼兒會拿幾個盒子做廢物箱，裝上開關，做成「自動清掃機」；在拼插活動中有的幼兒構想出列車上的「無煙車廂」；等等。這些創新設想，屬於嬰幼兒偶發的創新火花，如此種種，如果能得到成人的鼓勵、讚許、嘉獎和引導，就會激發嬰幼兒的靈感，繼續點燃他們思維中創新的火花。創造想像是創造思維的核心，成人還可透過專門培養創造想像來培養創造思維。

複習鞏固

1. 嬰幼兒思維培養應遵循的原則有哪些？
2. 如何培養和發展嬰幼兒的思維？

本章要點小結

思維是人腦對客觀事物間接的、概括的反映。思維是智力的核心，也是認識的高級階段。思維的基本特徵是間接性和概括性。

思維過程是人們運用概念、判斷、推理的形式對外界訊息不斷進行分析綜合、比較分類、抽象概括的過程。思維的形式包括概念、判斷和推理。

嬰幼兒思維發展的趨勢是由直覺行動思維發展到具體形象思維，最後發展到抽象邏輯思維。幼兒期典型的思維是具體形象思維。具體性和形象性是具體形象思維的兩個突出特點。

幼兒掌握的概念以具體的實物概念為主，一般是透過實例獲得概念。

幼兒的判斷往往以直接判斷為主，按照「遊戲的邏輯」或「生活的邏輯」進行，有時候缺乏依據。

幼兒推理的抽象概括性、邏輯性、自覺性發展都比較差。

幼兒對事物的理解也主要依靠具體形象，因而他們對事物的理解往往是個別孤立的、簡單表面的、與情感密切相連的，難以發現事物之間的內在聯繫和相對關係。隨著年齡的增長，幼兒的理解力逐漸提高。

幼兒的思維是在與周圍環境相互作用的活動中不斷發展起來的。成人要針對嬰幼兒的思維特點組織活動，積極創造條件為他們提供各種活動的機會，促進其思維水平，尤其是創造性思維水平的提高。

關鍵術語表

思維

直覺行動思維

具體形象思維

抽象邏輯思維

具體性

形象性

概念

判斷

選擇題

1. （　）是高級的認知活動，是智力的核心。

A. 思維

B. 注意

C. 記憶

D. 想像

2. 思維具有（ ）、概括性兩個基本特徵。

A. 直接性

B. 間接性

C. 再現性

D. 推測性

3. 在抽象思維中起特別重要作用的是（ ）。

A. 語言

B. 形象

C. 動作

D. 圖表

4. 在人腦中確定對象之間相同點和差異點的思維過程叫做（ ）。

A. 分析

B. 綜合

C. 比較

D. 抽象和概括

5. 嬰幼兒開始萌發抽象思維能力的時期是（ ）。

A. 0～1歲

B. 1～3歲

C. 3～4歲

D. 5～6歲

6. 3～6歲兒童大量使用的判斷是（ ）。

A. 直接判斷

B. 間接判斷

C. 形式判斷

D. 客觀判斷

7. 在嬰幼兒思維工具的變化中，語詞的作用（ ）。

A. 越來越小

B. 越來越大

C. 始終很大

D. 始終很小

8. 皮亞傑所說的守恆是指（　）。

A. 客體永久性

B. 不論事物的形態如何變化，其本質不變

C. 物質的總能量是不變的

D. 物質的形態不會改變

9. 讓幼兒看「人、車、馬、虎」四張圖，要求拿出一張與其他三張不同的圖片，幼兒拿出了「虎」。理由是因為老虎要吃人和馬，所以必須拿走。留下馬可以拉車，人可以駕車趕馬。這主要體現了幼兒的思維是依據事物的（　）進行的。

A. 本質特徵

B. 功用特徵

C. 規律聯繫

D. 概念

10. 在幼兒眼中，往往是「萬物有靈，萬物有情」，這反映出其形象思維具有（　）的特點。

A. 表面性

B. 象徵性

C. 擬人性

D. 經驗性

嬰幼兒心理學
第八章 嬰幼兒言語的發生發展

第八章 嬰幼兒言語的發生發展

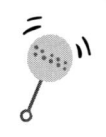

生活中經常聽到年輕的父母驕傲地告訴別人：我的小孩會叫爸爸媽媽了，會講話了……而一般情況下，人們也通常認為更早開口說話的孩子更聰明，這是為什麼呢？好奇的你是否想要知道，嬰幼兒從呱呱墜地到咿呀學語再到能流利表達，其言語發展的過程是怎樣的呢？本章將重點介紹嬰幼兒言語發展的特點和規律，包括語音、詞彙、語法結構、口語等，以及培養嬰幼兒言語能力的方法和策略。

第一節 0～3歲兒童的言語

一、語言和言語

（一）什麼是語言、言語

語言是交流和思維的工具，是人類區別於其他動物的重要標誌之一，是人們進行溝通交流的各種表達符號。從心理學上說，語言指的是以語音為載體、以詞為基本單位、以語法為構建規則的符號系統。人們借助語言保存和傳遞人類文明的成果，同時，語言也是各民族的重要特徵之一，每個民族都有自己的語言。因此，語言是一種社會現象，是一種特殊的社會規範。

言語指的是人們運用語言的過程，包括理解別人的語言和自己運用語言的過程。我們平常生活中的聽、說、讀、寫都屬於言語活動。

語言和言語是兩個不同的概念，但是二者又有著密切聯繫。一方面，語言是在人們的言語交流活動中形成和發展的。如果某種語言不再被人們的言語活動所使用，它就會消失在歷史的長河中。另一方面，言語活動必須借助於語言這個工具來進行。如果不掌握語言，我們就無法與其他人進行溝通交流。一個人掌握語言的水平，常常影響著他的言語交際水平。

（二）言語的分類

1. 外部言語

外部言語是指用來與別人進行交際的言語，可分為口頭言語和書面言語。

口頭言語可分為對話言語和獨白言語。對話言語是一種最基本的言語形式，指的是兩個或兩個以上的人直接進行交流時的言語活動，包括聊天、辯論等形式。獨白言語則指一個人獨自進行的、較長而連貫的言語，如演講、做報告等形式。

書面言語是指借助文字來表達思想和情感的言語，如小說、信件等。書面言語的出現比口頭言語晚，是在文字出現後才為人們所掌握和利用的。

2. 內部言語

內部言語是非交際性言語，是一種不出聲的、對自己講的言語，與抽象思維和有計劃的行為有密切聯繫。內部言語是在兒童的外部言語發展到一定階段的基礎上逐步產生的，是外部言語的內化。

二、0～1歲兒童言語的發展

0～1歲是兒童言語活動的開端，也是兒童言語發生的準備階段，被稱為「前言語時期」。在這個時期中，兒童雖然不會說話，但卻逐漸表現出了與語言相關的一系列活動：他們能覺察到周圍的人在說話；他們有時自己也嘰裡咕嚕地「說話」；他們有時似乎能聽懂某句話的意思。

（一）發音的準備

嬰兒發音的準備大致經歷以下三個階段。

1. 簡單發音階段（1～3個月）

哭是兒童最初的發音，嬰兒不同的狀態可以從哭聲中加以區分。因此，哭聲是嬰兒生理和心理狀態的有效通信信號。出生1個月左右嬰兒的哭叫聲開始分化，出現 uh、eh 等聲音，這些聲音既可以在哭時發出，也可以在不哭時發出。2個月以後，嬰兒在成人引逗之下發音現象更明顯，已經能夠發

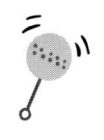

出 ai、a、e、ei、ou、nei、ai-i 等音。這些發音的共同點是不需較多的唇舌運動，只要一張口，氣流自口腔中衝出，音就發出來了。可以說，這個階段的發音出於一種本能行為，即使是天生聾啞的兒童也能發出這些聲音。

2. 連續音節階段（4～8個月）

這一階段，嬰兒對於發音有了更高的熱情。當他吃飽、睡足、感到舒適時，常常會自動發音。如果有成人的引逗，或是看到色彩鮮艷的東西感到高興時，發音會更頻繁。此時嬰兒發出的聲音中，不僅韻母增多、聲母開始出現，而且會連續重複同一音節，如 a-ba-ba-ba，da-da-da，ma-ma 等。父母聽到嬰兒這樣的發音會以為是孩子在呼喊他們，其實，這些音尚不具備符號意義。但如果成人能將這些音節與一些具體事物聯繫在一起，就可以讓嬰兒形成條件反射，也就讓音節有了意義。比如，每當嬰兒無意識地發出「ma-ma」這個音時，媽媽就面帶笑容地出現在他面前，愉快地做出回應，幾次下來，嬰兒就能學會把「ma-ma」這個音節當作對媽媽的稱呼。

3. 模仿發音階段（9～12個月）

此階段也是兒童學話的萌芽階段，這個階段中，兒童的發音呈現連續性和多樣化。他們增加了不同音節的連續發音，音調中的四聲全部出現，如ā-á-ǎ-à，聽起來很像是在說話。

同時，兒童開始模仿成人的語音，這標誌著兒童學話的萌芽。在成人的教育下，嬰兒漸漸能夠把一定的語音和某個具體事物聯繫起來，用一定的聲音表示一定的意思。雖然此時他們能夠發出的詞音只有很少幾個，但畢竟能開口「說話」了。

（二）語音理解的準備

1. 語音知覺能力的準備

嬰兒對言語刺激是非常敏感的，出生不到10天的兒童就能區分語音和其他聲音，並對語音表現出明顯的偏愛。研究表明，幾個月大的嬰兒還具有語音範疇知覺能力：能分辨兩個語音範疇之間的差別，如 b 和 p 的差別，而對於同一範疇內的變異則予以忽略。

2. 語詞理解的準備

嬰兒語音知覺的發展為語言理解提供了必要的前提。8～9個月大的嬰兒已經能夠「聽懂」成人的一些言語，表現為能對成人的言語做出相應的動作反應。但這時，兒童反應的主要對像是語調與說話時的整個情境，包括說話人的動作、表情等，而不是詞的意義。如果成人發同樣的詞音，但改變語調和言語情境，嬰兒就不再反應。相反，語調不變而改變詞彙，反應還可能發生。

一般到了11個月左右，兒童才能把詞語逐漸從複合情境中分離出來，真正作為獨立信號而引起相應反應，直到此時，兒童才算是真正理解了這個詞的意義。

（三）言語交際能力的準備

1. 產生交際傾向（0～4個月）

周兢（1994）對「漢語嬰兒」的研究認為，嬰兒在出生後不久就已經表現出一些言語交際行為。比如，1週至1個月期間的嬰兒，已經能用不同的哭聲表達他們的需要，吸引成人的注意。這個階段嬰兒的交際傾向主要產生於生理需求，大約2個月大的嬰兒會在自己的生理需要得到滿足後對成人的逗弄報以微笑，用喁喁作聲的發音來引起成人的注意，會用表情、動作和不同的聲音表達不同的傾向，表現出明顯的交際興趣和交際傾向。

2. 學習交際規則（4～10個月）

這個時期的嬰兒對成人的話語引逗會給予語音應答，還出現與成人輪流「說」的傾向，即成人說一句，嬰兒發幾個音，成人再說一句，嬰兒再發幾個音，這便是語言交往對話規則的雛形。4～10個月大的嬰兒逐漸學會使用不同的語調來表達自己的態度，並且這種表達常伴有動作和表情。比如，用尖叫或急促上揚的語調，伴以蹬腿、伸手的動作表示自己不願躺著等。

3. 擴展交際功能（10～18個月）

10個月之後，嬰兒的前言語交際已經具有了語言交際的主要功能。嬰兒能夠透過一定語音和動作表情的組合使語音產生具體的言語意義。此時的嬰兒有堅持表達個人意願的情況，開始創造相對固定的「交際信號」。不同的嬰兒會用各種經常重複的語音表達某種意思，比如，有的嬰兒用「yi-yi」的發音來表示自己發現好玩的東西，用「nen-nen」的發音來表示自己的不滿意。此階段的嬰兒能較好地理解言語的交際功能，能借助前言語發音和體態行為與人交往，發展起真正的言語交際能力。

生活中的心理學

「媽媽語」

「媽媽語」是心理學術語，用來描述媽媽與幼兒之間交談的語言，語速慢、聲調高、音調誇張的語言，被稱作媽媽語。當媽媽輕拍孩子並對他說話的時候，孩子就會隨著媽媽嗓音的節奏揮舞著手臂、踢動小腿。當媽媽朝著孩子發出各種聲音、對他說話時，他就會發出相似的聲音回應媽媽。

「媽媽語」往往和孩子最初的歌唱、說話很相似，我們稱作說唱。說唱和歌謠、歌曲一樣，也有節拍、重音和節奏，有聲調的輕重、快慢、高低的變化。如朗誦詩詞、哼唱童謠等。

有研究人員發現，4個月大的嬰兒能夠識別走調的音符以及旋律的變化，6個月左右的孩子就能跟唱一定音高的音符以及一些簡單的旋律，所有這些都是孩子接受語言啟蒙的一種自然的方式。

這些語言在父母和嬰兒之間高頻率地使用，節奏感很強，它不但能激發孩子的情感，而且有利於語言的啟蒙。

1歲左右的兒童已能模仿發音，並能聽懂成人簡單的言語，開始正式進入語言學習的階段。經過兩三年時間，3歲左右的兒童初步掌握了本民族的基本語言。所以，1～3歲是兒童言語真正形成的時期，也是兒童言語發展最迅速的時期。

三、1～3歲兒童言語的發展

（一）語音

研究發現，兒童各類語音發生發展的順序是由發音器官的生理成熟程度和發音的難度決定的。1歲前兒童語音的發展比較緩慢，1歲到1歲半時語音發展較快，1歲9個月的嬰兒語音發展基本成熟，但發音不流利，也不夠準確。2歲半到4歲是語音發展的飛躍期，4歲以後兒童發音的準確性有了顯著提高。

（二）詞彙

從兒童9～10個月說出第一個詞開始，在10～15個月期間，嬰兒以平均每月掌握1～3個新詞的速度發展。到15個月時，兒童一般能說出10個以上的詞語。隨後，兒童掌握新詞的速度加快，到19個月時已能說出約50個詞了。19個月後，兒童掌握新詞的速度再次加快，平均每個月能學會25個新詞，這種兒童的詞彙量迅速增加的現象，被稱為「詞語爆炸現象」。兒童在24個月大時已掌握了300多個詞。3歲時，兒童的詞彙量可達到1000個左右。

1～3歲兒童受到其認知水平的限制，只能理解詞的具體含義或個別含義，同時，詞義泛化、詞義窄化也是該時期兒童詞義理解中的常見現象。詞義泛化是指，兒童對詞義的理解是籠統的，其使用範圍超出了成人語言的範圍，常用一個詞代表多種事物，將詞的外延擴大化，比如，兒童口中的「貓」不僅表示貓，還指代牛、狗、羊等會行走的四條腿動物。詞義窄化是指，兒童對詞義的理解非常具體，具有專指性，必須與具體情境或具體事物聯繫起來，將詞的外延縮小，比如，兒童說到「狗狗」指的只是自己家裡的小白狗。

（三）句法

經歷了咿呀發聲和詞彙學習階段，兒童開始進入語言發展的一個關鍵階段——詞語組合。詞語組合意味著句法的開始，兒童句法的發展具有以下幾個特點。

1. 從不完整句到完整句

兒童最開始的句子結構是不完整的，會用一個詞或兩個詞表達一句話的意思。2歲起兒童能說出具有主謂結構或主謂賓結構的完整句。

2. 從簡單句到複合句

簡單句和複合句都是句法結構完整的句子，簡單句在複合句之前出現，在兒童口語中所占比例較大；複合句一般在2歲後開始出現，但所占比例不大，4～5歲時發展較快。

3. 從無修飾句到修飾句

兒童最初的句子（單詞句、雙詞句）是沒有修飾語的，2歲半的兒童開始出現有簡單修飾語的句子，如「小白兔」，但實際上是兒童把修飾語作為一個詞組來使用，即認為「小白兔」是「兔子」的意思。3歲以後兒童開始出現複雜修飾語，如名詞性結構的「的」字句，如「我玩的積木」；介詞結構的「把」字句，如「小朋友把帽子給媽媽」。

4. 從陳述句到非陳述句

兒童常用的句型有陳述句、疑問句、祈使句、感嘆句等。最先為兒童所掌握的句型是陳述句，然後在2歲左右疑問句開始出現，兒童會較多使用疑問句，如「這是什麼呀？」「那有什麼呢？」

（四）口語

兒童言語發展的基本規律是：先聽懂，後會說。這個階段的兒童言語理解能力發展迅速，並開始主動說出有一定意義的詞。兒童口頭語言的發展經歷了兩個階段。

1. 不完整句階段（1～2歲）

不完整句是指表面結構不完整，但能表示一個句子意思的語句，包括單詞句和雙詞句。

(1) 單詞句階段（1歲～1歲半）

單詞句是指兒童用一個詞表達一個句子的意思，單詞句具有以下特點：

①和動作密切關聯。當兒童用單詞句表達時通常伴隨著一定的動作和表情。如，嬰兒說「媽媽」，並向媽媽伸出雙手，身體前傾來表示要媽媽抱他。

②意義不明確。對兒童單詞句的理解通常需要成人與特定的情境相聯繫，根據非語言情境和語調的線索才能準確推斷出意思。如，兒童說「球球」時，可能表示「這是球球」「我要球球」或「球球掉了」等。

③詞性不確定。儘管兒童最先掌握的詞是名詞，但使用時不一定只當名詞用。如，「嘟嘟」在兒童的言語中既可以稱呼汽車，又可做動詞來表示開車。

④多用疊音詞。兒童較多使用一些疊音詞，如「媽媽」「抱抱」「水水」「餅餅」等。

(2) 雙詞句階段（1歲半～2歲）

雙詞句是由兩個單詞句組成的不完整句子，如「媽媽抱」「餅餅沒」等。雙詞句表達的意思比單詞句要明確些，已經具備句子的主要成分，開始有了主語、謂語或賓語，但其表現形式是斷續的、結構不完整的，因而又被稱為「電報句」。這時嬰兒主要使用名詞、動詞、形容詞等實詞，而具有語法功能的虛詞（如連詞、介詞等）很少使用。

2. 完整句階段（2歲以後）

完整句是指句法結構完整的句子，包括簡單句和複合句。2歲以後，兒童開始學習運用合乎語法規則的完整句更為準確地表達自己的想法和意願。許多研究表明，2～3歲是兒童口語發展的關鍵時期。如果成人能為兒童創造良好的言語環境，那麼這一時期將成為兒童口語發展最迅速的時期。

(1) 簡單句

簡單句是指句法結構完整的單句，包括主謂句、簡單賓謂句、簡單主謂賓句。1歲半至2歲期間，兒童在說出「電報句」的同時就能開始說出結構

完整的簡單句，如主謂句「妹妹睡覺覺了」，主謂賓句「寶寶吃糖」，主謂雙賓句「阿姨給妹妹餅餅」。

(2) 複合句階段

複合句是指由兩個或兩個以上意思關聯密切的單句組成的句子。複合句一般在 2 歲以後開始出現，但數量少，所占比例不大，4～5 歲時發展較快。兒童使用複合句的顯著特點是結構鬆散、缺乏連詞，多由幾個單句並列組成，如「阿姨不要唱歌，寶寶睡覺」。兒童掌握的複合句以聯合複句為主，尤其是並列複句較多，常用「還、也、又」等連詞。

複習鞏固

1. 言語的概念是什麼？言語有哪些分類？
2. 0～1 歲兒童語音的發展有哪幾個階段？
3. 什麼是單詞句和雙詞句？

第二節 3～6 歲兒童的言語

一、3～6 歲兒童言語的發展

(一) 語音

1. 逐漸掌握本民族語言的全部語音

隨著兒童年齡的增長，發音器官日趨成熟，大腦皮層對發音器官的調節機能也得到發展，因而兒童語音的準確性越來越高。3～4 歲是兒童語音發展的飛躍時期。在正確的教育下，4 歲兒童能基本掌握本民族語言的全部語音，並達到發音基本正確。

表8-1　3-6歲兒童語音的正確率(%)

年齡	聲母		韻母	
	城市兒童	鄉村兒童	城市兒童	鄉村兒童
3 歲	66	59	66	67
4 歲	97	74	100	85
5 歲	96	75	99	87
6 歲	97	74	97	95

在兒童的發音中，韻母發音的正確率較高，只有 o 和 e 容易混淆，原因是這兩個音的舌位變化基本相同，只是在口型上略有差別。兒童對聲母發音的正確率較低，主要是對一些發音方法還沒有掌握，不會運用發音器官的某些部位。兒童發音錯誤最多的是舌根音 g，舌尖音 n，翹舌音 zh、ch、sh、r 和齒音 z、c、s，如把「哥哥」說成「得得」，「老師」說成「老西」或「老基」，「獅子」說成「希子」。4 歲左右，是培養兒童正確發音的關鍵期，因此，必須注意這一時期兒童的正確發音，推廣普通話也應從小做起。

2. 開始形成語音意識

建立語音的自我調節機能是兒童學會正確發音的必備條件，一方面兒童要具有精確的語音辨別能力，另一方面要能控制和調節自身發音器官的活動。兒童開始能自覺地辨別發音是否正確，自覺地模仿正確的發音、糾正錯誤的發音，就說明對語音的意識開始形成了。

幼稚園中的兒童會指出或糾正，甚至笑話、故意模仿別人的錯誤發音，都是兒童語音意識發生發展的表現，這也使得學習語言的活動成為兒童自覺主動的活動。

（二）詞彙

詞是言語構成的基本單位，詞彙的發展可以作為言語發展的重要指標之一。3～6 歲兒童詞彙的發展主要表現在詞彙數量的增加、詞彙範圍的擴大，以及對詞義的理解更準確和深化。

1. 詞彙的數量增加

3～6歲是人生中詞彙數量增長最快的時期。據國外的研究材料表明，3歲兒童詞彙約達到1000-1100個，4歲兒童詞彙約為1600-2000個，5歲增至2200-3000個，6歲則可達3000-4000個。4～5歲是兒童詞彙量增長最活躍的時期，7歲兒童所掌握的詞彙數量大約為3歲時的4倍。

2. 詞彙的範圍擴大

（1）詞的類型增加

詞可以分為實詞和虛詞兩大類，實詞是指意義比較具體的詞，包括名詞、動詞、形容詞、數量詞、代詞、副詞等。虛詞的意義比較抽象，不能單獨作為句子成分，包括連詞、介詞、助詞、語氣詞等。

幼兒掌握詞彙的類別順序是先掌握實詞，後掌握虛詞。實詞中最先掌握的是名詞，如周圍人的名稱、運輸工具、食品、身體器官、衣物用品等；其次是動詞，最先掌握的動詞大多是描繪人和動物的動作的；再次是形容詞、副詞；最後是數量詞。幼兒也能逐漸掌握一些虛詞，如介詞、連詞，但所占比例很小。

（2）詞彙內容的擴大

幼兒詞類範圍的擴大還表現在詞彙內容的變化上。最初，幼兒掌握的主要是一些與日常生活有關的具體的詞彙，後來逐漸積累了一些與日常生活較遠的詞彙，開始掌握一些抽象性和概括性比較高的詞彙。如，從掌握「香蕉」「蘋果」，到掌握「水果」。

3. 詞義的理解準確和深化

由於各階段兒童心理發展水平特別是思維水平的不同，他們對詞彙的理解程度是不一樣的。比如，「媽媽」一詞，1歲左右的兒童所理解的「媽媽」只是自己的媽媽，3歲以後的兒童對「媽媽」的理解從概念的外延上開始擴展，「媽媽」不僅表示自己的「媽媽」，還能表示其他小朋友的「媽媽」。

但幼兒對「媽媽」一詞的理解，仍然無法擺脫具體的「媽媽」形象，他們可能認為媽媽應是年輕的，如果頭髮白了就不是媽媽，而是奶奶了。

幼兒對詞義的理解水平是隨著心理發展水平，特別是思維的發展而逐漸提高的，3～6歲的兒童對詞義的理解表現出以下發展趨勢。

一是從理解具體意義的詞到理解抽象概括的詞。幼兒能理解的詞基本上仍以具體的詞為主，如標誌物體的名稱、可感知形狀特徵的詞。

二是從理解詞的具體意義到理解詞的抽象意義。整個幼兒期的兒童對詞的理解更多的是對詞的具體意義的理解，難以理解詞的隱喻和轉義。如，聽到媽媽說「這個小姑娘長得真甜」會感到奇怪，「媽媽你舔過她嗎？」大班幼兒開始能夠理解一些不太隱晦的喻義。

幼兒能夠正確理解又能正確使用的詞，被稱為積極詞彙。反之，幼兒能理解卻不能正確使用的詞，被稱為消極詞彙。如幼兒把灰色的兔子叫做「灰小白兔」。在教育中，應該要注意發展兒童的積極詞彙，促進消極詞彙向積極詞彙的轉化。

（三）語法

語法是組詞成句的規則，兒童要掌握語言，進行言語交際，必須還要掌握語法。3～6歲兒童對語法結構的掌握表現在語句的發展和語法意識的出現。

1. 語句的發展

（1）從籠統到逐步分化

兒童在掌握語言的過程中，語句逐漸分化。隨著年齡的增長，在言語的使用中逐漸分化出修飾詞和中心詞、形容詞和名詞、動詞等詞的性質。

（2）從不完整到逐步完整

兒童最初的句子是不完整的，不符合語法規則，常常漏掉或缺少一些句子成分，或者詞序紊亂。隨著年齡的增長，句子結構逐漸嚴謹起來。缺漏句子成分的現象逐漸減少，詞序排列越來越恰當，句子成分之間的制約關係加

強了，複合句中的連接詞也出現了，原先沒有任何修飾詞的句子也逐漸出現了修飾語。

（3）從壓縮、呆板到逐步擴展和靈活

幼兒最初的語句只有表明事情的核心詞彙，顯得內容單調、形式呆板。隨著生活經驗的豐富和詞彙的積累，開始能加上一些修飾語，如形容詞、副詞等，使句子的成分變得複雜起來，表現的內容也逐漸豐富、富有感染力。幼兒句法結構的發展在 4 歲到 4 歲半之間較為明顯，5 歲時語句結構逐漸完善，6 歲時水平顯著提高。

2. 語法意識開始出現

幼兒出現語法意識比較晚，大約在 4 歲左右。主要表現為幼兒會提出有關語法結構的問題，逐漸能夠發現別人說話中的語法錯誤等。有趣的是，幼兒不是根據語法規則去發現語法錯誤的，而是因為這些說法不符合其語言習慣，聽起來讓他們感到有些「刺耳」。

（四）口語

隨著詞彙的豐富和對語法結構的逐漸掌握，幼兒的口語能力也逐步發展起來。

1. 從對話言語逐漸過渡到獨白言語

3 歲前的兒童基本上都是在成人的幫助下和成人一起進行活動的，兒童與成人的言語交際也正是在這樣一種協同活動中進行的。因此，兒童的言語基本上都是採用對話的形式，而且他們的言語往往只是在回答成人提出的問題，或向成人提出一些問題和要求。

3 歲後，由於獨立性的發展和生活經驗的積累，幼兒有了向成人表達自己各種體驗和想法的需要，這樣，獨白言語也就逐漸發展起來了。

當然，幼兒的獨白言語剛剛開始形成，發展水平還很低，尤其是在幼兒初期。3 歲幼兒在講述生活中的事情時，由於詞彙比較貧乏，表達顯得很不流暢，常常帶一些口頭語，如「嗯……嗯」，「後來……後來」，「那個……

那個」，甚至還有少數幼兒顯得口吃。在良好的教育下，五六歲的幼兒就能比較清楚地、系統地講述所看到或聽到的事情和故事了，有的幼兒甚至能夠講得繪聲繪色。

2. 從情境性言語逐漸過渡到連貫性言語

情境性言語是指兒童的言語不能連貫地按一定的邏輯順序進行，而是想到哪兒說到哪兒，同時加以一定的手勢和表情作為言語的輔助手段。這種言語需要聽話人根據當時的具體情境，觀察手勢和表情，才能聽懂。3歲的兒童只能進行對話，不能進行獨白，他們的言語基本上都是情境性言語。

幼兒初期，兒童的言語仍然具有3歲前兒童的特點，雖然能獨自向別人講述一些事情，但句子很不完整，常常沒有邏輯，讓聽的人感到很難理解。到了4歲以後，隨著兒童言語表達能力的提高，成人應該有意識地指導幼兒逐漸突破情境性言語的束縛，努力使他們的言語連貫起來。

一般來說，隨著幼兒年齡的增長，情境性言語的比例逐漸下降，連貫性言語的比例逐漸上升。整個幼兒期都處於從情境性言語向連貫性言語過渡的時期，大班幼兒連貫性言語的發展比較穩定。

3. 講述的邏輯性逐漸提高

3～6歲兒童講述的邏輯性逐漸提高，更具有條理性，主要表現為講述的內容與主題緊密相關，層次逐漸清晰。幼兒的講述通常是現象的堆積和羅列，主題不清楚、不突出。隨著年齡的增長，幼兒口語表達的邏輯性有所提高。

幼兒講述的邏輯性是其思維邏輯性的表現。成人可以透過訓練來增強幼兒講述的邏輯性，這同時也是對幼兒思維能力的訓練。

4. 逐漸掌握言語表達技巧

隨著年齡的增長和言語的發展，幼兒不僅可以學會清楚而有邏輯地表述，而且能夠根據需要恰當地運用聲音的高低、大小、快慢和停頓等語氣和聲調的變化，使言語更為生動形象。

在幼兒口語能力的發展過程中，可能會產生一種言語障礙——口吃，其表現為說話中有不正確的停頓和單音重複，這是一種言語的節律性障礙。

兒童的口吃現象常常出現在 2～4 歲，可能的原因為：

（1）生理原因（發育不完善）；

（2）心理原因（以緊張為主）；

（3）模仿。

矯正口吃的重要辦法是消除緊張。成人發現兒童口吃時應該和顏悅色地提醒他們不要著急，要求他們一個字一個字地慢慢講，不能斥責、懲罰或操之過急地要求兒童改正。還要教育兒童不要模仿口吃，更不要譏笑口吃的小朋友。只要能這樣做，大多數口吃行為會很快得到矯正。

二、早期閱讀能力的發展

早期閱讀不同於傳統意義上的閱讀，也不同於識字教育，指的是嬰幼兒從口頭言語向書面言語過渡的前期閱讀準備和前期書寫準備。嬰幼兒憑藉變化豐富的色彩、生動形象的圖像、成人的口語講述以及相應的語言文字來理解以圖畫為主的嬰幼兒讀物的所有學習活動，都屬於早期閱讀。

因此，對於嬰幼兒來說，只要是與閱讀活動有關的任何行為，都可以算作閱讀。閱讀不僅僅是視覺的，也是聽覺的、口語的，甚至是觸覺的。如：用拇指和食指一頁一頁地翻書；會看畫面，能從中發現事物的變化，將之串聯起來理解故事情節，讀懂圖書；會用口語講述畫面內容，或聽成人唸圖書文字；等等。

開展早期閱讀活動的真正的目的是學習閱讀，而不是從閱讀中學習。它的意義在於使幼兒萌發對書面言語的興趣和敏感性，獲得觀察、體驗有關書面言語的讀寫經驗，從而進一步嘗試探索周圍環境中的書面言語，逐步建立起自主閱讀的意識和技能，進而形成基本的閱讀能力，並透過這些基本閱讀能力去進一步學會獲取訊息的方法與技能，為今後學習各學科知識做準備。

(一) 早期閱讀能力發展三階段

1. 第一階段：分析階段

這一階段的嬰幼兒，由於生活經驗的不足和理解能力的限制，他們對圖畫的理解常常是單個的、局部的，他們對圖畫內容的表達處在「給事物命名」階段，即說出這是什麼，那是什麼。

2. 第二階段：綜合階段

這一階段的嬰幼兒開始能夠把圖畫上的內容經過組織表達出來，能夠表達圖畫中事物之間的聯繫，並且表達開始帶有情境性，但他們的表達還不連貫，對看到的東西不能準確和迅速地表達出來。

3. 第三階段：分析綜合階段

在第二階段的基礎上，嬰幼兒閱讀畫報時開始能夠完整地理解圖畫內容，並能夠準確、迅速地把圖畫內容用帶有情境性的語言連貫流暢地表達出來。

(二) 早期閱讀能力的影響因素

早期閱讀是終身學習的基礎。研究表明，學前兒童早期閱讀潛能的開發對於個人閱讀能力的發展具有重要的作用。學前兒童早期閱讀能力的發展受到以下因素的影響。

1. 閱讀環境

早期閱讀教育的一個重點是，為嬰幼兒提供自由的、有趣的、豐富的多元閱讀環境，引發他們對圖書和文字的接觸，逐漸形成閱讀興趣和閱讀動機。在創設閱讀環境時，需要根據嬰幼兒的年齡特點、興趣愛好和認知發展水平，在他們的活動場所提供合適的、多樣化的、隨手可取的書籍或其他文字遊戲材料。

2. 家長和教師的參與程度

家長和教師將直接影響嬰幼兒早期閱讀能力的發展，早期閱讀教育需要家長和教師的共同引導和支持。

一方面，重視家庭早期教育的塑造作用，父母應該以身作則，營造家庭的閱讀氛圍，可以安排一個全家共同閱讀的時間，或者為孩子安置一個專用的書櫃。另外，親子共讀也是早期閱讀的一種主要方式。家長和孩子一起閱讀圖書，把生活中的故事說給孩子聽，或是一起看圖編故事。

另一方面，幼稚園也要適當開展早期閱讀活動。教師為幼兒創設豐富的閱讀環境，鼓勵、強化幼兒進行閱讀活動，對幼兒進行閱讀指導，教會他們一些早期閱讀的技能、技巧。

3. 閱讀材料的選擇

嬰幼兒對閱讀內容的理解受到其思維發展水平的制約，因此，成人需要合理地為他們選擇讀物。良好的閱讀材料必須考慮這些因素：

①主題貼近嬰幼兒的生活經驗；

②主題符合嬰幼兒的心理發展水平；

③圖畫符合嬰幼兒的審美傾向；

④文字符合嬰幼兒的口語經驗。

4. 嬰幼兒的閱讀興趣

成人應對嬰幼兒的閱讀行為表示關注和讚賞，熱情地解答他們在閱讀中提出的問題，鼓勵嬰幼兒表達自己的閱讀體驗和感受，並對他們創造性地說、畫、塗、寫給予肯定與鼓勵，以讓他們感受到閱讀的快樂和趣味。成人的關注與積極引導有利於嬰幼兒對閱讀保持持久的興趣和進一步閱讀的積極性，使他們逐漸養成閱讀的習慣。

複習鞏固

1. 什麼是積極詞彙和消極詞彙？
2. 為什麼要開展早期閱讀？
3. 如何防止和矯正兒童的口吃？

第三節 嬰幼兒言語能力的培養

嬰幼兒期是言語發展的重要時期，言語能力的發展與他們智力的發展有著密切聯繫，因此應該十分重視嬰幼兒言語能力的培養。

一、創設語言環境，重視語音練習

羅斯等人（1959 年）和威斯伯格的研究表明，成人對 3 個月以內的嬰兒給予頻繁的語音刺激，可以增加嬰兒的發音率。嬰兒的許多發音，特別是長時間的連續發音，往往都是在成人的逗弄下發生的。因此，可以用語音和各種聲音刺激嬰兒，培養嬰兒有意傾聽聲音的習慣，讓嬰兒進行模仿發音練習。

同時，成人可以開展一些聽音和發音遊戲，用強化、鼓勵的方法進行相互模仿，誘導嬰兒發音。比如，撓癢嬰兒的身體和手腳，使嬰兒發聲或發笑；和嬰兒一起玩捉迷藏的遊戲，吸引他模仿發出驚訝的聲音；洗澡時，加入小鴨子玩具，示範發出「嘎嘎」聲，鼓勵嬰兒發出類似的聲音。

3 歲以後，成人需要重視培養幼兒的正確發音。對於容易出錯的發音，可以有針對性地編創一些聽音和發音練習活動，進行訓練。比如，為了讓幼兒練習好 zh、ch、sh 等捲舌音，可以設計教學遊戲《小鴨吃》，教幼兒透過聽音、辨口型來體會近似音的細微差別，從而正確發出「這」「是」「吃」幾個音。透過富有情節的表演讓幼兒在遊戲過程中練習捲舌音，寓教於樂。

二、豐富生活內容，幫助積累詞彙

社會生活是語言發展的源泉，嬰幼兒學習詞彙是從日常生活中常見事物的名稱開始的，如經常接觸的物品和對家人的稱呼。嬰幼兒的生活內容越豐富，感知體驗就越豐富，理解並能掌握的詞彙就越豐富。

當然，嬰幼兒在詞彙的學習積累過程中離不開成人的幫助。要使他們能更好地理解掌握語詞，成人可以利用實物、動作、情景配合法，幫助他們建立語詞和具體事物之間的聯繫。透過這種方法，嬰幼兒能夠更好地理解掌握新詞，也能促使他們學會如何使用新詞。比如，說到「西瓜」這個詞的時候，成人應該把實物呈現出來；說到「跳舞」這個詞時，成人可以表演跳舞的動作；

為了讓嬰幼兒理解「大」「小」,「軟」「硬」等形容詞,可以準備一個毛線團和一個玻璃珠子讓兒童進行觸摸比較。

隨著嬰幼兒詞彙和語言理解能力的增強,成人還可以根據他們已有的知識經驗,用他們已經學過的語詞來解釋意義較抽象的新詞、新概念。比如,用「不好看」來解釋「醜陋」,用「一樣多」來解釋「平均」。在解釋的時候成人語氣需加重,並且需要不斷重複,幫助嬰幼兒理解和識記,並讓他們對新詞反覆練習,加以運用。

三、運用多種途徑,提高口語能力

《3-6歲兒童學習與發展指南》中提出:「幼兒的語言能力是在交流和運用的過程中發展起來的,應為幼兒創設自由、寬鬆的語言交往環境,鼓勵和支持幼兒與成人、同伴交流,讓幼兒想說、敢說、喜歡說並能得到積極回應。」因此,嬰幼兒需要有很多機會與各種各樣的人交往,在真實而平常的學習和日常生活中操練語言,擴展自己的語言經驗。

成人應該給嬰幼兒提供多方面接觸語言的機會,鼓勵他們把看到的、聽到的、感受到的一切用言語表達出來,以此來培養他們的言語表達能力。在交流過程中要耐心地傾聽嬰幼兒的表達,注意用正確規範的語言引導他們,把他們說得不完整的句子補充完整。日常生活中的談話是發展嬰幼兒口語的重要途徑,透過談話可以瞭解他們的發音正確與否,瞭解詞彙的掌握情況、語言表達能力等方面發展的情況,也可以透過談話糾正嬰幼兒的語言錯誤,發展口語。當嬰幼兒的表達比較流利時,應該給予及時的鼓勵,讓他們體驗到說話的樂趣。

同時,還應多給嬰幼兒提供與同伴交流的機會與條件。同伴交往對於嬰幼兒言語能力的提高也有著不可忽視的影響。比如,教師在教「水」這個字時,請幼兒給「水」字找朋友,並比賽「看誰找的朋友多」。幼兒都積極動腦,迅速舉起小手,搶著要回答。由「河水」「水果」「開水」「水流」到「我喜歡吃水果」「河水清清的,很乾淨」……幼兒的思維一下子調動了起來,

從原先的字發展到詞再到句,既增加了他們的知識,又造成了培養言語能力的作用。

另外,還可以開展豐富有趣的語言教學活動,包括講述活動、兒歌、繞口令、看圖編故事或續編故事等,提高嬰幼兒的口語能力。

當然,在嬰幼兒的言語發展中,成人良好的示範、榜樣也十分重要。嬰兒最初的言語發展主要是透過模仿獲得的,對生活中成人言語的模仿是嬰幼兒言語學習和發展的重要途徑。因此,成人的發音是否正確、詞彙是否豐富、語法是否規範、表達是否有條理,都會潛移默化地影響嬰幼兒語言的發展。所以,成人必須要注意自身的語言修養,還要注意禮貌用語的使用,為嬰幼兒提供規範的語言示範。

四、開展早期閱讀,培養閱讀習慣

早期閱讀對嬰幼兒的言語發展有著直接的影響。早期閱讀為嬰幼兒口頭言語的發展提供了大量的詞彙,在由閱讀而產生的一系列言語活動中,嬰幼兒可以獲得敏銳的聽力,把握正確的發音,並逐漸領會基本的語法規則和表達技巧,形成良好的聽說習慣。此外,嬰幼兒在大量接觸兒童讀物的過程中,對文字的敏感性增強,其探索、感知文字符號的積極性提高了,從而有助於他們瞭解和掌握有關書面言語的知識,成為積極的語言運用者。

有關研究表明,經過早期閱讀習慣培養的嬰幼兒往往具有較強的言語能力,早期的圖書閱讀活動能夠帶領嬰幼兒超越他們原有的語言形態,漸漸與思維同步。因此,為嬰幼兒提供豐富、適宜的低幼讀物,經常看圖書、講故事,可以增強他們的言語表達能力,培養閱讀興趣和良好的閱讀習慣,進一步拓展學習經驗。

拓展閱讀

幼兒第二語言的學習:什麼時候開始學?怎麼教學?

美國哈佛大學心理語言學家萊尼伯格認為,第二語言的學習時間大概是2歲到青春期。但過早學習外語,極可能對孩子學習母語造成干擾。教育部

認為，8歲左右是學習外語的最佳時期，在這個年齡開始外語的學習，不與母語學習衝突，效率較高。

因此，在對幼兒進行外語教育的過程中，需要把幼兒的外語學習定義為一種啟蒙教育。對於6歲以下的兒童來說，培養學習第二語言的興趣遠比單詞拼寫或語法知識更加重要。幼稚園在進行外語教學活動時，要選擇貼近幼兒生活的教學內容，多利用遊戲和電教化手段，把外語學習和音樂、美術活動結合起來，以聽說為主，著眼於幼兒興趣和能力的培養。

複習鞏固

1. 嬰幼兒言語能力的培養策略有哪些？
2. 早期閱讀對嬰幼兒言語能力的發展有什麼意義？

本章要點小結

語言是指以語音為載體、以詞為基本單位、以語法為構建規則的符號系統。言語是指人們運用語言的過程，包括理解別人的語言和自己運用語言的過程。言語可分為外部言語和內部言語。

嬰幼兒言語發展的基本規律是：先聽懂，後會說。

1歲前，是言語準備時期；1～3歲兒童言語的發展表現為語音、詞彙、句法、口語的初步發展。

4歲時，幼兒基本能掌握本民族語言的全部語音，並達到發音基本正確。

幼兒詞彙的發展主要表現在詞彙數量的增加、詞彙範圍的擴大，以及對詞義的理解更準確和深化。此時期會出現積極詞彙和消極詞彙。

幼兒對語法的掌握主要表現在句型、語法意識等方面。

幼兒口語能力的發展表現為從對話言語逐漸過渡到獨白言語，從情境性言語逐漸過渡到連貫性言語，講述的邏輯性逐漸提高，逐漸掌握言語表達技巧。

早期閱讀對嬰幼兒言語的發展具有重要作用，應注意培養方法。

成人應從創設良好的言語環境，重視語音練習；豐富生活內容，積累詞彙；運用多種途徑，提高口語能力；開展早期閱讀，培養閱讀習慣等方面入手，培養嬰幼兒的言語能力。

關鍵術語表

語言

言語

單詞句

雙詞句

積極詞彙

消極詞彙

獨白言語

情境性言語

連貫性言語

早期閱讀

選擇題

1. 聽、說、讀、寫屬於（　）。

A. 言語

B. 語言

C. 能力

D. 思維

2. 在言語的分類中，演講、做報告屬於（　）。

A. 書面言語

B. 內部言語

C. 對話言語

D. 獨白言語

3. 在兒童掌握語言之前，有一個較長的言語發生準備階段，稱為（　）。

A. 言語時期

B. 言語發生時期

C. 言語發展時期

D. 前言語時期

4. 9～12個月是嬰兒發音的（　）階段。

A. 簡單發音

B. 連續發音

C. 模仿發音

D. 連續模仿發音

5. 嬰幼兒最先掌握的句型是（　）。

A. 祈使句

B. 感嘆句

C. 陳述句

D. 疑問句

6. 嬰幼兒口中的「貓」不僅表示貓，還指代牛、狗、羊等會行走的四條腿動物。這屬於詞義理解中的（　）現象。

A. 詞義泛化

B. 詞義窄化

C. 詞語爆炸

D. 詞義不明

7. 「媽媽球球」，這是兒嬰幼兒言語發展中典型的（　）。

A. 單詞句

B. 雙詞句

C. 完整句

D. 複合句

8. （　）歲兒童能基本掌握本民族語言的全部語音。

A. 3

B. 4

C. 5

D. 6

9. 在對詞彙的掌握中，幼兒最先掌握的是（　）。

A. 名詞

B. 動詞

C. 數量詞

D. 代詞

10. 嬰幼兒的「口吃」現象常常出現在（　）。

A. 2～3歲

B. 2～4歲

C. 3～4歲

D. 4～5歲

第九章 嬰幼兒情緒的發生發展

　　人非草木，孰能無情？就連幼小的兒童都知道用哭和笑來告之成人自己的意願和情緒。所以，情緒好比我們每個人「生命的指揮棒」「健康的寒暑表」，然而，你知道情緒是什麼時候產生的嗎？它究竟有什麼樣的奧祕呢？情緒是嬰幼兒適應環境的重要生存工具和心理工具，正是靠著自身的情緒反應及與成人之間的交往，他們才能適應初降人世的生活，而這種最初建立起來的與成人之間交往的質量也成為決定其身心能否健康發展的重要因素之一。本章將重點介紹情緒與情感的概念，嬰幼兒情緒的發生與分化，嬰幼兒情緒發展的特點，以及培養嬰幼兒積極情緒的方法和策略。

▎第一節 嬰幼兒情緒的發生

一、情緒及作用

（一）什麼是情緒、情感

　　現實生活中的每個人無時無刻不在經歷著各種悲歡離合、喜怒哀樂。喜、怒、哀、樂、憂、憤、憎等都是情緒和情感的不同表現。情緒、情感是人對客觀事物的態度體驗及相應的行為反應，是與特定的主觀願望或需要相聯繫的。

　　情緒主要指感情過程，即個體需要與情境相互作用的過程，也就是腦的神經機制活動的過程，如高興、憤怒、悲傷等。情緒具有較大的情境性、激動性和暫時性，往往隨著情境的改變和需要的滿足而減弱或消失。情感則經常用來描述那些具有穩定性、深刻性、持久性的社會意義的感情，如對母親的愛、對壞人的痛恨等。

　　情緒和情感是有區別的，但又相互依存、不可分離。穩定的情感是在情緒的基礎之上形成的，而且它又透過情緒來表達；情緒也離不開情感，情緒的變化反映了情感的深度，在情緒中蘊含著情感。

（二）情緒對嬰幼兒生存和發展的作用

1. 情緒是嬰幼兒適應生存的重要心理工具

人類嬰兒先天地具有情緒反應的能力，在嬰兒早期，他們與成人之間的溝通訊號不是語言，而是感情性訊息的應答。嬰兒的生存應當說是被動的，是靠成人給予的；但嬰兒的適應能力又使他處於主動地位，這一主動性就來自先天的情緒感應能力。

例如，新生兒以哭聲反映身體需要，以皺眉、擺頭反映厭惡、拒絕等等。在嬰兒早期這些反應迅速進入社會化進程中，不僅在需要的情況下發揮作用，而且具有了心理─社會含義。例如，4個月大的嬰兒不僅饑餓時哭泣，而且還以哭泣呼喚成人來陪伴；微笑不僅意味著機體的生理運作處於平衡狀態，也意味著需要成人與之接近的維持手段。透過情緒訊息在母親與嬰兒之間傳遞，嬰兒才能從成人那裡得到最恰當的哺育。在這個過程中，嬰兒的身體得到生長，情緒也得到發展。

2. 情緒是嬰幼兒進行人際交流的重要手段

情緒和語言一樣，是嬰幼兒據以進行人際交流的重要手段。從個體的發展來看，感情交流比言語交際開始得早。嬰兒從出生不久開始就以面部表情傳遞感情訊息，向成人「通報」他們的機體狀態和需要。親子依戀關係的建立，是情緒的通訊交流功能顯示的，對親子雙方來說均極為重要的一種結果，它為嬰兒的生存安全感、情緒特質的形成、父母愛心和育兒責任感的增長起著重要的作用（Bowlby, 1969, 1991）。嬰兒在學會爬行和步行以後，成人與嬰兒間情緒信號的交流還是嬰兒學習、經驗獲得和認知發展的媒介。嬰兒已學會「讀懂」母親的面孔，每當嬰兒遇到不確定情境時，均能從母親的面孔上尋找訊息以決定自身的行為，這就是情緒的「社會參照作用」（Campos, 1983；孟昭蘭，1989）。

3. 情緒能促進嬰幼兒個性的形成

嬰幼兒的情緒情感對其個性的形成有很大的影響。嬰幼兒由於經常、反覆受到特定環境刺激的影響，反覆體驗同一情緒狀態，這種狀態便會逐漸穩

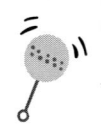

固下來，形成較為穩定的情緒特徵，而情緒特徵正是性格結構的重要組成部分。諸多研究表明，父母和其他親人的長期愛撫、關注，有助於孩子形成活潑、開朗、信任、自信的性格情緒特徵；反之，則會使孩子形成孤僻、抑鬱、膽怯、不信任等性格情緒特徵。情緒的發展不僅影響嬰幼兒智力和個性的形成與發展，甚至影響到成年後的行為，早期的情緒傷害可能導致怪癖和異常行為的出現。

二、情緒的發生與分化

近年來，心理學家對嬰兒情緒的發展進行了大量的研究，其中許多研究集中在嬰兒早期情緒的發生與分化上。具體來說，他們普遍關心嬰兒何時開始有情緒，特別是有什麼樣的情緒，其是否分化，具有什麼特點和哪些情緒等，成為嬰兒情緒研究的重要課題。

（一）情緒發生的時間

心理學家透過觀察和研究普遍認為，兒童出生後即可有情緒反應。如，新生兒或哭，或靜，或四肢舞動，就是原始的情緒反應。經過多年的研究，現在人們普遍認為，一些原始的、基本的情緒是進化來的、天生的，不學而會的。孟昭蘭（1989）在概括總結當代主要情緒研究和理論的基礎上指出，「人類嬰兒先天地具有情緒反應能力」。人類嬰兒的感情性反應是在生物遺傳的基礎上，從降生到人類社會環境中的第一個剎那間開始的。伊扎德、凱波斯等人的研究均證明了這一點。

嬰兒初生表現出來的原始情緒反應具有以下兩個突出特點：

1. 嬰兒初生的原始情緒與生理需要是否得到滿足直接相關

剛出生的嬰兒情緒反應的產生、出現或消失、轉移都與生理需要是否得到滿足密切相關，隨生理需要的出現而出現，並隨其減弱、消失而消失、停止。生理需要刺激包括身體內部和外部的，前者如饑渴，後者如衣物軟硬、尿布乾濕程度……任何身體內、外部的不適刺激都會引起哭鬧等不愉快的情緒。只有當直接引起這些消極情緒的刺激得到消除，這些情緒反應才能停止，

而代之以新的情緒。例如，給嬰兒餵飽或換上乾爽尿布後，嬰兒便立刻停止哭鬧，變得愉快或安靜。

2. 嬰兒初生的原始情緒是與生俱來的遺傳本能，具有先天性

不論是進化論的創始人達爾文，還是行為主義的始祖華生，或是現代情緒心理學家湯姆金斯、伊扎德等，都認為情緒反應是人類進化和適應的產物，人類嬰兒天生具有情緒反應的能力，無須經過後天的學習。新生兒以哭聲反映身體的痛苦，以微笑反應舒適愉快，以皺眉、擺頭反映厭惡等，這些都是非編碼的、不學就會的，是在神經系統和腦中預置的先天情緒反應。因此，有不少人把嬰兒初生時的情緒也稱作「本能的情緒反應」。

（二）情緒的分化

嬰兒出生一段時間後，在成熟和後天環境的作用下，情緒不斷分化。但是，到底嬰兒在何時出現何種情緒、先後次序如何，各家意見不一。下面介紹幾種有代表性的有關早期情緒分化的理論。

1. 布里奇斯的理論

加拿大心理學家布里奇斯的情緒分化理論是早期比較著名的理論。她透過對一百多個嬰兒的觀察，提出了關於情緒分化的較完整的理論和 0～2 歲兒童情緒分化的模式。她認為，初生嬰兒只有皺眉和哭的反應，這種反應是未分化的一般性激動，是強烈刺激引起的內臟和肌肉反應。3 個月以後，嬰兒的情緒分化為快樂和痛苦。6 個月以後，痛苦裡又分化出憤怒、厭惡和恐懼。比如，眼睛睜大、肌肉緊張，是恐懼的表現。12 個月以後快樂的情緒分化為高興和喜愛，18 個月以後分化出了喜悅和嫉妒。

布里奇斯的情緒分化理論被較多的人接受，但因她的情緒分化階段缺乏具體的指標，沒有說明形成分化的機制，也受到批評。

2. 林傳鼎的理論

心理學家林傳鼎基於對嬰兒實際行為反應的大量觀察，於 1963 年提出了他的情緒分化理論。他認為嬰兒從出生時起，即有兩種完全可以分清的情

緒反應，即愉快和不愉快，兩者都與生理需要是否得到滿足直接相關。從出生後半月始，到 3 個月末，嬰兒相繼出現 6 種情緒，即欲求、喜悅、厭惡、忿急、煩悶和驚駭。但這些情緒不是高度分化的，只是在愉快或不愉快的輪廓上附加了一些東西，主要體現在面部表情的不同。他認為，嬰兒在 4～6 個月大時已出現了與社會性需要有關的情感體驗，如由社會性交往需要引起的、指向同伴或成人的喜悅、忿急。3 歲起，幼兒陸續產生了親愛、同情、尊敬、羨慕等 20 多種情緒。

林傳鼎關於嬰兒情緒發展的理論對情緒發展研究和理論曾產生過很大的影響。直至今日，他關於嬰兒情緒分化的不少觀點還被人們所接受，並不斷被研究所證實。

3. 伊扎德的理論

美國心理學家伊扎德的情緒分化理論在當代美國情緒研究中頗有影響。他認為，隨著年齡的增長和腦的發育，情緒也逐漸增長和分化，形成人類的 9 種基本情緒：愉快、驚奇、悲傷、憤怒、厭惡、懼怕、興趣、輕蔑、痛苦，每一種情緒都有相應的面部表情模式。他把面部分為三個區域：額—眉，眼—鼻—頰，嘴唇—下巴，並提出了區分面部運動的編碼手冊。

伊扎德關於新生兒情緒出現、情緒種類和情緒分化的論述，較之前人的研究，無論在其科學性和可測性上都大大提高了一步；每一種新出現的情緒反應都有一定的具體、客觀指標，易於鑒別、判斷；同時，他還提出了與自我意識、交往發展有關的情感，部分地闡述了嬰兒情緒發展的機制，這對更進一步地認識和研究嬰兒情緒的分化與發展都是非常有益的。

4. 孟昭蘭的理論

情緒心理學家孟昭蘭（1989）根據其一系列嬰兒情緒發展實驗研究和對前人有關研究的概括，提出了關於嬰兒情緒分化的理論。

孟昭蘭指出，人類嬰兒從種族進化中獲得的情緒大約有 8～10 種，稱為基本情緒，如愉快、興趣、驚奇、厭惡、痛苦、憤怒、懼怕、悲傷等。這些情緒在個體發展中不是同時顯現的。它們隨著嬰兒的成熟、生長而逐步出

現。它們的發生有時間順序，這一順序是由嬰兒的生理成熟和適應的需要所決定的。

初生時，嬰兒可由於痛刺激引起痛苦情緒，異味刺激引起厭惡情緒，新異性、光、聲音或運動刺激引起注視的興趣，內部過程節律反應引起微笑。

3～6週時，嬰兒在聽到高頻人語聲或看到人的面孔時會出現社會性微笑。

2個月時，嬰兒在接受藥物注射時會出現憤怒情緒。

3～4個月時，嬰兒在接受治療、受到痛刺激時會產生悲傷的情緒。

7個月時，嬰兒進一步會因為與熟人分離，產生分離悲傷的情緒；會懼怕從高處降落。

1歲時，新異物體的突然出現，會使嬰兒感覺驚奇。

1歲至1歲半時，當在熟悉環境中碰到陌生人時，嬰兒會出現害羞表情，同時，在此時開始出現驕傲、自豪的情緒，嬰兒喜歡顯示自己的成功。這一時期，開始出現負罪感與內疚感。

孟昭蘭進一步指出，嬰兒各種情緒的發生既有一般規律，又有個體差異。大多數嬰兒隨著生長，基本在上述各時間段顯示各種情緒，有一定規律性，但個別嬰兒也可能會有不同，在時間的早晚或次序上都可能存在差異。

孟昭蘭關於嬰兒情緒分化的理論，是基於其對嬰兒情緒發展的一系列研究和他人的眾多研究而提出來的，是對現有國內外嬰兒早期情緒發展研究的概括和總結，對於更好地理解、把握嬰兒情緒的分化、發展及誘因、條件、情緒發展的個別差異性有極大的啟發作用。

三、基本情緒的發展

基本情緒在嬰幼兒個體生活中的顯現不是同時的，表現為不僅在發生、開始呈現的時間上有所不同，而且在發展的具體過程中也有許多的不同。

（一）興趣

興趣不是一種單純的喚醒狀態，而是一種積極的感情性喚醒狀態，是嬰幼兒好奇心、求知慾的內在來源。它是一種內在動機，處於動機系統的最深層水平，可以驅策人去行動。早期嬰幼兒對外界新異刺激的反應就是由興趣這種內在動機驅策的身體運動。興趣使嬰幼兒傾向於瞭解環境和事物，想要吸收更多的訊息和擴展自己，保持注意，集中觀看和傾聽，因而，在嬰幼兒認知和智力發展上起著巨大的作用。

諸多研究表明，興趣是一種先天性情緒，人類嬰兒在出生後就顯示出了對外界物體和社會性刺激的傾向性反應。從嬰兒出生時起，興趣就組織、指導著嬰兒的看、聽、動作、運動和探究等。

孟昭蘭（1989）在其一系列的研究中指出，嬰兒興趣的早期發展可以分為三個階段。

1. 先天反射性反應階段（1～3個月）

由聲、光、運動刺激所引起，表現為感官接觸外界對象後，持續地維持著反應性。這種最初的「感情—認知」模型指導著嬰兒的感覺運動，使嬰兒主動地參與人與環境之間的相互作用。

2. 相似性物體再認知覺階段（4～9個月）

適宜的聲、光刺激的重複出現能引起嬰兒的興趣。這種相似性再認的發生是感情依戀的基礎。這時嬰兒做出反應，使有趣的景象得以保持。在這一階段，嬰兒產生了對自己活動的快樂感。而且，興趣和快樂的相互作用支持重複性活動。視聽刺激，例如帶響的顏色玩具引起嬰兒的注視，玩具在他們視野中移動引起視覺追蹤，玩具的再現引起興趣和探索。當這樣的過程一再重複之後，嬰兒就會得到探索的滿足，並產生快樂。快樂情緒釋放興趣的緊張，又引起進一步的探索活動。興趣——快樂的相互作用支持知覺能力的獲得，因而也是這一時期嬰兒的學習過程。

3. 新異性探索階段（9 個月以後）

只有到這個階段，嬰兒才對新異性物體感興趣。當持續存在的物體引起習慣性反應，嬰兒便不再注意它。而新異性物體出現時，嬰兒會主動做出重複性動作去認識。例如，拆卸玩具的活動就具有典型性。到兩三歲時，幼兒的新異性興趣引發模仿行為，例如拍娃娃睡覺，給玩具小熊吃東西等。他們學會把玩具放進一個他自己所經歷過的情境中，而這種情境延長了他們有興趣地玩耍和操作的時間。

（二）快樂

嬰幼兒的快樂情緒最初用微笑來表示，隨後透過喜悅的笑聲來表示，當學會新的技能時，他們會微笑和哈哈大笑，表達他們對運動和認知掌握的喜悅。微笑同時鼓勵照料者充滿感情，快樂使成人和嬰幼兒融入溫暖的、支持性的關係中。在最初幾週，當吃飽喝足時、在睡眠中，以及對溫柔的觸碰和聲音，如撫摸皮膚、輕輕晃動以及對母親輕柔的語音做出反應時，新生嬰兒會發出微笑。

第 4 週末，嬰兒開始對有趣的景象微笑，但是這些景象必須是動態的和顯眼的，例如一個明亮的物體突然跳過他的視野。在 6～10 週之間，人的面孔會喚起嬰兒一種顯著的咧嘴而笑，這被稱作社會性微笑。到 3 個月，嬰兒在與人交往時會更經常地微笑。這些變化，特別是嬰兒對視覺模式的敏感，包括對人臉的敏感，與嬰兒的知覺能力相對應。

明顯的笑最初出現在嬰兒 3～4 個月之間，但與微笑一樣，它產生於對非常活躍的刺激的反應，例如父母開玩笑地說「我就要抓住你了」或親吻嬰兒的肚子。隨著嬰兒對世界理解得更多，他們會對具有驚奇要素的事件發笑。大約 1 歲以後，嬰兒在與熟悉的人交往時會出現更多微笑和明顯的笑，這一傾向加強了成人與孩子的聯結。

與成人類似，10～12 個月大的嬰兒有幾種微笑，隨著情境而變化。他們對父母的問候回應以顯著的「臉頰上升」的微笑，對友好的陌生人回應以無聲的微笑，在刺激性遊戲中表現出「嘴張開」的微笑 (Dickson, Fogel &

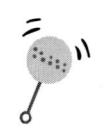

Messinger, 1998)。在2歲期間，微笑變成有意的社會信號。學步兒童會中斷玩有趣的玩具，向關注他們的成人表達他們的喜悅 (Jones, et al., 1989)。

（三）憤怒和悲傷

對多種不愉快體驗，包括饑餓、疼痛、身體溫度的變化，以及刺激過多或太少，新生嬰兒的反應是泛化的憂傷。從4個月直到2歲，憤怒表情在頻率和強度上一直呈增加趨勢。大一些的嬰兒會在更廣泛的情境下表現出憤怒——例如，當一個有趣的物體被拿走，一件期望的愉快事件沒有發生，他們的手臂受到限制，照料者離開一段時間，或者他們被放下小睡時 (Camras, et al., 1992; Stenberg & Campos, 1990)。

當嬰兒被剝奪熟悉的、充滿感情的照料者時，悲傷更經常發生；當父母—嬰兒交往被嚴重干擾時，悲傷也會出現。在幾個研究案例中，研究者讓父母呈現缺乏表情和沒有反應的姿勢，或者沮喪的情緒狀態，他們2到7個月的孩子嘗試使用面部表情、發聲和身體移動來使他們的母親或父親恢復反應。

當這些努力失敗時，他們會轉過臉、皺眉，並哭泣 (Hernandez & Carter, 1996; Moore, Cohn & Campbell, 2001)。這些「表情缺乏」的反應在美國、加拿大的兒童身上是一樣的，意味著它是一種對照料者缺乏交流的固有退縮反應 (Kisilevsky, etal., 1998)。當悲傷的、空洞的態度持續存在時，它會破壞嬰幼兒早期發展的所有方面。

（四）恐懼

與憤怒類似，在出生6個月後，嬰兒的恐懼逐漸增加。大一些的嬰兒在玩一個新玩具前會猶豫，而剛能爬行的嬰兒很快就表現出對高度的恐懼。但是，最常見的恐懼表情是出現在面對不熟悉的成年人時，這一反應被叫做陌生人焦慮 (stranger anxiety)。許多嬰兒和學步兒童對陌生人非常警惕，儘管這種反應並不總是出現。它依賴於幾個因素：氣質（有些嬰兒通常更易害怕），與陌生人的交往經驗，以及當時的情境 (Thompson & Limber, 1991)。

當不熟悉的成人在新的環境中抱起嬰兒時，陌生人焦慮很有可能發生。但是如果嬰兒四處移動時成人坐著不動，並且父母在附近，嬰兒通常會表現出積極和好奇的行為 (Horner, 1980)。陌生人的交往方式——表示友好、提供有吸引力的玩具、玩熟悉的遊戲以及緩慢接近而不是突然接近——都可以減輕嬰兒的恐懼。

透過嬰兒撫養實踐證明，文化可以緩和陌生人焦慮。在非洲扎伊爾的愛菲狩獵者和集獵者中，母親的死亡率非常高。為了保證嬰兒存活，他們形成和存在著一種集體的照料系統，從出生開始，愛菲嬰兒就不定期地從一個成人傳給另一個成人。結果是，愛菲嬰兒很少表現出陌生人焦慮 (Tronick, Morelli & Ivey, 1992)。相反，在以色列的集體農場（合作農業居民點），人們居住在可能遭受恐怖襲擊的孤立社區中，於是導致怯生蔓延。與生長在城市的對照組相比，集體農場的嬰兒表現出非常多的陌生人焦慮 (Saarni, Mumme & Campos, 1998)。

出生 6 個月後恐懼的增加，使剛能爬行和走路的嬰兒的探索熱情處於控制之中，激發他們留在接近照料者的地方，並對靠近不熟悉的人和物體保持謹慎。最終，隨著認知發展促使學步兒童更有效地辨別人與情境是否具有危險，陌生人焦慮和其他恐懼會逐漸下降。這一變化也是有適應意義的，因為照料者以外的成人很快將在他們的發展中造成重要的作用。

複習鞏固

1. 情緒對嬰幼兒生存和發展的重要意義有哪些？
2. 情緒與情感的區別與聯繫是什麼？
3. 請簡述布里奇斯的嬰兒早期情緒分化理論。

第二節 嬰幼兒情緒的發展

一、情緒的社會化

（一）情緒中交往成分的增加

在嬰幼兒的情緒活動中，涉及社會性交往的內容會隨著年齡的增長而增加。研究表明，3歲兒童比1歲半兒童微笑的總次數有所增加。其中，兒童自己由於玩得高興而笑起來的情況，即對自己的微笑，在1歲時所占比例較大，而3歲時很小。就是說，非社會性的微笑逐漸減少，而社交性微笑則大為增加。一個比較4歲和8歲兒童在看電影時的社交性情緒表現的研究結果也表明，8歲兒童比4歲兒童情緒交往的次數有所增加，其中，4歲兒童主要的交往對像是教師，而8歲兒童則主要和鄰近的兒童交往。

（二）表情的社會化

表情是情緒的外部表現，有的表情是生物學性質的本能表現。嬰幼兒在成長過程中將逐漸掌握周圍人們的表情手段。情緒表達方式包括面部表情、肢體語言（手勢和動作）以及言語表情。

面部表情是生理表現，又和社會性認知有密切關係。掌握社會性表情手段有賴於區別面部表情的能力，而區別面部表情的能力是社會性認知的重要標誌。表情所提供的訊息，對嬰幼兒與成人交往的發展與社會性行為的發展起著特別重要的作用。對5～20歲先天盲人和正常人面部表情後天習得性的研究就發現，最年幼的盲童和正常兒童相比，無論是面部表情動作的數量，還是表達表情的適當程度，都沒有明顯的差別。

但是，正常兒童的表情動作數量和表達表情的逼真性，都隨著年齡增長有所進步，而盲童則相反。這說明，先天表情能力只能保持一定水平，如果後天缺乏學習，則這種能力會下降。盲人缺乏條件不能知覺到人際交往中的新表情，其表情的社會化遇到了嚴重阻礙。

研究表明，近 1 歲的嬰兒已經能夠籠統地辨別成人的表情，比如對他做笑臉，他會笑。如果接著立即對他拉長臉，做出嚴厲的表情，嬰兒有可能會馬上哭起來。

嬰幼兒表情能力的發展包括兩個方面：理解（辨別）表情能力和製造表情能力，這兩方面的能力隨著年齡增長而增強。透過對嬰幼兒和五年級兒童的比較性研究發現：

1. 嬰幼兒在兩項任務（模仿指定的兩張照片中不同人的表情；按主試的描述做出表情）中的正確率都比較低；

2. 五年級兒童辨別表情的能力比製造表情的能力高；

3. 先完成第一任務的兒童，比先完成第二任務的兒童正確率高，即看到並辨別出兩張照片中的表情有助於製造表情；

4. 辨別表情的能力一般高於製造表情的能力。但在日常生活中，嬰幼兒常常對成人的表情非常敏感，他們能夠察覺教師和家長的眼色、面部表情或輕微的手勢和表情動作。

情緒的表達與經驗有關。嬰兒會用面部表情和全身動作去毫不保留地表露自己的情緒，以後則根據社會的要求調節其情緒表現方式。兒童從兩歲開始已經能夠用表情手段去影響別人，並能學會在不同場合下用不同的方式表達同一情緒。

二、情緒的豐富化和深刻化

從情緒所指向的事物來看，其發展趨勢是越來越豐富和深刻。所謂情緒的日益豐富，可以說包括兩種含義：

其一，情緒過程越來越分化。情緒的分化主要發生在兩歲之前，但三歲後也會繼續出現，如尊敬、憐惜等；

其二，情緒指向的事物不斷增加，有些先前不會引起兒童情緒體驗的事物，隨著年齡的增長，開始能引起情緒體驗。

所謂情緒的深刻化，是指它指向事物的性質的變化，從指向事物的表面到指向事物內在的特點。例如，被成人抱起來，嬰兒和較小的幼兒會感到親切，較大的幼兒則會感到不好意思；年幼兒童對父母的依戀，主要來源於父母能滿足他的基本需要，年長的兒童則包括對父母勞動的尊重和愛戴等內容。

（一）與感知覺相聯繫的情緒

與生理性刺激相聯繫的情緒，多屬此類。例如，出生頭幾個月的嬰兒，聽到了刺耳尖聲或身體突然失衡，都會引起痛苦和恐懼。比如使用吸塵器的聲音，他會害怕。2～6個月大的嬰兒，看見別人做鬼臉，會做出微笑反應，即產生愉快的情緒。

有的嬰兒喜歡在大澡盆裡玩水，可是在8個月以後，他開始對大的空間有所感知，於是對大澡盆開始害怕了。當他被放入大澡盆時，他會哭，緊緊抓住澡盆邊沿，這是感知的發展帶來的新恐懼。

（二）與記憶相聯繫的情緒

3～4個月大的嬰兒看見陌生人表示友好的面孔可能發出微笑，但是，7～8個月的嬰兒則可能出現驚奇或恐懼。這是因為前者的情緒尚未與記憶聯繫起來，而後者則可以有記憶的作用。沒有被火燒灼過的兒童不會對火產生害怕情緒，被火燒灼過的兒童則會對火產生害怕情緒。被打過針的兒童都不喜歡穿白大褂的人，因為他們頭腦中保留著打針致痛的印象。

事實說明，嬰幼兒的許多恐懼情緒，如怕黑、怕動物等等，都是後天學來的，屬於條件反射的性質。用條件反射的原理可以使兒童產生一些情緒，也可以使兒童的一些情緒逐漸消失。比如，怕小蟲的幼兒，如果經常和喜歡小蟲的同伴在一起玩，漸漸就不害怕小蟲了。

（三）與想像相聯繫的情緒

兩歲以後的兒童會產生一些與想像相聯繫的情緒體驗。如果成人對孩子說：「你不好好睡覺，大灰狼就要來咬你了！」孩子會越想越害怕，這裡的恐懼情緒就是想像在起作用。諸如此類的情緒反應，都與他人的言語喚起了兒童的某種想像有關。

同情感與記憶和想像都有關。只有當兒童能夠把自己記憶中的情緒和別人聯繫起來，想像到別人的體驗時，才會產生同情感。

（四）與思維相聯繫的情緒

5～6歲的兒童理解生病了要打針、吃藥，從而怕生病；知道蒼蠅很髒，於是討厭蒼蠅。這些懼怕、討厭等，都是與思維相聯繫的情緒。

幽默感是一種與思維的發展相聯繫的情緒體驗。兩歲左右，兒童看見鼻子很長的人，眼睛在頭後面的娃娃，帶鞋子的椅子腿，都會報以微笑。這是兒童理解到「滑稽」狀態，即不正常的狀態而產生的情緒體驗。當兒童會開玩笑，即出現了幽默感的萌芽，這是和他開始能夠分辨真假相聯繫的。

（五）與自我意識相聯繫的情緒

嬰幼兒晚期，隨著情緒的發展，情緒也更多地與記憶的經驗、想像的後果以及對環境的認識評價等複合因素相聯繫。這時，情緒的發生更多地取決於主觀認知因素，而不是事物的客觀性質。

受到別人嘲笑而感到不愉快，對活動的成敗感到自豪、焦慮、害羞或慚愧，以及對別人的懷疑和嫉妒等，都屬於與自我意識相聯繫的情緒體驗。這一類情緒，是典型的社會性情緒，是人際關係性質的情緒體驗。

三、情緒的自我調節化

從情緒的進行過程來看，其發展趨勢是越來越受自我意識的支配。隨著年齡的增長，嬰幼兒對情緒過程的自我調節能力越來越強。這種發展趨勢表現在三個方面。

（一）情緒的衝動性逐漸減少

在日常生活中，嬰幼兒往往由於某種外來刺激的出現而非常興奮，情緒衝動強烈。當嬰幼兒處於高度激動的情緒狀態時，他們完全不能控制自己，他們大哭大鬧或大喊大叫，短時間內不能安靜下來。在這種情況下，成人要求他們「不要哭」「不要鬧」也無濟於事。他們甚至聽不見成人說話。當孩

子大哭而成人勸說無效時，可以拿毛巾給他擦擦臉，用溫柔的口吻對他說話，並撫摸他的頭、臉頰，使他的興奮性逐漸減弱。

　　有時也可用轉移注意力的方法去消除嬰幼兒激動的消極情緒。比如，給他一個誘人的玩具或他心愛的東西，使他暫時不哭。但是，這種方法不能濫用，否則不利於嬰幼兒情緒控制能力的發展。

　　隨著大腦的發育以及言語的發展，嬰幼兒情緒的衝動性逐漸減少。幼兒對自己情緒的控制起初是被動的，即在成人的要求下，服從成人的提示而控制自己的情緒。到了幼兒晚期，對情緒的自我調節能力才逐漸發展。成人經常性的教育要求，以及幼兒所參加的集體活動或集體生活的要求，都有利於逐漸養成他們控制自己情緒的能力，減少衝動性。

（二）情緒的穩定性逐漸提高

　　嬰幼兒的情緒是非常不穩定的、短暫的。隨著年齡的增長，情緒的穩定性逐漸提高。嬰幼兒自身的對立情緒常常在很短時間內互相轉換。破涕為笑，在幼小的兒童身上是常見的。

　　嬰幼兒情緒的易變性與情境有關。嬰幼兒的情緒常常受外界情境所支配，某種情緒往往隨著某種情境的出現而產生，又隨著情境的變化而消失。例如，新入園的幼兒，看著媽媽離去時會傷心地哭，但是媽媽的身影消失後一經老師引導很快就愉快地玩起來。如果媽媽從窗口再次出現，又會立刻引起幼兒的不愉快情緒。嬰幼兒情緒的易變性與情緒的受感染性也有關係。如周圍的成人在聊天時笑了，幼兒有時也會莫名其妙地跟著笑。一起玩的小夥伴有一個哭了，其他的也會跟著哭起來。

　　幼兒晚期情緒逐漸穩定，情境性和受感染性逐漸減少，這時期幼兒的情緒較少受一般人感染，但仍然容易受親近的人，如家長和老師的感染。有經驗的教師都知道，當自己的情緒浮躁時，幼兒的情緒也不會安穩。長期的潛移默化的情緒感染往往對幼兒的情緒、心境甚至性格形成都有重要的影響。因此，成人在嬰幼兒面前必須注意控制自己的不良情緒。

（三）情緒從外露到內隱

嬰兒期和幼兒初期的兒童不能意識到自己情緒的外部表現，他們的情緒完全表露於外，絲毫不加以控制和掩飾。隨著言語和心理活動有意性的發展，幼兒中期以後，逐漸能夠調節自己的情緒。幼兒調節自己情緒外部表現的能力，比調節情緒本身的能力發展得早。幼兒晚期，能較多地調節自己情緒的外部表現。如認識到媽媽因為工作需要外出，能夠控制自己不願和媽媽分開的情緒。這個年齡的幼兒能夠調節自己的情緒表現，做到不愉快時不哭，或者在傷心時不哭出聲音來。此外，這種能力還常常受周圍情景的左右。如幼兒去醫院治牙，如果有其他小朋友在場，並且表現出不害怕的話，這個幼兒即使心裡害怕，表面上也會表現出勇敢的樣子。

幼兒還能在不同場合下以不同方式表達同一種情緒。例如，當他想要喜愛的食物時，如果是在父母面前，他會立即伸手去拿；但在外人面前，他只是注視著食物，用問長問短的方式表示自己對食物的喜愛。

拓展閱讀

情緒智力

情緒智力 (emotional intelligence) 的概念是由美國耶魯大學的薩羅威和新罕布希爾大學的瑪伊爾（1990）提出的，簡稱「情商」。它是指「個體監控自己及他人的情緒和情感，並識別、利用這些訊息指導自己的思想和行為的能力」，即識別和理解自己和他人的情緒狀態，並利用這些訊息來解決問題和調節行為的能力。在某種意義上，情緒智力是與理解、控制和利用情緒的能力相關的。

情商是指情緒智力的高低。高爾曼在其著作《情緒智力》一書中明確提出「真正決定一個人成功與否的關鍵是情商，而非智商」（1995）。到目前為止，人們對「情商」的提法存在著分歧和爭議，情商能否和智商一樣加以定量測量還有待進一步研究。但是，有關情緒智力是決定人們成功的重要因素的思想正逐漸被人們所認同。

情緒智力有很大的個體差異性。情緒智力高的個體可能更深刻地意識到自己和他人的情緒和情感，對自我內部體驗的積極方面和消極方面更開放。這種意識使他們能對自己和他人的情緒做出積極的調控，與他人保持和諧的人際關係，有較強的社會適應能力，在學習、工作和生活中取得更大的成功。

複習鞏固

1. 嬰幼兒情緒發展的社會化有哪些表現？
2. 嬰幼兒情緒的逐漸深刻化和豐富化體現在哪些方面？
3. 如何理解嬰幼兒情緒發展中的自我調節化表現？

第三節 嬰幼兒積極情緒的培養

一、提供適宜環境，營造良好氛圍

生活環境包括物質環境和精神環境。寬敞的活動空間、優美的環境佈置、整潔的活動場所和充滿生機的自然環境，對嬰幼兒情緒情感的發展是非常重要的。研究表明，嬰幼兒如果整天生活在活動空間狹小的環境中，就會情緒暴躁，經常出現煩躁不安的現象；良好的環境則能使嬰幼兒處於輕鬆、愉快的積極情緒狀態。

物質環境對嬰幼兒情緒的影響固然很大，但精神環境更不容忽視。嬰幼兒期的精神環境包括撫養者對其需求的正確回應、無條件的關注與愛、安全溫暖的依戀關係、成人與兒童的關係等。其中，成人與兒童的關係至關重要，如果一個兒童覺得成人喜歡他，同伴喜歡他，他就會學會喜歡別人、愛別人，而不覺得孤單。因此，成人要給嬰幼兒創設一種歡樂、融洽、有愛、互助的氛圍，使他們感到愉快。要特別關愛那些受排斥型和被忽視型兒童，讓他們能夠和同伴好好相處，從同伴交往中得到快樂；對那些缺乏家庭溫暖的兒童，也應給予更多的愛，使他們能獲得更多的關愛和快樂，能夠健康成長。

嬰幼兒心理學
第九章 嬰幼兒情緒的發生發展

二、重視遊戲活動，培養積極情緒

動作、活動是影響嬰幼兒情緒的一個主要因素。研究表明，束縛人的動作會引起本能的憤怒。活動可以提高大腦神經系統的覺醒水平，使人精力充沛，從而產生積極愉快的情緒。積極情緒是那些主動產生的、能使人感覺愉快的情緒，如快樂、幸福、愛等。在嬰兒期，與大腦發育最直接相關的首先是運動能力的發育，活動本身能促進嬰兒大腦的進一步成熟，成人應有意識地讓嬰幼兒練習完成如獨坐、爬行、站立、行走和抓取物品等動作，而不宜束縛他們。

到了幼兒期，幼兒的基本活動就是遊戲。遊戲不僅使幼兒直接從活動本身獲得快樂，還可以滿足他們的許多需要。遊戲和幼兒的情緒、情感之間的關係主要體現在以下幾個方面：

1. 在遊戲中，幼兒能獲得主動感的滿足，還可以不受壓抑地自由表達自己的願望，使自己的情緒、情感和態度自然地流露出來，從而感到愉快、自信、心情舒暢；

2. 在遊戲中，幼兒既可以自由擺弄、操作、直接感知和「實驗」，以滿足他們的好奇心，又可以根據個人的需要自由變換方式，使好動的要求得到滿足；

3. 隨著動作和言語的發展，幼兒希望自己能「和大人一樣」參加社會生活。在遊戲中，幼兒可以利用玩具或替代物模仿成人的活動，實現現實中不能實現的願望而獲得快樂。

三、關注並正確回應嬰幼兒的情緒

成人對嬰幼兒的態度是影響他們情緒、情感發展的又一個主要因素。對嬰幼兒有較大影響的是父母和教師的態度。父母和教師是和嬰幼兒接觸最多的成人，同時也是嬰幼兒成長過程中的「重要他人」。孩子都希望得到父母和教師的認可，而父母、教師的認可與否主要是以他們的情緒態度作為信號傳達出來的，並成為影響嬰幼兒情緒發展的重要因素之一。

父母、教師的表揚會使嬰幼兒感到快樂，反之，父母、教師的批評會使他們感到壓抑和難過。研究表明，父母、教師態度溫和，對孩子多鼓勵、多熱情幫助，孩子往往愉快活潑、積極熱情、自信心強；相反，如果父母、教師對孩子粗暴、冷淡、訓斥多，孩子對周圍的事物就缺乏主動性和自信心，情緒萎縮，適應性差。

生活中的心理學

羅森塔爾效應

「羅森塔爾效應」產生於美國著名心理學家羅森塔爾的一次有名的實驗中。他和助手來到一所小學，聲稱要進行一個「未來發展趨勢測驗」，並煞有介事地以讚賞的口吻，將一份「最有發展前途者」的名單交給了校長和相關教師，其實他撒了一個「權威性謊言」，因為名單上的學生根本就是隨機挑選出來的。8個月後，奇蹟出現了，凡是上了名單的學生，個個成績都有了較大的進步，且各方面都很優秀。

顯然，羅森塔爾的「權威性謊言」發生了作用，因為這個謊言對教師產生了暗示，左右了教師對名單上學生的能力的評價；而教師又將自己的這一心理活動透過情緒、語言和行為反饋給了學生，使他們強烈地感受到來自教師的喜愛和期望，變得更加自尊、自信和自強，從而使各方面得到了異乎尋常的進步。

「羅森塔爾效應」告訴我們：對一個人傳遞積極的期望，就會使他進步得更快，發展得更好；反之，向一個人傳遞消極的期望，則會使人自暴自棄，放棄努力。同樣，如果一個人相信自己能做好某件事，他就敢於去嘗試和努力，成功的概率就會大大增加；如果不相信自己，他就會因擔心失敗而迴避，失敗就會如影隨形。

另外，及時發現並辨別嬰幼兒的情緒，從某種意義上來說非常必要，因為嬰幼兒的行為往往反映了他們內心已經形成的一些品質。成人一旦發現嬰幼兒有情緒，就要正確進行分析，對那些有益的部分，要及時表揚並加以保護；而對不良的苗頭，則要幫助其克服、糾正。

如對目前獨生子女中較多存在的那些不合理情感,如冷漠、自私、不講規則、獨占等,都要加以積極疏導,使之淡化、消失。針對個別差異,也可採取不同方法進行引導。如小紅較內向,有人說她辮子不好看時,她坐在一旁悶悶不樂,對於這樣的幼兒要與她交朋友,增進感情的交流;而小明不一樣,一不順心就大哭大鬧,這樣的幼兒「來得快,去得也快」,可以「冷處理」,等他冷靜下來再與他談,而不要「火上澆油」。

四、幫助嬰幼兒適度表達情緒,符合社會規則

每個社會都有一套情緒表達規則,以此來說明各種情緒在不同情境中應當或不應當表達。這些情緒的「操作編碼」是每個人為了與其他人交往並讓別人滿意所必須學會使用的規則。

淡化某種情緒的能力是嬰幼兒學會遵從某種文化的表達規則時必須掌握的重要技能,而這種對文化的順從往往需要一點「欺騙」或「偽裝」。換句話說,表達規則不僅要求嬰幼兒抑制實際體驗到的不被接受的情緒,而且還要把它替換成在當時情境下合乎規則要求的情緒。這種能力大概在 3 歲左右開始有所表現,並隨著年齡的增長逐漸提高。當然,即使是在最好的環境下,兒童要完全掌握簡單的情緒表達規則也需要一些時間。

雖然情緒表達規則具有很大的文化差異,但是無論文化規定的情緒表達規則如何,這些關於怎樣恰當地表達情緒的規定,都能幫助成長中的嬰幼兒「適應」社會。一般來講,掌握了這些情緒規則的兒童,都會更受歡迎和更有能力。

五、學會識別和理解他人情緒,適應社會交往

嬰幼兒的情緒表情與其解釋他人情緒線索的能力密切相關。在最初幾個月,嬰兒透過自動的情緒感染過程對他人的情緒做出反應,就如同當我們感覺他人微笑、大笑或悲傷時,我們也表達同樣的情緒。

在 7～10 個月大時,嬰兒識別和解釋情緒的能力表現已很明顯,在不確定的情境中嬰兒已經開始從熟悉的人那裡尋求情緒訊息,並用這些訊息調

節自己的行為（社會參照），這種能力隨著年齡增長越來越常見，並很快從父母擴展到其他人。例如，在接近 1 歲時，如果周圍的陌生人微笑，嬰兒就會接近並擺弄不熟悉的玩具；但是如果陌生人表現出害怕的表情，嬰兒就會迴避這些玩具。

成人可以利用社會參照，教授嬰幼兒如何對大量日常事件做出反應。同時，社會參照還允許學步兒童比較他們自己對事件的評價與他人的評價。到 2 歲左右，兒童開始認識到，他人的情緒反應可以與自己不同。隨著嬰幼兒不斷發展與成熟，他們不僅體驗和表現出越來越多樣化的情緒，而且在識別他人情緒、恰當地解釋自己和他人情緒的原因和功能方面有很大提高。獲得關於情緒的知識是情緒發展的一個重要標誌，它有助於嬰幼兒對他人的感受做出判斷，調節自己的行為以達到目標，例如，對悲傷的同伴表示同情而不是譏笑或憤怒。3 歲以後，幼兒的情緒理解能力發展非常迅速。

六、提供情緒調節策略，做自己情緒的主人

18～24 個月大的嬰幼兒已開始能夠與成人談論情緒，這將有助於兒童形成情緒自我調節的認知策略。成人常用的一種方法是，讓他們把注意力集中在積極事件上，例如在打針之前，讓其看牆上色彩鮮艷的掛圖，轉移對無法控制的緊張刺激的注意，或者用其他方法幫助理解驚嚇、沮喪或失望等體驗。這些支持性的干預措施可以幫助兒童自己習得有效的情緒調節策略。

3～6 歲兒童開始採用認知策略，能越來越好地調節消極情緒。例如，把注意力從令人害怕的事件上轉移（「我怕鬼，把眼睛閉上！」）；用想高興的事來克服不愉快的想法（「媽媽走了，等她回來，我們一起去看電影」）；或者換一種方式來理解引發悲傷的原因（「他［電影中的演員］沒死，那只是假的」）。

上述的情緒調節都是關於怎樣抑制自己的情緒以及相關行為，但是適應性調節有時也包括維持和加強情緒，而不是抑制它。例如，幼兒學會用表現出憤怒來對抗欺負。需要維持和加強的另一種情緒是對自身成就的自豪感，它是健康的成就感和學習上的積極自我概念發展的促進因素。

所以，有效情緒調節的內涵是抑制、保持或加強情緒喚醒的能力，所以，當嬰幼兒逐漸學會對自己情緒的調節，就能更好地應對面臨的人或事。

複習鞏固

1. 成人應如何關注並正確回應嬰幼兒的情緒？
2. 請簡述「社會參照作用」的重要性。

本章要點小結

情緒、情感是人對客觀事物的態度體驗及相應的行為反應，是與特定的主觀願望或需要相聯繫的。其中，情緒主要指感情過程，即個體需要與情境相互作用的過程，也就是腦的神經機制活動的過程；情感則經常用來描述那些具有穩定性、深刻性、持久性的社會意義的感情。情緒和情感是有區別的，但又相互依存、不可分離。

情緒是嬰幼兒適應生存的重要心理工具，是嬰幼兒進行人際交流的重要手段，情緒能促進嬰幼兒個性的形成。

嬰兒初生時具有天生的原始情緒；出生一段時間後，在生理成熟和後天環境的作用下，情緒不斷分化，出現興趣、快樂、憤怒和悲傷、恐懼等基本情緒，而這些基本情緒不僅在發生和呈現的時間上有所不同，而且在發展的具體過程中也存在許多的不同。

嬰幼兒情緒的發展逐步呈現出社會化、豐富化、深刻化和自我調節化的特點。

教師應重視嬰幼兒積極情緒的培養，做到：提供適宜環境，營造良好氛圍，重視遊戲活動；關注並正確回應嬰幼兒情緒，幫助嬰幼兒適度表達情緒；符合社會規則，學會識別和理解他人情緒，適應社會交往；提供調節情緒策略，教嬰幼兒學做自己情緒的主人。

關鍵術語表

情緒

情感

原始情緒

情緒的分化

陌生人焦慮

社會參照

自我調節

選擇題

1. 心理學家林傳鼎的研究指出，新生兒已有兩種完全可以分辨清楚的情緒反應，即（　）。

A. 愉快與驚奇

B. 愉快與悲傷

C. 愉快與厭惡

D. 愉快與不愉快

2. 嬰幼兒最初社會性發生的標誌是（　）。

A. 誘發性微笑的出現

B. 不出聲的笑

C. 出聲的笑

D. 有差別的微笑的出現

3. 關於嬰兒的情緒發展特點描述不正確的是（　）。

A. 嬰兒的情緒發展與先天的氣質有關，與後天的成長環境也有關係

B. 嬰兒在 7～8 個月時就要讓他逐漸學會控制情緒

C. 嬰兒情緒反應快而缺乏控制力

D. 嬰兒能夠很好地控制自己的情緒

4. 大約出生後 6～10 週，人臉可以引發嬰兒微笑，這種微笑被稱為（　）。

A. 生理性微笑

B. 自然性微笑

C. 社會性微笑

D. 愉快

5. 嬰幼兒情緒社會化的發展趨勢中，不存在（　）。

A. 自我調節化

B. 情緒中社會交往的成分增加

C. 引起情緒反應的社會性動機增加

D. 情緒表達的社會化

6. 原始情緒反應的特點是，它與（　）是否得到滿足有直接關係。

A. 心理需要

B. 生理需要

C. 愛和歸屬的需要

D. 安全需要

7. 幼兒常常用表情代替語言回答成人的問題，或用表情輔助自己的語言表述。這體現了情緒對嬰幼兒（　）發展的作用。

A. 生存

B. 個性

C. 語言

D. 社會交往

8. 被打過針的孩子，都不喜歡穿白大褂的人，這是與（　）相聯繫的情緒表現。

A. 感知覺

B. 想像

C. 記憶

D. 思維

9. 孩子哭時，大人對他說：「你眼睛裡大概有小哭蟲，我們一起抓小蟲吧。」這種幫助孩子控制情緒的方法是（　）。

A. 冷卻法

B. 轉移法

C. 消退法

D. 反思法

10. 3歲的小明打針感到疼時，便大聲哭喊；而到了大班打針時雖然也疼，但由於認識到要學習警察叔叔的勇敢，就能夠含著眼淚表現出笑容。這體現了嬰幼兒（　）趨勢。

A. 情緒的自我調節

B. 情緒的穩定性

C. 情緒的社會化

D. 情緒的豐富性

第十章 嬰幼兒個性心理特徵的發展

第十章 嬰幼兒個性心理特徵的發展

　　正所謂「世上沒有兩片完全相同的樹葉」，世上也沒有完全相同的兩個人。每個嬰幼兒都是獨特的個體，這些獨特性除了外貌特徵之外，還體現在個性差異上，而在其中，個性心理特徵是差異性顯現的重要組成部分，包括氣質、性格和能力。氣質是人出生後最早表現出來的一種較為明顯而穩定的個性特徵。性格是個性中最重要、最突出的心理特徵。能力作為個性心理特徵之一，是一種複雜的心理結構。本章將重點介紹嬰幼兒氣質類型及測量，氣質與早期教育；嬰幼兒性格特點，以及良好性格的培養方法和策略；嬰幼兒能力發展的特點與個體差異，智力測驗，嬰幼兒能力培養的方法和策略。

第一節 嬰幼兒的氣質

一、氣質及測量

（一）什麼是氣質

　　氣質是表現在心理活動的強度、速度、靈活性與指向性等方面的一種穩定的心理特徵，是一個人所特有的心理活動的動力特徵，給每個人的整個心理活動蒙上一層獨特的色彩。

　　人的氣質差異是先天形成的，受神經系統活動過程的特性所制約，但同時又受環境、人際關係、所接受刺激和活動條件的影響。嬰兒剛一出生時，最先表現出來的差異就是氣質差異，如有的嬰兒愛哭好動，有的嬰兒平穩安靜。

　　氣質所描述的那些傾向並非時刻顯露於外，它只有在特定情境中才會表現出來。比如，膽小的兒童不會持續情緒低落和行為抑制，但是面對新異的環境、刺激突然變化或出現懲罰的信號時，他們很有可能感到害怕。易激惹的兒童也不總是處於憤怒或難安撫狀態，只有當目標受阻或期望落空時他們才會變得特別沮喪。

（二）傳統氣質類型及表現

1. 希波克里特的氣質類型學說

人們對氣質的研究淵源已久，古希臘學者希波克里特（公元前 460-377 年）根據黏液生於腦、黃膽汁生於肝、黑膽汁生於胃、血液生於心臟的觀點提出了「體液說」。他認為四種體液所占比例的不同，決定了人具有四種氣質類型，即多血質、膽汁質、抑鬱質和黏液質。雖然後人對此進行了多方面的發展性研究，但是氣質及四種氣質類型分類的名稱一直被沿用了下來。

（1）膽汁質

這種人情緒爆發迅猛，精力旺盛，爭強好鬥，勇敢果斷，為人熱情直率，但遇事常欠思量，魯莽冒失，易感情用事，粗枝大葉。

（2）多血質

這種人情感豐富，外露但不穩定，活潑好動，熱情大方，善於交往但交情淺薄，行動敏捷、適應性強，但做事缺乏耐心和毅力，穩定性差，容易見異思遷。

（3）黏液質

這種人情緒平穩，考慮問題細緻而周到，安靜穩重，踏踏實實，自制力強，耐受力高，表現為外柔內剛，交往適度，交情沉厚，但靈活性和主動性差。

（4）抑鬱質

這種人情緒體驗深刻、細膩且持久，易抑鬱、多愁善感，但思維敏銳，想像力豐富，注重內心世界，自制力強，不善交際，遇事優柔寡斷。

2. 巴甫洛夫的「高級神經活動說」

巴甫洛夫認為人的氣質是由人的高級神經活動類型決定的。大腦皮層的基本神經過程有強度、平衡性和靈活性三種基本特性。

(1) 神經過程的強度。

這是指興奮和抑制的強度，即神經細胞所能承擔的刺激量，以及神經細胞工作的持久性。

(2) 神經過程的平衡性。

這是指興奮和抑制兩種神經過程之間強度的對比。如果興奮強於抑制或抑制強於興奮，都是不平衡的表現。

(3) 神經過程的靈活性。

這是指神經細胞的兩種神經過程轉換的速度。

巴甫洛夫根據這三種特性之間的不同組合，提出了四種最基本的高級神經活動類型，即興奮型、活潑型、安靜型和抑制型。它們的特點及與之相對應的氣質類型如表 10-1 所列。

表10-1　神經活動過程的特性、高級神經活動類型與氣質類型的關係

神經過程的基本特性			高級神經活動類型	氣質類型
強度	平衡性	靈活性		
強	不平衡	—	興奮型	膽汁質
強	平衡	靈活	活潑型	多血質
強	平衡	不靈活	安靜型	黏液質
弱	—	—	抑制型	抑鬱質

(三) 氣質測量

測量嬰兒和稍年長兒童的氣質有不同的方法和途徑，其中最常用的方法是採用專門設計用來評定特殊氣質特徵的問卷（透過向瞭解兒童和能夠概括其行為特點的成人詢問來完成）。例如，在瑪麗·羅斯巴特編制的《嬰兒行為問卷》中 (Infant Behavior Questionaire, IBQ)，讓父母描述寶寶對著吸塵器的聲音哭（恐懼性痛苦）、等待奶瓶時哭（易怒性痛苦）、微笑和大笑（積極的情感）、扭動或踢打（活動水平）等行為的頻率（使用 7 點量表，1= 從來不，7= 經常如此）。

他編制的《兒童行為問卷》(Child Behavior Questionaire, CBQ) 也採用了類似的項目，其設計更具年齡適應性，通常由家長、教師或者日常看護者填寫，用以評估從學步年齡到小學低年級期間兒童的氣質變化。CBQ 中的標準題目要求成人報告兒童對大噪音、大動物等的恐懼（恐懼性痛苦）、他們發脾氣（易怒性）和從一個房間跑到另一個房間（活動水平）等情況。像 IBQ 和 CBQ 這樣的測量工具的主要優勢在於，填問卷的成人瞭解兒童在各種情境中的行為和情緒反應 (Rothbart & Bates, 1998)，但該問卷的一個不足之處是，填問卷的人尤其是父母的報告並非完全客觀。

有些研究者願意採用實驗室觀察法評定氣質（準確地說是他們感興趣的氣質成分），在這種情境中可能觀察到有趣的氣質變化。如果想要考慮恐懼性痛苦的變化（或者一些標誌抑制行為的信號），研究者會讓兒童置身於陌生人的環境中或不熟悉的玩具面前，這些玩具可以移動、發出噪音或者包含了一些不確定因素，同時記錄兒童對這些物體和情境的反應 (Kagan, 1992)。實驗室觀察也有重要的缺陷：

1. 這種測量可能受到即時因素的較大影響，比如，兒童在特殊日子裡的心境；

2. 它們只能反映一兩個氣質特徵，而不能反映整體氣質差異。但是，主張實驗室評估的研究者認為，這種方法更客觀，主觀偏見較少 (Kagan, 1998)。

（四）氣質的影響因素

1. 遺傳

許多研究者認為，「氣質」這個術語意味著導致個體行為差異的一種生物基礎，它受遺傳的影響，具有跨時間的穩定性 (Buss & Plomin, 1984; Rothart & Bates, 1998)。行為遺傳學透過比較同卵雙生子和異卵雙生子來查明遺傳影響。在 6 個月左右，同卵雙生子已經比異卵雙生子在活動水平、易怒性和積極情感等這樣的氣質特徵上具有更多的相似之處 (Braungart, etal., 1992; Emde, et al., 1992)。在嬰兒期和學前期，多數氣質特徵具有中

等遺傳力 (Goldsmith, Buss & Lemery, 1997)，這表明許多重要的氣質成分受基因的影響。

2. 環境

氣質特點只具有中度的遺傳力這一事實，意味著環境同樣影響兒童的氣質。例如，持續的營養和情緒剝奪會深刻地改變兒童的氣質，造成適應不良的情緒風格 (Wachs & Bates, 2001)。嬰兒期遭受了嚴重營養不良的兒童更容易分心和害怕，在條件匱乏的孤兒院中被撫養長大的兒童，更容易被壓力體驗所擊垮。他們糟糕的情緒調節造成注意缺乏和衝動控制弱，包括頻繁的憤怒表達等。

另外，有研究者認為，兒童的氣質類型與父母教養方式之間的「良好匹配」（"goodness-of-fit" model）也可能改變氣質。氣質與撫養之間的「良好匹配」意味著如下改變：脾氣大、對新事物難以適應的困難型嬰兒和學步兒童，經過一段較長的時間可能會變得不太易怒，而且適應性變好了。但前提是，其父母在堅持讓孩子遵守規則時保持冷靜，在約束和限制孩子的同時讓孩子以一種更快樂的方式對新規則做出反應。許多接受這種耐心、敏感養育的困難型嬰兒，到兒童期或青少年期不再被劃為困難型兒童 (Bates, et al., 1998; Chess & Thomas, 1984)。

但是，對一個好動、易怒且拒絕被關注的孩子，家長通常很難保持耐心和敏感。許多家長對這樣的孩子發火、失去耐心、一味要求並懲罰孩子 (Vanden Boom, 1995)。令人遺憾的是，這些特點和行為與一個困難型兒童構成了「不良匹配」，孩子會對父母的暴力或懲罰報以更大的暴躁和反抗。如果父母常常對困難型兒童缺乏耐心、發怒、喝斥並對他們施以暴力，他們就可能在以後繼續表現為困難型，並表現出行為問題 (Chess & Thomas, 1984; Rubin, etal., 2003)。

最近研究表明，兄弟姐妹共享的家庭環境最顯著地影響諸如「微笑/積極情感」這類積極氣質特點，而共享環境對易怒性和恐懼性痛苦這種消極氣質特點的影響較小，因為共同生活的兄弟姐妹在這些方面並不相同 (Goldsmith, Buss & Lemery, 1997; Goldsmith, etal., 1999)。相反，消極

嬰幼兒心理學
第十章 嬰幼兒個性心理特徵的發展

氣質特點更多地受到非共享環境的影響，兄弟姐妹非共享的這些環境累積在一起，造成了他們氣質上的不同。如果父母注意到了孩子之間的早期行為差異，並調整對他們的撫養方式，這種情況就很容易發生。例如，如果一位母親發現，與 3 歲的女兒相比，小兒子更迴避陌生人，因此她可能不讓兒子接觸很多陌生人，而是多讓他獨自活動，從而使小兒子比姐姐更孤僻和社會抑制 (Park, et al., 1997)。也就是說，遺傳對氣質的影響常常受到環境影響的調節，遺傳和環境共同影響氣質。

二、嬰兒早期氣質類型

托馬斯和切斯 (Thomas & Chess, 1997; Thomas, Chess & Birch, 1970) 在他們早期的報告中指出，可以透過聚類的方式預測嬰兒氣質的某些方面，形成幾種大的氣質類型。在他們的「紐約追蹤研究」中，141 名嬰兒中的大多數可以被歸為以下三種氣質類型中的一類。

（一）容易型氣質 (easy temperament)（占樣本的 40%）

許多嬰兒屬於這一類。這一類嬰兒吃、喝、睡、大小便等生理機能活動有規律，節奏明顯，容易適應新環境，也容易接受新事物和不熟悉的人。他們的情緒一般積極、愉快，對成人的交流行為反應適度。由於他們生活規律、情緒愉快，且對成人的撫養活動提供大量的積極反饋（強化），因而容易受到成人最大的關懷和喜愛。

（二）困難型氣質 (difficult temperament)（占樣本的 10%）

這一類嬰兒的人數較少。他們時常大聲哭鬧，煩躁易怒，愛發脾氣，不易安撫。在飲食、睡眠等生理機能活動方面缺乏規律性，對新食物、新事物、新環境接受很慢，需要很長的時間去適應新的安排和活動，對環境的改變難以適應。他們情緒總是不好，在遊戲中也不愉快。成人需要費很大力氣才能使他們接受撫愛，很難得到他們的正面反饋。由於這種孩子對父母來說是一個較大的麻煩，因而在哺育過程中需要成人極大的耐心和寬容，否則易使親子關係疏遠，孩子缺乏相應的撫愛、教養。

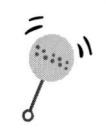

（三）遲緩型氣質 (slow-to-warm up temperament) （占樣本的 15%）

這類嬰兒的活動水平很低，行為反應強度很弱，情緒總是消極、不甚愉快，但也不像困難型嬰兒那樣總是大聲哭鬧，而是常常安靜地退縮，畏懼，情緒低落，逃避新刺激、新事物。例如，他們可能用轉頭來拒絕擁抱，而不是踢打或大叫。他們對外界環境、新事物、生活變化適應緩慢。在沒有壓力的情況下，他們會對新刺激緩慢地發生興趣，在新情境中能逐漸活躍起來。這一類嬰兒隨著年齡的增長、成人的撫愛和教育情況的不同而發生分化。

托馬斯和切斯認為，以上三種類型只涵蓋了 65% 的被試，另有 35% 的嬰兒不能簡單地劃歸到上述任何一種氣質類型中去。這些嬰兒往往具有上述兩種或三種氣質類型混合的特點，情緒、行為傾向性和個人特點不明顯，屬於上述類型中的中間型或過渡（交叉）型。

氣質類型一旦形成，就會影響一個兒童在以後的生活中對各種環境的適應，例如，困難型的兒童比其他兒童更有可能存在學校適應問題，他們在與兄弟姐妹或同伴的交往中易怒，具有攻擊性。大約有一半的慢熱型兒童會表現出各種適應問題，因為他們在遇到新活動和挑戰時猶豫不決，這可能使他們被同伴忽視或拒絕 (Chess & Thomas, 1984)。

三、氣質與早期教育

不同氣質類型的嬰兒對早期教育的適應性和要求是各不相同的。一般來說，容易型嬰兒對各種各樣的教養方式都容易適應。但是在某些情況下，他們這種容易接受父母管教的優點卻會導致一些行為問題的發生。如，這些嬰兒在早年容易接受和適應父母的期望和管教標準，並將它們內化為自己的期望和規則系統。這樣一來，當他們進入幼稚園、走進同齡人的世界時，就會發現這些新環境中的要求與規則同他們所習以為常的規則系統有所不同，他們在家庭中所習得的行為模式在這裡會顯得有些格格不入。如果這兩種要求間的衝突和矛盾十分嚴重，會使嬰幼兒陷入進退兩難、無所適從的境地，從而導致行為問題或發展障礙。

對於困難型嬰兒，教養問題則從一開始就有了。為了使對孩子的撫養和家庭生活能按正常秩序維持下去，家長必須處理很多棘手的問題，如怎樣適應嬰兒不規律性的生活、適應慢的特點，怎樣對待和調教他們的煩躁、易哭鬧，等等。如果父母在管教孩子時不一致、不耐心或經常性地斥責、懲罰，那麼這些嬰兒比其他類型的嬰兒就容易表現得更加煩躁、牴觸、易怒和消沉。成人只有特別熱情、耐心、有愛心地對待這些嬰兒，全面考慮他們的氣質特點，針對其特點積極地對待他們，採取適合於其特點的、特別的、有針對性的措施、方式，才能使這些兒童健康地適應社會，「走向正軌」。當然，這需要一個漫長的過程，也需要成人的極度努力和付出。

對遲緩型嬰兒教養的關鍵在於：一方面，讓他們能按照自己的速度和特點去適應環境。如果被施壓，反而會強化他們的自然反應傾向——逃避；另一方面，此類型嬰兒也確實需要機會並被鼓勵去嘗試新經驗、適應新環境，鼓勵對他們尤其重要，同時他們也需要在嘗試過程中有成人的具體幫助與指導。

托馬斯和切斯（1983）的研究表明，一個與嬰兒的氣質特性或理解力相衝突的要求可能會使兒童承受很重的、甚至是不能承受的壓力。這就要求成人清楚地認識每一個兒童的特性，知道誰能做什麼、誰不能做什麼、誰能做成什麼樣、誰可能怎樣去做……據此提出合理的要求。例如，對一個活動性高的兒童，就不能要求他在較長時間內一直安安靜靜地坐著，一動也不動；一個固執的兒童，總是不希望被打擾，因此就不要希望你一叫他就動；對一個遲緩型的兒童，不要要求他第一個收拾好玩具。

總之，對嬰兒氣質特性的深入瞭解，有助於成人正確教育嬰幼兒並避免他們產生問題行為。

複習鞏固

1. 托馬斯和切斯將嬰兒早期氣質類型分為哪些？分別有什麼特點？
2. 針對不同氣質類型的嬰幼兒要如何開展早期教育？
3. 請簡述影響氣質類型的因素有哪些？

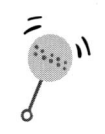

第二節 嬰幼兒的性格

一、性格及性格結構

（一）什麼是性格

性格是一種與社會最密切相關的人格特徵，表現為人們對現實穩定的態度和慣常的行為方式。

性格主要體現在對自己、對別人、對事物的態度和所採取的言行上。所謂態度，是個體對社會、對自己和他人的一種心理傾向，它包括對事物的評價、好惡和趨避等方面。有的人熱情、關心別人；有的人冷漠、私心很重；有的人勤勞、踏實；有的人懶惰、浮躁等。而態度往往又表現在人的行為方式中，但只有那些經常表現出來的習慣化了的行為方式，才能體現一個人的性格特徵。

（二）性格結構

客觀事物是多種多樣的，人們對客觀事物的態度及行為方式也是各不相同。性格在一個人身上表現出來的是一個有機的整體，但為了仔細地瞭解性格，又可以把它分解為不同的方面。一般來說，可以從性格的組成部分來分解性格，也就是性格的靜態結構，包括性格的態度特徵、性格的意志特徵、性格的情緒特徵和性格的理智特徵；除此外，還可以從性格結構的幾個方面的聯繫上，從不同的生活情景中來考察性格，也就是性格的動態特徵。

它要求我們在分析一個人的性格時，一定要抓住他性格的主要特徵，由此可預見到其他的性格特徵。另外，性格的各種特徵並不是一成不變的機械組合，而是可以變換的，常常在不同場合下顯露出一個人性格的不同側面。這也告訴我們，在人際交往中需要綜合、全面瞭解一個人的重要性，要避免受「暈輪效應」影響而造成認知上的誤區。

生活中的心理學

暈輪效應

1920 年美國著名心理學家愛德華·桑德克在進行人力資源方面的研究時，第一次正式提出了「暈輪效應」的概念。暈輪效應是一種普遍存在的心理現象，它是指一個人在對他人進行評價時，對他人的某種品質或特徵有非常清晰鮮明的知覺，從而掩蓋了對這個人其他特徵和品質的知覺。也就是說，這一突出的特徵或品質起著一種類似暈輪的作用，使觀察者看不到其他品質，而僅憑藉一點訊息就對這個人的整體面貌做出判斷。

美國心理學家戴恩等人曾用實驗證實了暈輪效應的存在。他們給被試看一些人的照片，這些人看上去分別是很有吸引力的人、沒有吸引力的人和一般的人。然後要求被試評定這些人的一些特點，而要評定的這些特點與有無吸引力沒有絲毫關係，分別是這些人的婚姻狀況、幸福程度等。結果發現，有吸引力的人得到的評分最高，而沒有吸引力的人得到的評價最低。這顯然是由暈輪效應引起的認知偏見。

暈輪效應告訴我們：在人際交往中，我們應該注意告誡自己不要被暈輪效應所影響而陷入認知上的誤區。但同時，暈輪效應作為一種非常普遍的心理錯覺，也可以恰當利用其來改善自己的人際關係。

二、嬰兒期性格的萌芽

嬰幼兒的性格是在先天氣質類型的基礎上，在與父母的相互作用中逐漸形成的。嬰幼兒性格的最初表現是在嬰兒期，3 歲左右的兒童表現出了最初的性格方面的差異，具體表現在以下幾方面。

（一）合群性

在嬰幼兒與夥伴的關係方面，可以看出明顯的區別，如有的兒童比較隨和，富於同情心，看到小夥伴哭了會主動上前安慰，在發生爭執時也較容易讓步；而另一些兒童則存在明顯的攻擊行為，如愛咬人、打人、掐人等。

（二）獨立性

獨立性是嬰幼兒期發展較快的一種性格特徵，獨立性的表現大約在 2～3 歲變得很明顯。獨立性強的兒童可以做很多事情，如獨立用筷子吃飯、自己洗手、獨睡等；而有些兒童卻表現出很強的依賴性。

（三）自制力

3 歲左右，在正確的教育下，部分兒童已經掌握了初步的行為規範，並學會了對行為的初步自制能力，如不隨便要東西，不搶別人的玩具，當要求得不到滿足時也不會無休止地哭鬧；有些兒童則不然。

（四）活動性

仔細觀察嬰幼兒，會發現有的兒童活潑好動，手腳不停，對任何事物都表現出很強的興趣，且精力旺盛；有的兒童則好靜，喜歡做安靜的遊戲，一個人看書或看電視等。

此外，嬰幼兒性格的差異還表現在堅持性、好奇心及情緒等方面。

嬰幼兒的性格是在他們與周圍環境的相互作用過程中形成的。嬰兒期內最重要的客體是經常照顧嬰兒的成人，因此，母親與孩子的關係在嬰兒性格的萌芽過程中起著最重要的作用。母親的良好照顧和愛撫會使嬰兒從小得到安全感，形成對母親的信任和依戀，有助於以後良好性格的形成。

氣質差異對嬰幼兒性格的形成有所影響。例如，急躁的孩子餓了便立刻大哭大鬧，這使成人不得不馬上放下一切其他事情，急忙給他餵食；而對那些餓了只是斷斷續續地細聲哼哼的孩子，成人則可能把手頭的事情做完再餵食。日積月累，前一類孩子就可能形成不能等待別人、自己的要求必須立即滿足的態度和行為習慣，而後一類孩子則可能養成自制、忍耐的性格特徵。

成人的撫養方式和教育在嬰兒性格的最初形成中起著決定性作用。例如，假如成人自己總是把東西放得整整齊齊，而且要求孩子做完遊戲後也把玩具收好等，在這種環境中耳濡目染，便可能使嬰幼兒在潛移默化中形成逐漸穩固起來的態度和行為習慣，形成好整潔、愛勞動等性格特徵的萌芽。

三、幼兒期典型的性格特徵

3歲以後，儘管每個幼兒都有個人獨特的性格表現，但總的來說，他們又會表現出一些明顯的、共同的性格特徵。

（一）活潑好動

幼兒總是不停地做各種動作，不停地變換活動方式，他們總是喜歡走來走去、蹦蹦跳跳。在成人的指導下做事，他們會感到非常愉快與自豪。一般情況下，對幼兒來說，他們並不會因為自己的不斷活動而感到疲勞，而往往是由於活動的單調、枯燥而感到厭倦。如果限制他們的活動，往往會使他們不愉快。

幼兒好動的性格特徵，如果加以引導，有助於形成勤奮、愛勞動的優良品質；如果成人對他們的活動過分限制和干涉，則可能造成反感、不愉快，或者使之形成懶惰的性格特徵。

（二）好奇、好問

幼兒的好奇心很強，主要表現為喜歡提問題。較小的幼兒都喜歡問這是什麼、那是什麼，稍大一些的幼兒開始問為什麼。如果說問是什麼體現出了幼兒的好奇心，那麼，問為什麼則進一步表現出了他們強烈的求知慾。幼兒總想試探著去認識世界，弄清究竟。在好奇心的促使下，幼兒渴望試試自己的力量，試著去做成人所做的事或一些他們被禁止做的事情。

幼兒好奇、好問的特點，如果得到正確指導，便容易發展成為勤奮好學、進取心強的良好性格特徵；反之，如果對他們的提問採取冷漠、指責甚至譏笑的態度，則會扼殺良好性格特徵的發展。

（三）易衝動、自制力差

幼兒的情感很容易受外界事物的支配，新鮮的事物會對他們有很大的吸引力，這時，儘管成人阻止，幼兒還是會情不自禁地要去探究；或因被自己的主觀情緒或興趣所左右而行為衝動。和這一特點相聯繫的是缺乏深思熟慮。例如，幼兒喜歡提問，但常常從情緒出發，並非經過認真思考。

因此，成人應注意引導幼兒養成既習慣於思考，又坦率、誠實的性格。

（四）易受暗示、模仿性強

幼兒往往沒有主見，常常受外界環境影響而改變自己的意見，受暗示性強。當幼兒回答問題或講述後，如果成人提出疑問，他們會立即改變原來的意思。

幼兒的模仿性很強。模仿是他們學習別人行為的重要形式之一。幼兒經常模仿周圍的人：父母、兄弟姐妹、小朋友等。幼兒還喜歡模仿電視劇和故事裡的人物，更喜歡模仿他們所尊敬和喜愛的人物的言行舉止。在幼稚園裡，幼兒最主要的模仿對像是自己的老師。幼兒往往模仿老師說話的口音、音調、語氣、表情、動作以及待人接物的態度和思想感情，甚至模仿成人注意不到的許多細節。

針對幼兒愛模仿的特點，可以積極利用它作為一種教育手段。有經驗的成人應特別注意為幼兒創設良好的榜樣，使其在模仿中學習。避免過多批評，以免引起幼兒對不良行為的模仿。

四、嬰幼兒良好性格的培養

性格發展的穩定性與變化主要受環境的影響。在嬰兒期，性格的某些特徵已開始顯露；幼兒期是性格開始穩定和形成的時期，雖然還沒有定型，但它卻是未來性格形成的基礎。一般情況下，性格比較容易沿著最初的傾向發展。例如，性格比較順從的嬰幼兒，容易遵照成人的吩咐和集體規則行事，以後將形成與人和睦相處、守紀律的性格。如果最初形成任性的苗頭，要求別人處處依從嬰幼兒個人的意願，成人如果遷就、縱容這種性格的發展，任性的性格特徵就將日益鞏固而定型。

一些對兒童性格發展的長期追蹤研究表明，嬰幼兒的性格因為處於開始發生和初步發展的階段，因此，既具有相對的穩定性，又相當不穩固。從嬰幼兒到長大成人，其性格特徵是穩定還是變化，主要決定於社會環境的影響。許多事例證明，嬰幼兒的性格是隨外界環境和教育的影響而發生，並且隨它們的變化而變化的。

因此，我們必須重視嬰幼兒性格的培養，努力做到以下方面。

（一）重視胎教，常保持平和愉快的心情

教育最好從胎兒時期開始抓，這已成為當今社會人們的共識。生育科學指出，胎兒在母體內的生長發育狀況與母體的狀況有直接的關係。除了母體營養充足才能使胎兒健康成長之外，影響胎兒生長，特別是其今後性格發展的一個重要因素就是母親的情緒狀態。孕婦的情緒和精神活動會影響母體自主神經系統的活動和激素的代謝，而代謝活動又對胎兒產生影響。

因此，當孕婦精神舒暢、愉快、平和，自主神經系統的交感與副交感神經處於協調的相互作用中，內分泌系統的活動處於平衡狀態，母體生理環境良好，就有益於胎兒的正常生長。與此相反，當孕婦由於生活或工作經常不順心而時常情緒波動，比如過多的憂鬱和悲傷或情緒壓力，則會影響胎兒生長的生理環境。已有研究表明，孕婦經常情緒激動是生產易激惹嬰兒的原因之一。

（二）營造充滿愛的環境，培養積極樂觀的性格特徵

沒有哪個父母不愛自己的孩子，可是究竟什麼才是愛呢？愛孩子是把溫暖、關心輸送給孩子，有時一個微笑、一句表揚、一份關懷，就是表達愛的最好的禮物。切忌溺愛、過度保護，否則會養成孩子唯我、任性的壞習慣。因此，對孩子的全部教育都應建立在正確的愛上，建立在正確地為他們提供健康、溫暖、理解、有序的感情氛圍的基礎上。另外，成人也應儘可能多地與嬰幼兒接觸，與他玩耍，同他談話，給他唱歌。隨著《爸爸去哪兒》節目的熱播，也讓越來越多的家長意識到「父親」這一角色在孩子養育中的重要性和不可取代性。其實，早就有相關研究表明，父親的溫暖──持續的感情投入在嬰幼兒的成長過程中與母親一樣起著重要的作用。

第二節 嬰幼兒的性格

拓展閱讀

父親的溫暖對兒童成長的重要性

許多研究顯示，父親的溫暖極大地影響兒童長期的良好發展。在對世界各地進行的多樣性社會和種族群體的研究中，研究者把父親的愛和養育表現，包括擁抱、安慰、遊戲、言語上表達愛和表揚兒童的行為等舉動進行編碼研究，發現父親持續的感情投入對預測兒童後來的認知、情緒和社會技能等的發展有重要作用，其預測程度與母親的溫暖一樣強，甚至有時候更強 (Rohner & Veneziano, 2001; Veneziano, 2003)。並且在西方文化中，父親的溫暖能保護兒童免於多種困難，包括兒童期情緒和行為問題，以及青春期藥物濫用和犯罪 (Rohner & Brothers, 1999; Grant, et al., 2000; Tacon & Caldera, 2001)。

在那些父親奉獻很少時間對孩子進行身體照料的家庭中，他們透過遊戲來表現溫暖。在探索孩子與父親的關係中，父親似乎會傳授給年幼兒童以自信感，這增強了他們應付許多未來挑戰的能力。

事實上，在已經被研究過的每種文化和社會中，都發現了父親感情的重要作用，這可能幫助激發更多男性參與對年幼兒童的養育照料。

6～8個月的嬰兒開始形成親子依戀。安全型依戀的嬰兒易於養成快樂而穩定的情緒特徵，因為他對成人有一定的信賴感，所以他是快樂而安靜的；而未建立安全感的嬰兒，由於經常擔心成人離開，所以容易處於不快樂、情緒不安的狀態之中，久而久之，會影響到他們性格的發展，變得易激惹、焦慮、擔心，不肯探索事物，不願接近生人的人格特徵，從而導致在認知和社交技能上的發展均受到侷限。所以，成人應注意嬰幼兒在不同年齡階段的不同情緒要求，給予不同內容的感情照顧和回應，幫助他們適應成人社會，這將有助於逐漸培養嬰幼兒積極樂觀的性格特徵。

（三）重視後期教育，培養獨立自信的性格特徵

從1歲左右開始，兒童一方面願意獨立做事、獨立行動；但另一方面又必須依賴成人。因此，嬰幼兒獨立性的培養，首先要以具有對成人的安全感

為基礎。當他們遇到問題時，能預期得到父母或教師的支持；同時，給予嬰幼兒活動和玩耍的充分自由，只要沒有危險，成人就不要干預，不要過度保護、事事代勞，要讓他們自己處理自己的事情。另外，還可以根據嬰幼兒的年齡特點，分配他去完成力所能及的事情。即便在活動中只得到了點滴的成果，也要及時給予鼓勵和讚美，只有這樣，孩子才能更加樂於獨立並自信地完成工作和接受任務，同時還可以培養其責任心。

從某種意義上說，自信是人格全面發展的基礎特徵，從小培養自信心有助於嬰幼兒其他優良品質的成長。如果一個孩子缺乏自信，做事畏首畏尾、猶豫不決，那麼他後期的很多發展都會受到侷限和制約。所以，成人應注意維持嬰幼兒良好的自信心，諸如肯定他們的成功，幫助他們克服困難，設立合乎他們能力的目標，在日常生活中鼓勵他們不斷戰勝自己，都可使嬰幼兒及早樹立自信心。

當然，嬰幼兒性格的培養是一個漫長的過程，不可操之過急。成人應有信心、有耐心，幫助嬰幼兒克服不良性格，逐漸培養良好的性格特徵。

複習鞏固

1. 幼兒的性格有哪些典型特點？
2. 應注重從哪些方面培養嬰幼兒良好的性格特徵？

第三節 嬰幼兒的能力

一．能力及能力分類

（一）什麼是能力

能力是人們順利完成某種活動所必須具備的一種心理特徵。例如，一位畫家所具有的色彩鑒別力、形象記憶力等都叫能力，這些都是保證畫家能順利完成繪畫活動的心理條件。

能力表現在所從事的各種活動中，並在相關活動中得到發展。一個有繪畫能力的人，只有在繪畫活動中才能施展自己的能力；一個有管理才能的人，

也只有在領導一個企業的活動中才能顯示出來。當一個人能順利完成某種活動時，也就多少表現了他的能力。

（二）能力的分類

人的能力是各種各樣的，可以分為一般能力和特殊能力。一般能力指在不同種類的活動中表現出來的能力，如觀察力、記憶力、抽象概括力、想像力、創造力等，其中抽象概括力是一般能力的核心。人要完成任何一種活動，都和這些能力的發展分不開。平時我們所說的智力，就是指的一般能力。

特殊能力指在某種專業活動中表現出來的能力。它是順利完成某種專業活動的心理條件。例如，畫家的色彩鑒別力、形象記憶力，音樂家區別旋律的能力、感受音樂節奏的能力等，均屬於特殊能力。

（三）智力測驗

智力測驗就是針對一般能力進行的測試。心理學家們根據不同的理論編制了各種智力測驗工具，即智力測驗量表，常見的有以下幾種。

1. 比奈—西蒙智力量表

比奈—西蒙智力量表是世界上第一個智力量表，誕生於 1905 年。法國心理學家比奈和他的助手西蒙編制這個測驗的目的，是為了把異常兒童和一般兒童區分開來，並對其進行特別的教育。1905 年版本的比奈—西蒙智力量表包含了 30 個測驗項目，測量兒童的記憶、言語、理解等。後又對原有量表進行了修改，刪除了一些令人不滿意的項目，新增加了一些項目，使測驗項目增加到 58 個。

1908 年他們推出了比奈—西蒙智力量表修訂版。量表中的所有項目都按年齡水平分組，從 3 歲到 13 歲，每歲一組。有 80%—90% 的 3 歲正常兒童透過的項目放入 3 歲組，有 80%—90% 的 4 歲正常兒童透過的項目放入 4 歲組，以此類推。兒童最後能透過哪個年齡組的項目，便說明他具有此年齡組的智力水平。1911 年比奈等人又對量表進行了修訂，主要是改變了一些項目的內容和順序，並增加了一個成人組，將智力測驗的應用範圍進一步擴大。

2. 史丹佛—比奈智力量表

比奈—西蒙智力量表一經推出，即受到了很大的關注，但也暴露出了很多問題。於是，很多心理學家對其進行了修訂，其中影響最大的莫過於史丹佛大學的推孟推出的史丹佛—比奈智力量表。推孟對比奈—西蒙智力量表進行了較大的改動，他保留了該量表中的 51 道題目，又修改了部分題目的內容和所屬的年齡水平，同時自編了 39 道題目，使量表題目增加到 90 道。

更具有劃時代意義的是，該量表使用了智力商數來表示智力水平，即用智力年齡除以實際年齡，再將結果乘以 100 後的所得分數，也稱為「智商」。智商用字母 IQ 表示，從此，IQ 的概念在心理學研究中得到廣泛應用。史丹佛—比奈量表有很多個版本，1916 年推出的是第 1 版，現在的最新版是 2003 年推出的第 5 版。史丹佛—比奈量表第 5 版測量了五種智力的一般因素，分別是流體推理、知識、數量推理、空間視覺過程和工作記憶，每種一般因素又透過言語和非言語兩種測驗形式來反映。

3. 韋氏學齡前和學齡初期兒童智力量表 (WPPSI)

韋克斯勒兒童智力量表 (WISC) 適用於 6 至 16 歲的兒童。1968 年發行的第 1 版 WPPSI 適用於 4 至 6 歲半的兒童，包含 11 個份量表，但只有 10 個份量表用來計算智商。其中的 8 個份量表與韋氏兒童智力量表中的相似，只是內容進行了替換。有 3 個份量表是新加的，包括句子測驗、動物房測驗和幾何圖形測驗。句子測驗是備用測驗，可以取代任何一個言語分測驗，當主試唸完一個句子，要求受測者立即重複。動物房測驗是透過給幼兒提供一個標準參照樣本，即畫有狗、小雞、魚和貓四種動物，每種動物下都有一個洞，插著不同顏色的圓柱體（動物房），要求兒童在板上畫出動物圖案下的動物房。幾何圖形測驗是讓兒童用彩色鉛筆臨摹 10 個簡單的幾何圖形。目前該量表的最新版本是 2003 年發行的第 3 版，該版在適用年齡上進行了延伸，適合 3 到 7 歲的兒童。

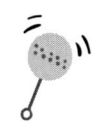

二、智力發展的關鍵期

班傑明·布魯姆1960年蒐集了20世紀前半期多種兒童智力發展的縱向追蹤材料和系統測驗的數據，進行了分析和總結，發現兒童智力發展有一定的規律。各種測驗的時間和條件雖然不同，其所得曲線卻非常相似，經過統計處理，他得到了一條兒童智力發展曲線。

布魯姆以17歲為發展的最高點，假定其智力為100%，得出了各年齡兒童智力發展的百分比：1歲20%、4歲50%、8歲80%、13歲92%、17歲100%。

上述數字說明，出生後前4年兒童的智力發展最快，已經發展了50%，獲得了成熟的一半；4～8歲，即出生後的第二個4年，發展了30%，其速度比頭4年顯然更緩慢；以後速度更慢。

需要注意的是，布魯姆提出的只是一個理論的假設，只能做參考。但關於嬰幼兒期是兒童智力發展關鍵時期的觀點已經被許多心理學家所認可。同時，從腦的發育是兒童智力發展的生理基礎來說，在兒童腦的發育水平方面也可以找到相應的證據。7歲時兒童的腦重已達到1280克，達到成人腦重（1400克）的90%以上；從兒童腦神經的研究來看，腦的高級中樞額葉部分到7歲時已經基本成熟；從兒童腦電波的研究來看，兒童腦電波發展的兩個高峰期中，第一個高峰期就是5～6歲（另一個是13～14歲）。

三、嬰幼兒能力發展的特點與個體差異

（一）嬰幼兒一般能力發展的特點

1. 操作能力發展最早，語言能力發展迅速

操作能力是操縱、製作和運用的能力。個體出生後這種能力就有所顯現。人一生下來就具有無條件抓握反射的能力，並逐漸學會有目的的抓握動作。半歲以後的兒童，雙手協調能力開始得到發展，手的靈活性也逐漸提高。1歲以後，兒童能運用各種操作能力開展遊戲活動。同時，兒童的走、跑、跳等運動能力逐漸完善。

個體出生後第一年是語言發展的準備時期，稱為前語言階段。1～3歲是言語真正形成的階段。幼兒階段言語表達能力逐漸增強，特別是言語的連貫性、完整性和邏輯性迅速發展，為幼兒的學習和交往創造了良好的條件。

2. 模仿能力發展迅速，認知能力全面完成

瑪爾佐夫和穆爾在1977年拍錄了新生兒出生12～21天時對成人伸舌、張口和噘嘴的模仿照片，表明新生兒已具有模仿行為。5～6個月大時已開始出現有意的模仿。整個嬰幼兒期模仿能力發展迅速，對其心理發展尤其是個性形成具有重要作用。

從出生到幼兒末期的發展，我們可以看到人類個體的認知能力發生、發展的過程。人出生時只具備基本的感知能力，隨後開始出現初步的記憶、注意能力。進入嬰兒期後，相繼出現了想像能力和直覺思維能力。到了幼兒期，兒童的各種認知能力都迅速發展起來，逐漸向比較高級的心理水平發展，認識活動的有意性也開始發展起來，為嬰幼兒的學習、個性發展提供了必要的前提。

3. 智力結構隨著年齡增長而變化

對學前兒童智力結構變化發展的趨勢，人們從不同角度提出了不同的理論。

（1）智力分化論

這種理論認為，兒童的智力最初是混沌的，兒童智力因素的數量隨著年齡增長而增加。最初是一般化的智力，後來逐漸發展為一些智力因素群。這種理論認為，將智力分成一般智力（決定一個人智力高低的主要因素）和特殊智力（完成某些特定任務所必需的）的分法比較適合於兒童智力發展的規律。

（2）智力複合論

這種理論認為，兒童的智力最初已經是複合的、多維度發展的，其發展趨勢是各種智力因素的比重和地位不斷變化，複合性因素的比重越來越大。

各年齡嬰幼兒的主要能力具體為：

10個月前：視覺追蹤、社會反應性、視覺興趣、動作靈活性。

10～30個月：知覺探求、聲音交往、對物體意義的感觸、知覺辨別力。

30～50個月：物體關係、形態記憶、言語知識。

50～70個月：言語知識、複雜的空間關係、詞彙。

(3) 智力內容變化論

這種理論認為，同一智力因素本身隨著年齡增長而發生變化。同是智力的一般因素，在嬰兒期，其內容是感知動作性質的，以後則是認知性質的。

從上述理論可以看出，兒童智力結構是隨著年齡的增長而變化發展的，其發展趨勢是越來越複雜化、複合化和抽象化，不同智力因素有各自迅速發展的年齡。

4. 出現了主導能力的萌芽，開始出現比較明顯的類型差異

幼兒階段已經出現了主導能力的差異。主導能力也稱優勢能力。在一個人各種能力的有機結合中，往往有一種能力起主要作用，另一些能力處於從屬地位。如有的幼兒在藝術方面有特殊才能，有的在語言方面表現出優勢等。甚至於在同一活動中，不同幼兒能力結合的方式也不同。

據捷普洛夫對學前兒童音樂才能的研究表明，同是音樂才能較強的幼兒，有的區分聲音旋律和表達情緒色彩的能力（曲調感）較強，有的聽覺表象能力較強，有的感受和再現音樂節奏（節奏感）的能力較強。因此，在幼兒教育工作中應該特別注意分析不同幼兒的能力特點，發揮其主導能力，加強對較弱能力方面的培養。

5. 特殊能力有所表現

在嬰幼兒期有些特殊才能已經開始有所表現，如音樂、繪畫、體育、數學、語言等。據統計，此時期表現出音樂、繪畫才能的幼兒相對更多。

（二）能力發展的個體差異

1. 能力發展水平的差異

（1）超常兒童

超常兒童指智力發展明顯超過同齡兒童或具有某種特殊才能的兒童。超常兒童一般有以下特徵：

1）較早地發生多種興趣和愛好，求知慾強，興趣廣泛；

2）觀察力敏銳，對事物能夠深入觀察，能夠察覺一般兒童未察覺的事物特徵；

3）思維敏捷，能夠提出較多的問題，善於思考，抽象思維能力強；

4）想像力活躍，富於幻想；

5）富有獨立性和創造性，喜歡研究難題，能夠分析自己和判斷別人；

6）注意力集中，注意範圍廣、時間長；

7）記憶力強，記憶速度快且鞏固，善於理解記憶；

8）學習速度快、效果好，學習方法比較好；

9）閱讀能力發展較早，能較早地正確使用大量詞彙，語言發展能力強。

目前，在大多數超常兒童鑒定的程序中仍沿用智力測驗量表。一般認為，智商在 130 以上為超常兒童。

（2）弱智兒童

弱智兒童是指智力發展明顯低於同年齡兒童平均水平並有適應行為障礙的兒童，又稱智力落後兒童、低能兒童、智力不足兒童、智力殘缺兒童。

一般來說，智商在 70 分以下者為智力不足。智力不足並不是某種心理過程的破壞，而是各種心理能力的低下。參照世界衛生組織 (WHO) 和美國智力缺陷協會 (AAMD) 的資料，學界將低常兒童分為以下四級：

一級智力殘疾（極重度）：智商在20或25以下，這種兒童適應行為極差，面容明顯呆滯，終生生活全部需要由他人照料，動作、生活都有困難；

二級智力殘疾（重度）：智商在20～35或25～40之間，適應行為差，即使經過訓練也難以達到生活自理，仍需要他人照料，運動、語言發育、與人交往能力差；

三級智力殘疾（中度）：智商在35～50或40～55之間，適應行為不完全，生活能部分自理，具有初步的衛生和安全知識，能做些簡單的家務勞動，但閱讀和計算能力很差，只能以簡單的方式與人交往；

四級智力殘疾（輕度）：智商在50～70或55～75之間，適應行為低於一般兒童水平，生活能自理，能承擔一般的家務勞動或工作，但缺乏技巧和創造性，一般在成人指導下能適應社會生活。

弱智兒童的一般特點為：知覺速度緩慢，範圍狹窄，內容籠統、貧乏；對詞和直觀材料的記憶都較差，再現時歪曲和錯誤較多；語言發展遲緩、詞彙量少、缺乏連貫性；在認知活動中缺乏概括力；嚴重喪失生活自理能力。

2. 能力發展的早晚差異

人的能力的充分發揮有早有晚。有些人能力發展較早，如王勃10歲能賦詩；奧地利作曲家莫扎特5歲開始作曲，8歲試作交響樂，11歲創作歌劇。這種情況古今中外都有，特別是在音樂、繪畫等藝術方面，這種情況尤為常見。

另一種情況叫做「中年成才」。這些人在年少時並未顯示出眾的能力，但到了中年卻嶄露頭角，表現出驚人的才智。如達爾文年輕時被人認為智力低下，後來卻成為「進化論」的創始人。這種情況在科學和政治生活舞臺上屢見不鮮。

還有一種情況是「大器晚成」。如齊白石60多歲學畫蝦，80歲碩果纍纍，可見，並不是說取得重大成就的人智力就一定是早熟的。

3. 能力結構的差異

能力有各種各樣的成分，它們可以按不同的方式結合起來。由於能力的不同結合，構成了結構上的差異。例如，有人長於想像，有人長於記憶，有人長於思維等。不同能力的結合，也使人們的能力互相區別開來。查子秀（1990）比較了超常兒童與常態兒童的認知能力，包括語詞類比推理、圖形類比推理、數概括類比推理、創造性思維和觀察力，結果發現：二者在認知的不同方面並非有明顯差異，而是在解決難度大的問題上思維能力差異大，如超常兒童在創造性思維和數概括類比推理上發展特別突出。

四、嬰幼兒能力的培養

（一）樹立正確的教育觀念

在正常情況下，絕大多數嬰幼兒的能力都能夠得到正常的發展。所以，成人應認識到，能力發展有一定的規律性，嬰幼兒大體上在同一時期都能得到類似水平的發展。然而，能力發展又有一定的個體差異，不同嬰幼兒之間的發展有快有慢，有早有晚，因而不能過於強求他們的發展速度和水平。

另外，在嬰幼兒早期，與大腦發育最相關的首先是運動能力的發展，如單獨坐穩、爬行、站立、行走和抓取物品的動作，這些活動本身能促進大腦的進一步成熟，所以，要更多地鍛鍊其運動能力；到了幼兒期，更多的就是讓幼兒進行遊戲。遊戲不僅能使幼兒直接從活動本身獲得快樂，還可以滿足幼兒的許多需要，得到各方面能力的發展。

每個嬰幼兒的能力發展都有個別差異，發現和識別他們的能力強項和弱項，根據其能力的優劣因材施教，使其強項更強、弱項變強，將更有利於嬰幼兒能力的全面發展。

（二）成人是嬰幼兒能力開發的組織者

成人應儘可能利用時間與嬰幼兒一起玩耍和遊戲。諸如：可主動動手示範，引導並幫助嬰幼兒完成所做的每件事，甚至每一個動作，即使只是把3塊木圈套在一根木柱上的簡單動作也鼓勵他們完成，讓他們體驗成功的喜悅，

並練習動作技能；同時鼓勵嬰幼兒接觸新異事物，鼓勵他們有勇氣去探索未曾知曉的事物，激發他們的探索興趣和想像能力；還要學會關注孩子活動的成功與失敗，經常分享他們的成功與喜悅，以加強和鞏固他們的成就感，引導他們正確面對挫折和困難，培養意志能力。

（三）能力開發與嚴格有序的行為要求並重

成人應具有洞察力和敏銳性，從嬰幼兒早期啟發、強化孩子身上閃現的智慧火花，把握他們的智慧潛能。例如，音樂才能、形象智慧、運動動作技能、語言才能等都可能在早期閃現。粗心的成人可能常常忽略那些瞬間出現的發展可能性，從而導致可能性因未得到強化誘導而失去發展的機會。

然而，只重視能力開發並不能帶來嬰幼兒完善的全面發展。對嬰幼兒來說，成人應加強其行為品德的培養，一是可以在愛的溫暖中培養嬰幼兒的同情心和歉疚感，當嬰幼兒在成人愛的縈繞中體驗快樂與悲傷，能學會與人同樂和同悲，能學會做錯事產生歉疚感，這些來自良好感情環境中的情操雛形是長大後形成助人、樂群、有責任心的基礎；二是可以在成人的示範和要求下培養嚴格有序的生活習慣，諸如在遊戲中學會做成一件事，培養堅持性和克服困難的習慣；學習做事有次序，保持整潔的習慣等，都可為其長大後形成優良個性品質打下基礎。

（四）實行賞識教育，合理設置教育

成人要學會多角度、多側面地發現和評價嬰幼兒的能力特點，尊重每個孩子的獨特性，對其發展的獨特性給予認可和積極評價，並以更多的賞識目光去看待他們，為促進每個嬰幼兒最大限度地實現自身的潛能和價值提供可能性。

另外，為能更好地發展嬰幼兒的各種智慧，在教育內容、形式及環境的設置上應更具針對性和適宜性，使內容更加整合，形式更加生動，環境更易於嬰幼兒充分利用多種感官去探究，使其多種能力得到鍛鍊和發展。

複習鞏固

1. 什麼是一般能力和特殊能力？

2. 嬰幼兒能力發展的個體差異體現在哪些方面？

本章要點小結

　　氣質是表現在心理活動的強度、速度、靈活性與指向性等方面的一種穩定的心理特徵。氣質受遺傳和環境因素的共同影響。氣質是嬰兒出生後最早表現出來的一種較為明顯而穩定的個性特徵，對瞭解和預測嬰兒的個性發展和社會性發展具有重要的指導意義。

　　希波克里特提出了「體液說」，根據四種體液的不同組合，決定了人具有四種氣質類型，即多血質、膽汁質、抑鬱質和黏液質。

　　巴甫洛夫認為人的氣質是由人的高級神經活動類型決定的，大腦皮層的基本神經過程有強度、平衡性和靈活性三種基本特性。他根據三種特性的不同組合提出了興奮型、活潑型、安靜型和抑制型四種最基本的高級神經活動類型。

　　嬰幼兒早期的氣質類型可分為容易型、困難型和遲緩型。

　　針對不同氣質類型的嬰幼兒要實行不同的教育方法。

　　性格是人們對現實穩定的態度和慣常的行為方式。它是一種與社會相關最密切的人格特徵，也是個性中最重要的心理特徵。性格具有相對穩定性與可塑性的特點，受到先天和後天因素的共同影響。

　　嬰兒早期的性格差異可以表現在合群性、獨立性、自制力、活動性、堅持性、好奇心及情緒等方面。

　　幼兒期典型的性格特點：活潑好動，好奇、好問，易衝動、自制力差，易受暗示、模仿性強。

　　成人應重視嬰幼兒良好性格的培養與教育。

　　能力是人們為順利完成某種活動所必須具備的一種心理特徵，是個性心理特徵之一。能力可分為一般能力和特殊能力，平時我們所說的智力就是指的一般能力。嬰幼兒期是兒童智力發展的關鍵時期。

第三節 嬰幼兒的能力

　　嬰幼兒能力發展呈現出一定的特點，具體體現在：操作能力發展最早，語言能力發展迅速；模仿能力發展迅速，認知能力全面完成；智力結構隨著年齡增長而變化；出現了主導能力的萌芽，開始出現比較明顯的類型差異；特殊能力有所表現。

　　嬰幼兒能力的發展也存在個體差異，表現在能力發展水平、能力發展的早晚、能力結構等方面。

　　成人應從多方面重視和培養嬰幼兒能力。

關鍵術語表

氣質

氣質類型

性格能力

智力

特殊能力

選擇題

1. （　）是促進嬰幼兒心理發展的最好的活動形式。

A. 遊戲

B. 學習

C. 勞動

D. 交往

2. 與幼兒性格的典型特點不符合的是（　）。

A. 模仿性強

B. 自制力強

C. 好奇好問

D. 活潑好動

3. 與托馬斯的嬰兒氣質類型不符合的是（　）。

A. 容易型

B. 困難型

C. 乖巧型

D. 遲緩型

4.（　）是個體最早表現出來的個性心理特徵，是一個人個性和社會性發展的基礎。

A. 個性

B. 氣質

C. 能力

D. 性格

5. 認為兒童的智力最初是混沌不明晰的，兒童智力因素的數量隨年齡的增長而增加。這種理論屬於（　）

A. 智力分化論

B. 智力複合論

C. 智力內容變化論

D. 智力多元論

6.（　）是人個性的初步形成時期。

A. 嬰兒期

B. 幼兒期

C. 兒童期

D. 少兒期

7. 嬰幼兒（　）的能力發展迅速，是他們學習的基礎。

A. 思維

B. 語言

C. 記憶

D. 模仿

8. 某嬰兒在活動性、適應性、情緒性反應上都較慢，情緒經常不太愉快，在沒有壓力的情況下，對新異刺激是慢慢感興趣，並慢慢活躍起來。按托馬斯、切斯等的氣質分類理論，該嬰兒的氣質屬於（　）。

A. 困難型

B. 容易型

C. 乖巧型

D. 遲緩型

9. 1 歲以前兒童的個性發展主要表現為（　）方面的差異。

A. 性格

B. 氣質

C. 能力

D. 情緒

10. 嬰幼兒表現最早的能力是（　）。

A. 認知能力

B. 創造能力

C. 社交能力

D. 操作能力

第十一章 嬰幼兒社會交往的發展

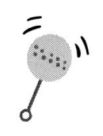

第十一章 嬰幼兒社會交往的發展

在成長過程中，嬰幼兒除了會逐漸記住很多事情、解決很多問題，表現為認知的發展之外，還有一項重要的發展任務，即社會交往。從出生之日起，嬰幼兒就被包圍在各種社會關係之中，其個性的發展和社會化過程的實現都離不開人與人之間的交往。隨著年齡的增長，嬰幼兒交往的基本對象由父母向同伴和教師擴展。本章將重點介紹嬰幼兒在社會交往的過程中，與三方面「重要他人」的交往以及建立的人際關係，如親子依戀、同伴關係、師幼關係。包括：依戀的特點與類型，依戀的影響因素；同伴關係的功能與類型，影響因素，以及同伴關係的建立；師幼關係的特點與類型，影響因素，以及建立新型師幼關係的方法和策略。

第一節 嬰幼兒的親子依戀

對嬰幼兒來說，生活中最經常、最主要的接觸者是父母、教師和同伴，其中，與父母的關係可能是人生早期最重要的社會關係。嬰幼兒要順利成長，需要透過與父母的交往建立對環境的基本信任感，而嬰幼兒期形成的依戀則成為親子關係的最初情感紐帶。依戀是嬰幼兒早期生活中建立的第一個親密人際關係，是其社會性發展的開端和組成部分。研究表明，良好親子依戀的建立可以幫助嬰幼兒將來獲得良好的社會適應，維繫其終生發展。

一、依戀的特點與類型

依戀主要是指嬰幼兒與撫養者之間建立的一種充滿深情的積極情感聯結，由於嬰幼兒的撫養者多為其父母，故又被稱為親子依戀。依戀始於嬰兒期，嬰兒主要透過啼哭、微笑、吸吮、喊叫、咿呀學語、抓握、身體接近、依偎、跟隨等一系列行為與撫養者建立起依戀關係。嬰兒最先的照看者多為母親，母嬰依戀一旦建立起來，嬰兒往往表現出情緒歡快、活躍，喜好探索、愛操弄玩具，喜歡嘗試新事物、新情景，甚至嘗試與陌生人交往，這都有助於嬰兒形成積極、健康的情緒情感，養成自信、勇敢、勇於探索的人格特徵。

（一）依戀的特點

與其他社會關係相比，依戀具有以下顯著特點。

1. 在對象上，依戀具有選擇性

嬰幼兒傾向於依戀那些能夠引起特定的情感體驗與行為反應、滿足自身需要的個體，而並非依戀所有的人。如嬰兒容易對能滿足自身需要的反應性高和敏感性強的父母形成依戀，而稍大些的嬰兒則可能會對那些能共同玩耍、遊戲的同伴形成依戀。

2. 在行為上，依戀具有親近性

依戀者尋求與依戀對象身體的接近，如嬰幼兒尋求與母親在身體上的接觸，傾向於依偎在母親的懷抱裡，對著母親發聲、微笑，或在母親身旁活動。

3. 在關係上，依戀具有相互性

依戀雙方具有某種和諧性，他們能保持行為與情感的呼應與協調。但是當依戀遭到破壞後，則會造成依戀雙方，尤其是依戀者的分離焦慮和痛苦。

4. 在結果上，依戀具有支持性

依戀雙方尤其是依戀者，可以從依戀關係中獲得一種慰藉和安全感以及心理支持，當嬰幼兒遇到壓力、困難和挫折時，母親的保護、撫慰能有效地使其平靜下來。這種結果上的支持性既是依戀行為的必然報償，同時也是鞏固和加強依戀關係的情感基礎與內在動力。

5. 在影響上，依戀具有長期性

在依戀雙方的交往中，嬰幼兒建立了一個內部工作模型，該模型內化了對依戀雙方及兩者關係的內在心理表徵，具有穩定的傾向，對嬰幼兒的發展產生了長期影響。

對嬰幼兒來說，尋求親近是依戀的核心與基本的外在行為表現，而強烈的相互依存的情感則是依戀基本的內在心理表徵。依戀在本質上是一種融情緒、情感、態度及信念於一體的複雜系統，其進化與發展的基礎是未成熟、

弱小的嬰幼兒趨近父母的需要，其生物意義在於個體可以從中獲得關愛、安全感等生存的「必需品」，依戀的社會意義是極為複雜而深刻的，它是個體探索外部環境、謀取未來發展的重要「資本」。

（二）依戀的類型

為了充分描繪依戀的性質，安斯沃斯等人利用母嬰分離反應，即利用嬰幼兒在受到中等程度壓力之後接近依戀目標的程度，以及由於依戀目標而安靜下來的程度，設計了一個「陌生情境」，以測定嬰幼兒的依戀反應和類型。（見表11-1）

表11-1 陌生情境實驗的場景

場景	事件	要觀察的依戀行為	持續時間
1	實驗者把孩子和母親帶進遊戲室，然後離開	—	30'
2	母親坐著看孩子玩遊戲	母親是安全基地	3'
3	陌生人進入，坐下和母親交談	對陌生人的反應	3'
4	母親離開，陌生人和孩子交流，並進行撫慰	分離焦慮	3'
5	母親返回，提供必要的安慰，陌生人離開	對重逢的反應	3'
6	母親再次離開房間	分離焦慮	3'
7	陌生人回來，提供撫慰	接受陌人人撫慰的能力	3'
8	母親再次返回，提供必要的撫慰，陌生人離開	對重逢的反應	3'

（引自：王振宇，學前兒童發展心理學(第2版)[M]北京：人民教育出版社，2015）

根據在陌生情境中的表現，嬰幼兒的依戀可分為三種類型：

1. 焦慮─迴避型依戀

這類嬰幼兒在陌生情境中，與母親分離時沒有表現出明顯的分離焦慮，對陌生人也沒有太多的焦慮、不安，母親是否在場對他們的探究行為沒有影

響。當母親返回往往也不予理會；母親接近時反而轉過身去，迴避母親的親密行為。這類嬰幼兒大約占 10%。

2. 安全型依戀

這類嬰幼兒在陌生情境中，把母親作為「安全基地」，母親在場時，能安逸地玩玩具，感覺非常安全，會主動探索周圍環境；母親離開時，表現出苦惱和不安，可能還會哭泣，探究活動明顯減少；母親返回時很興奮，會立即尋求與母親的接觸，並且很快就平靜下來，繼續進行遊戲和玩耍。這類嬰幼兒大約占 70%。

3. 焦慮—抗拒型依戀

這類嬰幼兒在陌生情境中難以主動地探究周圍環境，表現出明顯的陌生焦慮；母親離開時，嬰幼兒表現得非常苦惱、極度反抗，任何一次短暫分離都會大喊大叫；母親返回時，尋求與母親的接觸，但同時又抗拒與母親接觸，甚至有時會推開或打母親，不能把母親作為「安全基地」，不容易被撫慰，很難重新回到遊戲中去。這類嬰幼兒大約占 20%。

在這三類依戀中，安全型依戀是良好的、積極的依戀，焦慮—迴避型依戀和焦慮—抗拒型依戀又被稱為不安全型依戀，是消極的、不良的依戀。依戀對於嬰幼兒及其以後的發展具有重要影響，研究表明，安全型依戀的嬰幼兒比不安全型依戀的嬰幼兒更容易對事物產生積極的興趣，更喜歡主動探索，具有更強的社會適應能力。

一、依戀的特點與類型

（一）依戀建立的前提

依戀既不是突然發生的，也不是天生就有的，它是嬰幼兒的感覺、知覺、記憶、想像等心理過程發展到一定階段的產物，是與其所處的社會環境相互作用的結果。依戀的發生與建立有其特定的標誌，其前後相繼的階段性發展過程也是嬰幼兒心理逐漸趨向成熟的過程。

第一節 嬰幼兒的親子依戀

1. 識別記憶

嬰幼兒對周圍事物的認知有一個從未分化到分化的過程。當嬰幼兒能把作為依戀對象的特定個體與其他人區分開來時，就有可能形成對特定個體的集中依戀。這種使知覺對象從知覺背景中分化出來的認知技能，就是嬰幼兒的識別記憶。

嬰幼兒識別記憶產生的時間可以因感覺器官性質的不同而有所差異。隨著嬰幼兒認知能力的發展，各種感覺器官的活動逐漸協調起來發揮作用，透過對多渠道訊息的收集、加工、鑒別，嬰幼兒能更準確、更生動、更完整地確認依戀對象。

2. 人物永久性

在嬰幼兒認知發展的過程中，獲得客體永久性的概念是一個重大成就。正是這種認知能力使嬰幼兒在頭腦中始終保持著母親的形象，我們稱之為「人物永久性」。於是，當母親離開嬰幼兒時，他們才會尋找。客體永久性的認知能力，是嬰幼兒依戀形成的認知前提。

嬰幼兒的識別記憶和客體永久性的出現並非彼此孤立，兩者具有發展上的相繼性以及功能上的相輔相成性。

（二）依戀形成的標誌

嬰幼兒的親子依戀最初出現在六七個月時，這時嬰幼兒對撫養者有特別的依戀，明顯地表現出不願意離開他們，如離開後再看到他們時會顯得特別高興，同時表現出害怕陌生人。以什麼樣的行為反應作為判斷依戀真正建立的標誌，直接影響到依戀形成時間的確定，以及對依戀關係的特殊性乃至依戀質量與性質的判定。因此，科學地確立依戀形成的標誌在依戀研究中具有特殊的意義。英國心理學家謝弗認為，依戀形成的標誌需要符合以下三條原則：

1. 代表性，即能反映依戀這一行為表現不同於其他社會關係的本質規定性；

2. 穩定性，即在依戀一般應出現的時期內能保持相對穩定的存在，如孩子的行為今日出現，明日消失，則不具有穩定性；

3. 普遍性，即不因個體間的差異而影響該依戀現象的普遍存在，如在一般情況下某種行為甲具有，而乙在同期並不出現，那麼這種標誌就很難認為具有普遍性。

（三）依戀發展的階段

在嬰幼兒的早期發展過程中，依戀不是突然發生的，而是在嬰幼兒與母親的相互作用中逐漸建立的。鮑爾比提出，依戀的發展分為四個階段，在每一個階段，嬰幼兒的行為好像受到單一的、最重要的原則所指導：與提供依戀關係的對象緊密聯繫在一起。

在大部分情況下，提供依戀關係的對象就是母親。

1. 無分化階段（0～3個月）

該階段嬰兒還沒有實現物我的分化，對人反應的最大特點是不加區分，對任何人都表現出相似的行為，同時，所有的人對嬰兒的影響也是一樣的。此時的嬰兒沒有實現對人際關係客體的分化，並不介意被陌生人抱起。不過，嬰兒具有一些先天的能力，如以哭、笑等情緒來喚起撫養者的感情，獲得照料。哭是一種要求撫慰的信號，當父母給予反應時，嬰兒會透過安靜下來或笑的方式強化父母的這種行為，並給撫慰者帶來情感上的滿足。

2. 低分化階段（3～6個月）

嬰兒開始識別熟悉的人（如父母）與不熟悉的人的差別，也能區別一個熟悉的人與另一個熟悉的人。在父母面前，嬰兒會表現出更多的微笑等積極情緒，這給撫養者帶來了更大的報償和滿足感。嬰兒能從人群中找出母親，但是由於認知能力的限制，嬰兒仍不會在父母要離開時表現出反抗行為。

3. 形成階段（6個月～2歲半）

這一時期的標誌性事件是分離焦慮和怯生出現。從這時候起，嬰幼兒對母親的存在尤其關注，當母親離開時會表現出明顯的反抗、哭叫行為，表現

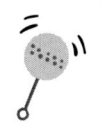

出一種分離焦慮。同時，當陌生人出現時，孩子則會表現出怯生、無所適從等現象。不過，該階段的嬰幼兒已經明白成人不在視野範圍內後還會繼續出現，所以他們以母親為安全保障，在新環境中探尋、冒險，然後又回來尋求保護。

4. 合作階段（2歲半以後）

到兩歲左右，隨著認知水平和語言能力的提高，兒童的自我中心性減少，親子之間形成「目標—矯正」的「夥伴關係」。他們能認識並理解母親的情感、需要、願望，能夠理解父母離開的原因，也知道父母什麼時候回來，這樣分離焦慮便降低了。總之，該階段的兒童會同父母協商，向成人提出要求，親子之間的合作性加強。

生活中的心理學

如何應對大哭大鬧

有位年輕爸爸的女兒兩歲多，平時脾氣就不小。有一次媽媽值夜班，晚上十二點左右孩子醒了，要找媽媽，手亂打，腳亂踹，把玩具全都扔了，一直鬧了兩個多小時才睡。白天也是，一不樂意就讓人出去，趴在地上大哭大鬧，沒完沒了，任何人都不能靠近她。年輕爸爸沒有經驗，氣不過就打了她一頓，但孩子還是變本加厲，鬧得比以前更凶了。

該小女孩的問題可能出在以下幾方面：一是天生氣質比較容易激動。一旦身體不適、別人說話做事影響了她、心裡有什麼不愉快等，脾氣就會發作。二是對母親的依戀。媽媽和她相處的時間比較長，瞭解她多一些，而爸爸對孩子的性情不太瞭解，不能及時滿足她的需求。三是環境改變打破了孩子的生活常規。一些習慣一旦從小養成，出現突然的變化就會讓孩子難以適應。要改變也要慢慢使孩子適應，才不會激怒她的情緒。

針對以上原因，可以採取一些措施。首先，掌握孩子的身體狀況和心理特徵，才能有的放矢。盲目管教不僅吃力不討好，還會造成傷害。其次，教育要講究方法。在孩子要東西的時候，根據其要求的合理與否，擇情而定，

予以滿足。再次，提供適合的環境，讓孩子開心。同時，多帶孩子到戶外，與別的小朋友或自然環境接觸，增強她對環境的適應能力。

嬰幼兒的依戀受多個因素的影響，主要是嬰幼兒的自身特徵和撫養特徵。

三、依戀的影響因素

（一）自身特徵

嬰幼兒的先天特性尤其是氣質，在很大程度上賦予嬰幼兒的依戀行為以特定的速度和強度，制約著他們的反應方式和活動水平。研究者發現，正是由於氣質的影響，有些嬰幼兒從出生起就不易撫慰，易煩躁、哭鬧，難照料，容易受到父母的冷落，形成穩定依戀的時間較晚，而且在依戀關係中多採用注視與交談的方式，很少採用身體接觸的方式。而有些嬰幼兒從小就喜歡別人抱、親吻、撫摸，他們與父母交往積極，容易獲得父母的關心，形成安全依戀。

（二）撫養特徵

嬰幼兒的氣質確實對依戀有影響，但安斯沃斯認為，撫養經驗可以轉變嬰幼兒的氣質特性。撫養特徵包括：

1. 撫養者的穩定

依戀對像是有選擇性的。但研究表明，在嬰幼兒時期，經常調換撫養者會剝奪嬰幼兒發展選擇性依戀的機會，將對親子依戀的形成造成破壞性作用。安娜·佛洛伊德曾研究過「二戰」期間歐洲一些孤兒的依戀發展，發現戰時看護嬰幼兒的護士不穩定，導致這批嬰幼兒無法形成對撫養者的正常依戀，對社會適應造成很大困難。因此，穩定的撫養者是嬰幼兒依戀形成的必要條件，通常這個人是母親，母親在嬰幼兒依戀的形成過程中扮演著重要角色。

2. 撫養的質量

首先，撫養態度對依戀的形成有重要影響。嬰幼兒與撫養者之間互動的方式決定著依戀形成的性質。若撫養者採取關心的、溫馨的、適時的撫養，有助於嬰幼兒形成安全型依戀。其次，撫養環境對依戀的形成也有重要影響。

撫養環境是指嬰幼兒在家庭中由母親或親屬單個兒照看，還是把嬰幼兒送到托兒所集體照看。集體照看的嬰幼兒依戀行為少，焦慮水平低；家庭照看的嬰幼兒依戀行為多，焦慮水平高。

3. 撫養者的情緒

這也是撫養特徵中的一個重要因素。Termine & Izard（1988）報告，9個月的嬰兒會對母親的高興和憂傷做出不同的反應。如果母親表現高興，他們會花更多的時間玩玩具。艾默生研究後認為，經常提供遊戲刺激的父親或其他人，相比那些常與嬰幼兒保持疏遠的家庭成員，更可能成為嬰幼兒的依戀對象。而那些有情緒沮喪、患精神疾病等問題的母親，因缺乏良好的反應性與敏感性，對嬰幼兒的依戀造成了極大的消極影響。

4. 撫養者的依戀經驗

研究揭示，父母自己早年的依戀經驗與其子女的依戀類型之間存在明確的聯繫，被評定為不安全依戀心態的父母，其子女亦常表現出對父母的不安全依戀模式，顯示出依戀的代際傳遞性。而被評定為安全型依戀的母親，婚姻關係更積極，對孩子顯得更溫暖、更敏感，有利於孩子形成安全型依戀。

四、依戀對嬰幼兒心理發展的影

早期依戀的性質對嬰幼兒後來乃至一生的發展都有重要影響，但是由於研究方法的侷限，心理學家對這些問題還沒有達成完全一致的看法。現有研究表明，早期依戀對嬰幼兒心理，尤其是社會性的發展，確實存在著某種程度的影響。

（一）依戀對認知活動的影響

在特定的問題情境中，不同依戀類型的嬰幼兒會有不同的表現。有的研究評定了一些12個月和18個月的嬰幼兒的依戀類型，在2歲時把他們置於有關工具應用的問題情境中，以揭示早期依戀質量與以後發展的關係。安全型依戀的嬰幼兒對問題充滿好奇心，主動積極地克服困難，適當尋求成人的幫助；不安全型依戀的嬰幼兒面對困難時情緒低落，容易放棄，極少求助於

成人；焦慮—抗拒型嬰幼兒缺乏獨立性，過分依賴母親，遇到問題逃避、退縮。由此可見，嬰幼兒依戀的性質在一定程度上會影響他們的認知活動。

（二）依戀對情緒情感的影響

依戀在本質上是一種情感關係，這種早期持久的情緒經驗對嬰幼兒一生的情緒發展至關重要。具體而言，依戀對情緒情感的影響表現在兩個方面：

第一，嬰幼兒的社會情緒和情感與依戀行為有著密切關係。安全型依戀的嬰幼兒更有可能在學步期、學前期和小學階段在同伴中展示出社會才能，焦慮—迴避型依戀的嬰幼兒在以後的幼稚園環境中表現出更多敵對的、憤怒的、侵犯的行為。

第二，安全的依戀關係有利於親子間良好情感互動關係的建立，也有助於嬰幼兒有效地進行情緒調節。研究證明，安全型依戀的嬰幼兒比不安全型依戀的嬰幼兒更容易接觸，情緒比較愉快，牢騷少，攻擊性低，具有更強的社會性適應能力和社會性技能。

在嬰兒期形成安全型依戀的孩子，在幼兒期探索的熱情較高，在做假裝遊戲時想像力更豐富，在解決問題時更有耐心，靈活性也較高，入園後，他們的自尊水平、社會能力、與別的小朋友的合作性、受別的小朋友的歡迎程度、同情心等都較高。相比較來看，迴避型依戀的孩子則比較孤立，不喜歡與人合作；抗拒型依戀的孩子則表現出較多的攻擊行為，對幼稚園適應困難。

（三）依戀對社會行為的影響

嬰兒期對父母安全的依戀會導致幼兒在幼稚園有較強的社會能力和良好的社會關係。麥克唐納和帕克觀察了3～4歲幼兒在家庭中與父母的遊戲和在幼稚園中與同伴的交往，同時獲得了教師對幼兒受歡迎性的評價等級。結果發現，家庭中的積極經歷——父親的體育遊戲和積極參與嬰幼兒活動以及母親的語言交流——預示著嬰幼兒，特別是男孩在幼兒期會有良好的同伴關係。

因為早期依戀關係導致嬰幼兒對關係對象的期待，嬰幼兒以較早的依戀所產生的期待去選擇同伴，並與他們互動，從而獲得同伴的確認。比如，有

安全型依戀經歷的嬰幼兒就會期待同伴有積極的回應，同時他們的社會行為也確實對引起正面回應有幫助。而有不安全型依戀經歷的嬰幼兒在與同伴的相處中會變得孤立或充滿敵意，同時，同伴對他們的負面行為的回應又進一步增強了他們確認自己不被他人接受的預期。

複習鞏固

1. 什麼是親子依戀？
2. 舉例說明親子依戀的不同類型。
3. 依戀對嬰幼兒心理發展的影響有哪些？

第二節 嬰幼兒的同伴關係

隨著嬰幼兒年齡的增長、認知能力的提高和活動範圍的擴大，他們逐漸從生理上的斷乳期過渡到心理上的斷乳期，生活中同伴和成人的相對重要性也發生逐步轉移，他們慢慢地更加為同伴所吸引，變得更有機會近距離接觸同伴，逐漸疏遠了與父母的交往，而更多地走到同齡夥伴中去，在與同伴相互作用的過程中嬰幼兒發展著一種嶄新的人際關係——同伴關係。

同伴關係為嬰幼兒提供了與眾多同齡夥伴平等和自由交流的機會，而且也是他們發展社會能力、提高適應性、形成友愛態度的基礎。此外，同伴關係對幼嬰兒情感、認知和自我意識的發展也具有獨特的影響。

一、同伴關係的功能

同伴是指與嬰幼兒相處的，且具有相同或相近社會認知能力的人。同伴關係是指年齡相同或相近的嬰幼兒之間的一種共同活動並相互協作的關係，或者主要指同齡嬰幼兒或心理發展水平相當的個體之間在交往過程中建立和發展起來的一種人際關係。同伴關係對嬰幼兒的社會技能、情感歸屬、自我概念等方面的發展均具有重要作用。

（一）促進嬰幼兒社會技能的發展

在與同伴交往的過程中，一方面嬰幼兒表現出社交行為，如微笑、請求、邀請等，從而嘗試練習自己已經學會的社交技能和策略，並根據對方的反應做出相應的調整，使之不斷熟練和鞏固；另一方面，嬰幼兒透過觀察同伴的社交行為而學習和嘗試對自己而言是新的社交手段，從而豐富自身的社交行為，使之在數量和質量上進一步發展。在同伴交往過程中，同伴的反饋往往非常直接而坦率。

你發出的是友好、合作與分享等積極行為，同伴便做出肯定和喜愛的反應；而如果你做出搶奪、抓人、獨占等消極行為，同伴則會做出否定、厭惡和拒絕的反應。這種豐富、直接的反饋有利於激發嬰幼兒的社會行為向積極、友好的方向發展，而控制其侵犯性或不友好行為。

皮亞傑（1932）研究指出，嬰幼兒是自我中心的，既不願也不能意識到同伴的觀點、意圖、感情，然而隨著遊戲開始，在平等互惠同伴關係建立的同時，體驗衝突、談判或協商的機會亦隨之出現，和同伴的交往使幼兒意識到積極的、富有成效的社會交往是透過與夥伴的合作而獲得的。

在與同伴互動的過程中，嬰幼兒漸漸認識到別人的觀點、需要與自己並不相同，開始學會理解別人，約束自己，改變自己不合理的行為與想法，從而學會與同伴相處。反之，如果沒有與同伴平等交往的機會，他們將不能學習有效的交往技能，不能獲得控制攻擊行為所需要的能力，也不利於社會知覺的形成。

（二）促進嬰幼兒情感需要的滿足

嬰幼兒與同伴之間良好的交往關係能使他們產生安全感和歸屬感，從而心情輕鬆、活潑、愉快。透過觀察發現，嬰幼兒在與同伴交往時經常表現出更明顯的愉快、興奮和無拘無束的交談，並且能更放鬆、更自主地投入各種活動中。

嬰幼兒歸屬和愛以及尊重的需要更多地從同伴中獲得，在不熟悉或有威脅的環境中，或父母不在身邊而無法得到撫慰時，同伴可以成為嬰幼兒的一

種情感依賴，提供一定的情感支持。如在陌生的實驗室中，一些4歲幼兒與同伴在一起，而另一些則獨自一人。

結果發現，前者比後者更容易安靜地、積極主動地探索周圍環境，玩玩具或做操作練習。再有，一些膽怯、易驚恐的幼兒，如害怕狗、看見狗就緊張得失去常態的幼兒，如果身邊有許多其他幼兒共同與狗在一起，並看到其他幼兒與狗「和平共處」，表情坦然、愉快，那麼慢慢地他們就會減弱對狗的恐懼，減少緊張和不安，與同伴共同接觸狗的次數增多以後，他們的恐懼感就會越來越弱，甚至完全消失。

嬰幼兒在成長過程中會遇到無數的困惑與煩惱，產生焦慮和緊張，而同伴交往可以使他們得到宣洩、寬慰、同情和理解，產生安全感和責任感，從而克服情緒上和心理上可能出現的問題，最終獲得良好的情感發展。

（三）促進嬰幼兒自我概念的發展

作為一種平等關係，同伴關係不同於其他社會經驗，這是個體第一次「透過他人的眼睛看自己」，並體驗到與另一個人真正的親密。在同伴交往中，嬰幼兒逐漸認識到他人的特徵以及自己在他人心目中的形象和地位，學會與其他人共同參加活動，學會如何相互作用和如何處理與他人的矛盾，學會如何堅持自己的主張或放棄自己的意見。在與同伴互動的過程中，嬰幼兒確定了自己相對於同齡夥伴的角色和地位，並在平等的環境中認識到領導者與追隨者的角色，這樣可以幫助他們去自我中心，從而有利於自我概念的發展。

一方面，同伴關係為嬰幼兒進行自我評價提供了有效的對照標準，4歲左右的幼兒已能將自己與同伴做簡單的對比，他們常常會說「我比你快」「你沒我乖」或者「我畫得比你好」等。同伴的行為和活動就像一面「鏡子」，為嬰幼兒提供自我評價的參照，使他們能夠透過對照更好地認識自己。

另一方面，同伴關係能為嬰幼兒對行為的自我調控提供豐富的訊息和參照標準。嬰幼兒在交往中發出的不同行為往往引發同伴的不同反應，如打人招來同伴的拒絕或逃避，而微笑則換回的是友好和合作。從同伴的不同反應中，嬰幼兒既可以瞭解自己行為的結果與性質，又可以瞭解自己是否為他人

所接受，並認識到調整自己行為的必要性與哪些行為必須調節、控制，從而進一步據此調控自己的有關行為。

二、同伴關係的類型

不同嬰幼兒在與同伴交往的過程中，其行為方式有很大差異，同伴對他們的反應也有許多不同。如有的嬰幼兒提出的建議得不到響應，有的嬰幼兒卻能「一呼百應」；有的嬰幼兒不受歡迎，其他小朋友都不願和他玩，有的嬰幼兒卻被許多同伴所邀請，受到眾多同伴的歡迎。由此，在嬰幼兒同伴中間存在著許多不同的類型，即不同的社交地位。

（一）同伴關係的測量方法

對嬰幼兒同伴關係的測量，目前使用較多的是同伴提名法和同伴評定法。

同伴提名法是指，在嬰幼兒的某一社會群體，如幼稚園的一個班中，讓每個嬰幼兒根據給定的名單或照片進行限定提名，一般是讓每個嬰幼兒說出自己最喜歡或最不喜歡的同伴，如「你最（不）喜歡與誰玩」等問題，然後根據從每個嬰幼兒處所獲得的正負提名的數量多少，對嬰幼兒進行分類。這種方法雖然可以測出同伴地位的重要差異，但可能因測量過程中嬰幼兒由於某種原因遺忘或不能說出最（不）喜歡的同伴名字而造成研究結果的不準確；另外，對一些中間的嬰幼兒缺乏測量。基於這種方法的侷限性，多數學者提倡使用同伴評定法。

同伴評定法是指，要求每個嬰幼兒根據具體化的量表對群體內的其他所有同伴進行評定，如「你喜歡不喜歡與某某玩」並給出喜歡、不喜歡的評定等級，如很喜歡、喜歡、一般、不喜歡、很不喜歡等級別。這種方法比較可靠有效，獲得的結果與實際同伴交往情況以及實際觀察數據具有較高的正相關。但評價身邊的同伴往往會引起不舒服，會涉及一些個人隱私等道德倫理問題，需引起特別注意。

（二）同伴關係的類型

龐麗娟採用同伴提名法對 4～6 歲兒童的同伴關係類型進行了研究，將他們的同伴關係分為受歡迎型、被拒絕型、被忽視型和一般型等四種基本類型，並且針對每一種類型的基本特徵進行了詳細描述。

1. 受歡迎型

性格一般比較外向，不易衝動和發脾氣，活潑、愛說話，喜歡與人交往，在交往中積極主動，並表現出友好行為，掌握使用的社交技能與策略較多，有效性、主動性、獨立性、友好性均較強，因而被多數同伴接納和喜愛。在同伴中的地位較高，具有較強的影響力。

2. 被拒絕型

性格外向，但脾氣急躁、容易衝動，過於活潑好動，在交往中雖主動活躍，但不善於交往，常常表現出不友好的交往方式，如強行加入其他小朋友的活動、搶奪玩具、喜歡推打等等。由於攻擊性行為較多，友好行為較少，因此被多數同伴拒絕。

3. 被忽視型

性格內向，不太活潑，不愛說話，不喜歡交往，常常獨處或一人活動，在交往中缺乏熱情和主動性，表現退縮或畏縮，對同伴既很少友好、合作行為，也很少不友好、侵犯性行為，與同伴交流的慾望相當微弱，人際交往的頻率較低。因此，沒有多少同伴喜歡他們，也沒有多少同伴討厭他們，實際上是被多數同伴忽視的幼兒。

4. 一般型

在同伴交往中表現一般，既不特別主動、友好，也不特別不主動或不友好；他們既不為同伴所特別喜愛，也不為同伴所討厭，同伴有的喜歡他們，有的不喜歡他們，在同伴心中的地位一般。

研究發現，受歡迎嬰幼兒約占 13.33%，被拒絕嬰幼兒約占 14.31%，被忽視嬰幼兒約占 19.41%，一般型嬰幼兒約占 52.94%，可見，積極、受歡迎

的同伴關係所占比例並不是理想的（不到五分之一），而消極、不良的同伴關係約占三分之一（被拒絕型、被忽視型合計 33.72%），多數嬰幼兒處於一般化狀態。

隨著年齡的增長，受歡迎的嬰幼兒人數呈增多趨勢，而被拒絕嬰幼兒和被忽視嬰幼兒的人數呈減少趨勢。在受歡迎的嬰幼兒中，女孩明顯多於男孩；在被拒絕的嬰幼兒中，男孩則明顯地多於女孩；而在被忽視的嬰幼兒中，女孩又多於男孩。

三、同伴關係的發展

嬰幼兒的同伴關係是透過相互作用的過程表現出來的，整個嬰幼兒期間，同伴相互作用的基本趨勢是：從最初簡單的、零零散散的相互動作逐步發展到各種複雜的、互惠性的相互作用。這是一個從簡單到複雜、從低級到高級、從不熟練到熟練的過程，而且在不同的年齡階段，嬰幼兒的同伴關係表現出不同的發展特徵。

（一）0～1歲嬰幼兒同伴交往的產生

嬰幼兒很早就能對同伴的出現和行為做出反應。范德爾等人（Vandell, et al., 1980）研究指出，2個月時，嬰幼兒就表現出對同伴的關注，如社會性微笑。3～4個月時，嬰幼兒能夠互相觸摸和觀望。6個月時，他們能互相注視、彼此微笑和發出「呀呀」的聲音。

一個嬰兒哭的時候，另一個嬰兒也會以哭來反應。隨著嬰兒動作能力的提高，他們會爬向對方或跟隨在對方身後。6個月以前，嬰兒的反應並不具有真正的社會性質，因為他們還不能主動追尋或期待從另一個嬰兒那裡得到相應的社會反應，他可能把同伴當作物體或活的玩具來看待，如抓對方頭髮、鼻子，這時的行為往往是單向的，而且缺乏互惠性。

直到6個月後，真正具有社會性的相互作用才開始出現。最初，這種相互作用發生的形式很簡單，如嬰兒A拿了一個玩具給嬰兒B，嬰兒B只是用手觸摸或抓過這個玩具而並不用眼睛看著對方，這個過程就結束了。後來，隨著認知能力和社會技能的提高，他們開始能對同伴協調自己的行為，如注

視、微笑、出聲或向同伴打手勢，而且能把注意力集中到共同感興趣的物體上。

(二) 1～3歲嬰幼兒同伴交往的發展

1歲後，嬰幼兒對同伴的臉部注視的時間更長，似乎對同伴比對鏡子中的自我更感興趣。從1歲起，嬰幼兒就變得更喜歡與同伴交往了，與同伴的交往逐漸增加，持續時間越來越長，影響的內容和方式也越來越複雜。2歲後，隨著運動和語言交流能力的出現，嬰幼兒的社會性交流變得更加複雜，同伴間單次互動的時間更長，嬰幼兒的玩變得有組織地圍繞特定的主題或「遊戲」。

這時，嬰幼兒之間出現了較多的互惠性遊戲，如你跑我追，你藏我找，你給予我接受，等等，在遊戲中可以互換角色或輪流扮演角色。這一時期嬰幼兒的遊戲包括大量的、模式化的社會性交往，如眼神交流、輪流行為等，嬰幼兒在遊戲中尤其喜歡模仿對方的動作。學會獨立行走後，嬰幼兒的交往範圍日益擴大，言語交往不斷增加。當然，他們主要是在擺弄玩具和遊戲中相互交往，雖然會為爭奪或獨占玩具而吵鬧，但很快就會忘記不愉快而和好如初。

2歲末，嬰幼兒花在社會性遊戲上的時間比單獨遊戲要多得多，有時，即使母親在場，與同伴一起玩的時間也比與母親一起玩的時間更長。在活動中，嬰幼兒逐漸地將玩具融入其中，能夠同時注意到物體和同伴，因而這時的活動也顯得比較和諧。嬰幼兒還進行類似於交談的活動和模仿，透過這些方式，他們逐漸學會了將自己的行為與同伴的反應結合起來的社交方式。

（三）3～6歲嬰幼兒同伴交往的發展

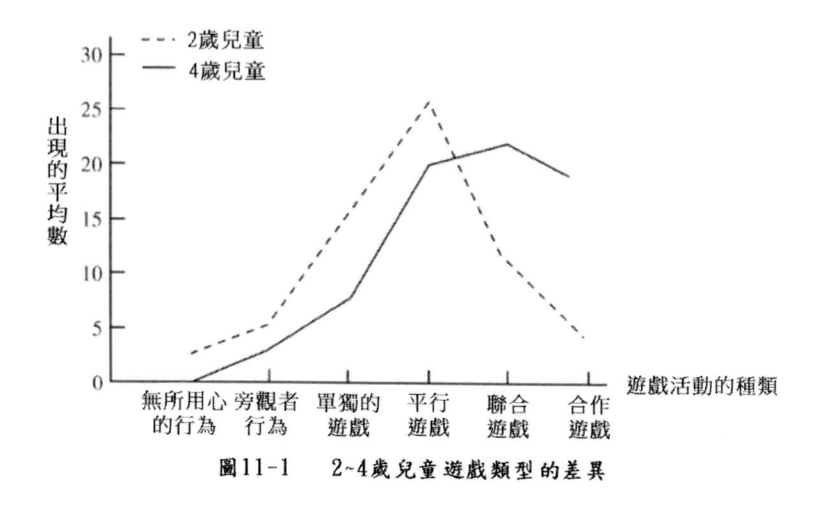

圖11-1　2~4歲兒童遊戲類型的差異

到了幼兒期，同伴交往的頻率進一步增加，互動質量不斷提高，但還常常沒有固定的遊戲夥伴。雖然在遊戲中還表現出自我中心主義，但在教師的指導和同伴的影響下，他們逐漸學會了謙讓、輪流與合作。由圖11-1可以看出，2歲兒童只從事單獨的遊戲或平行遊戲，或站在一旁觀看。4歲兒童一直從事平行遊戲，但與2歲相比，在相互作用和從事合作遊戲方面表現得更多一點。帕騰發現，隨著年齡的增加，單獨的遊戲和平行遊戲下降，而聯合遊戲和合作遊戲變得更為平常。5歲以後，兒童的合作遊戲開始出現，同伴交往的主動性和協調性逐漸發展。

在合作遊戲中，他們逐漸學會圍繞某個共同目標（如角色遊戲「醫院」）一起玩耍，既分工又合作，服從一定的指揮，遵守共同的規則，分享遊戲的快樂。這一時期，兒童主要是與同性別同伴進行交往，並且隨著年齡的增長，這種趨勢越來越明顯。女孩在遊戲中的交往水平高於男孩，主要表現為女孩的合作遊戲明顯多於男孩，而男孩對同伴的消極反應明顯多於女孩。另外，這一時期，他們還沒有形成真正的友誼，好朋友之間的交往比較表面化，滿足於時間、空間上的密切聯繫，情感上的親密性和穩定性還很欠缺。

拓展閱讀

過分安靜的喜與憂

李女士的兒子還不到4歲，愛看書，不愛與人交流。在幼稚園的時候，別的孩子都在外面玩，只有他一個人在看書。老師問為什麼不一起出去玩，他說外面太嘈雜，弄得老師哭笑不得。李女士擔心兒子長大後會有語言障礙，或者容易得憂鬱症。

一般情況下，4歲的年齡是最應該熱愛戶外活動的時候。如果父母平時都喜歡做一些比較安靜的事情，那麼孩子也會適應安靜。如果是此種原因，家長就需要從自身開始改變。如果孩子是在幼稚園住宿，跟同伴交往不多，逐漸習慣了獨處，就會覺得和別人一起玩沒有意思。

那麼家長可以改為日托，每天接孩子回家，多帶孩子去廣場、公園等小孩比較集中的場所玩，鼓勵他和其他幼兒一起玩耍。雖然閱讀是非常好的習慣，但我們並不主張將書作為唯一樂趣。對幼兒來說，健康最重要，應該多到戶外玩耍，和同齡夥伴交往。另外，家長也可以下載或購買一些故事書讓孩子聆聽，聆聽故事也是一種交流。

四、同伴關係的影響因素

嬰幼兒的交往過程千姿百態，有的是被同伴接納的，有的卻是被同伴排斥的；有的是居於中心地位的，有的則是處於邊緣地帶的。這反映了嬰幼兒在交往活動中所扮演角色的不同，他們各自獲得的體驗也是不同的。研究同伴關係的影響因素，對於嬰幼兒未來的社會適應能力和心理健康狀況具有重要的意義。嬰幼兒的同伴關係受許多因素的影響，其中主要有嬰幼兒自身的行為特徵、認知能力、身體吸引力以及父母與教師的影響等。

（一）行為特徵

行為特徵是嬰幼兒社會能力的重要體現。嬰幼兒個體之所以交往成敗不同、同伴地位各異，主要是因為他們具有明顯不同的行為特徵。受歡迎的嬰幼兒，是因為他們具有外向的、友好的人格特徵，他們擅長於雙向交往和群

體交往，而且在活動中沒有明顯的攻擊行為。被拒斥的嬰幼兒在同伴交往中是比較笨拙的和不明智的，經常表現出許多攻擊性行為，甚至是反社會行為。

雖然他們也嘗試著加入群體活動中去，但總是由於他們令人討厭的特徵而被拒之門外。被忽視的嬰幼兒在同伴交往中的行為是笨拙的，他們往往逃避雙向交往，而將更多時間花在更大的群體中。但是，由於他們害羞，他們中的大多數都自己玩，很少見到他們表現自己或對他人顯示攻擊行為。

（二）認知能力

不同的社會認知能力在一定程度上決定了不同的社交地位，並且也支配著不同的社會技能。受歡迎的嬰幼兒大都傾向於成為優秀的社會問題的處理者、有效的協調者和對他人的支持者；被拒斥的嬰幼兒對同伴表現出更多的敵意、批評，更容易活動過度和過分離群，而且有強烈的孤獨感；被忽視的嬰幼兒更多地參加一些認知不成熟的遊戲和進行更多的以自我為中心的言語行為。

這些嬰幼兒在遇到具體的社交情境時表現出了很大的差異：受歡迎的嬰幼兒會很自信地提出欲參加活動的要求，主動開始與群體中其的他人交流，體現了良好的社交能力；被拒斥的嬰幼兒則在群體附近徘徊，或者以一種破壞性的手段，比如硬搶某東西強行加入進去；而被忽視的嬰幼兒則乾脆呆呆地站在一邊觀望。

（三）身體吸引力

在嬰兒時期，嬰幼兒就開始顯示出對身體外部特徵的偏好。嬰幼兒對身體有吸引力的同伴的評價往往是喜歡和肯定，而對身體沒有吸引力的同伴的評價則往往相反。嬰幼兒傾向於認為漂亮的同伴比不漂亮的同伴更友好、更聰明，攻擊性、反社會行為和吝嗇等特徵更多地被看作不漂亮同伴的特徵，而獨立性、勇敢、友好、慷慨、自主等行為則被更多地歸於漂亮同伴。

相貌的吸引力在彼此熟悉的嬰幼兒中同樣與受歡迎程度和相互的評價有關，而且這種關係在女孩子中更為強烈。成人同樣也有這種偏見，認為「漂亮的就是最好的」。產生這種現象的原因有二：一是嬰幼兒對自己的滿意感

會影響他們的行為。研究發現，隨著年齡的增長，身體無吸引力的嬰幼兒不良行為較少。二是成人也會按嬰幼兒相貌上的差異對他們表現出不同的態度和行為。

（四）父母影響

嬰幼兒在各種不同場合及不同活動中努力尋找自己的遊戲夥伴，但是他們的這種能力是有限的，他們通常依靠父母來為自己建立與同齡人的夥伴關係。父母的作用主要體現在以下三個方面：其一，為孩子彼此間的接觸提供便利的條件。如在家裡做遊戲活動，帶孩子外出遊玩，為他們提供與同齡人接觸的機會。其二，透過提供建議和指導影響孩子的社會交往。

如果父母對嬰幼兒使用的語言是積極而有禮貌的，那麼嬰幼兒表現出的攻擊行為就會少得多，而且更容易獲取影響同伴行為的能力。其三，父母自身的不同風格對嬰幼兒社會化的影響。親子之間的相互協作以及經常進行積極的情感交流能培養嬰幼兒良好的社會交往技能和同伴關係。而父母對嬰幼兒的高度控制、衝突不斷、教養方式前後不一致以及消極的情感會導致嬰幼兒出現攻擊行為、交往障礙以及孤獨感。

（五）教師影響

一個嬰幼兒在教師心目中的地位如何，會間接地影響到同伴對這個嬰幼兒的評價。米勒等人 (Miller & Gentry, 1980) 研究發現，教師對一個嬰幼兒特徵和價值的認可程度會透過一種複雜的方式影響同伴對這個嬰幼兒的接納性。社會心理學家認為，在同伴群體中的評價標準出現之前，教師是影響嬰幼兒最有力的人物。因此，作為教師，在教育過程中必須注意自己的言行對嬰幼兒的影響。

五、良好同伴關係的建立

良好的同伴關係具有保護和發展功能，對嬰幼兒的身心發展具有重要作用。因此，對嬰幼兒同伴交往中存在的問題，成人應該予以足夠的正視與重視，要有意識地為嬰幼兒提供同伴交往的機會，並進行有效的指導，幫助嬰幼兒建立良好的同伴關係。

（一）轉變教育觀念，重視榜樣作用

父母是嬰幼兒的第一任老師，嬰幼兒最初透過與父母的交往學習初步的社交技能。父母應改變對嬰幼兒過分保護、溺愛的態度，多給他們提供與同齡人交往的機會，讓他們走出家門，多與周圍人接觸，讓其在與他人的交往中體驗到快樂，學會分享與合作，並及時對嬰幼兒在交往中遇到的問題給予指導和幫助，讓他們逐漸在實踐中學會協調自己與他人的關係。

同時，父母還應給嬰幼兒做榜樣，父母之間、父母與孩子之間要建立和諧的關係，父母粗暴、冷漠的態度會使嬰幼兒產生許多心理問題及行為障礙。另外，由於嬰幼兒往往以同伴作為參照標準或榜樣，從而進行自我評價、自我約束，而嬰幼兒的榜樣往往來自教師的評價，他們對教師肯定的同伴行為很快就會去模仿，以尋求教師的表揚，所以教師要注重表揚嬰幼兒的良好行為，這有利於促進嬰幼兒社交技能的提高和良好同伴關係的發展。

（二）創設交往環境，增加交往機會

成人應透過環境的創設和利用，有效促進嬰幼兒同伴關係的發展。第一，成人要注意自身群體人際關係的協調，成人之間和諧的人際關係對嬰幼兒的同伴交往會產生潛移默化的影響。第二，成人要為嬰幼兒營造一種溫暖、關愛、尊重和信任的教育環境，創設嬰幼兒需要和能幫助別人的情景，使嬰幼兒感受到群體生活的優勢，獲得積極的情緒體驗，培養其樂於助人的精神，提高嬰幼兒的交往動機和交往興趣。第三，要為嬰幼兒創設與他人合作的機會。

研究表明，在遊戲尤其是角色遊戲中嬰幼兒易產生合作行為，嬰幼兒在角色遊戲中能意識到自己必須承擔一定角色的相應責任，這也保證了嬰幼兒參與的熱情，成人應透過遊戲活動以及小組活動、合作活動來強化嬰幼兒的交往意識。第四，在一日活動中，成人要提供一定數量的、有利於嬰幼兒開展社會性交往的玩具。嬰幼兒早期的同伴交往大多是圍繞玩具而發生的，嬰幼兒可以透過玩具表達對同伴的邀請，在使用玩具的過程中逐漸學會等待和與他人分享、合作等。

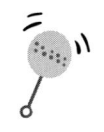

（三）注意現場觀察，開展及時指導

在一日活動中，成人應時刻注意觀察嬰幼兒的交往活動，對於嬰幼兒在交往中出現的困難和矛盾要及時進行干預，以幫助嬰幼兒在交往過程中感受到交往的愉悅，並從中學會關心、分享、合作以及公平競爭。對於被忽視的嬰幼兒，成人要主動關心或給予特別注意，發掘其才能，鼓勵他們勇敢表達自己的觀點，引導性格活潑的嬰幼兒帶領他們一起活動，提高他們的自信心，讓他們重新認識自己，同時也改變同伴對他們的看法。對於被拒絕的嬰幼兒，成人可以透過與他們的個別談話，告訴他們受排斥的原因，提醒其自我約束，並提供給他們與同伴相處的一些技巧。

成人還可以提供給他們為他人服務的機會，並當眾誇讚其良好行為，以獲得同伴的認同與接納。總之，對於擁有不良同伴關係的嬰幼兒，成人應鼓勵他們並提供大量嘗試和練習的機會，讓他們體驗關心和幫助他人的快樂。當然，指導的最終目的是要培養嬰幼兒主動、積極的交往態度，幫助嬰幼兒掌握謙讓、分享、合作、輪流等基本的交往方式和社會技能，提高社會適應能力。

複習鞏固

1. 什麼是同伴關係？
2. 同伴關係的功能有哪些？
3. 請舉例說明同伴關係的不同類型。

第三節 嬰幼兒的師幼關係

進入幼稚園後，嬰幼兒的活動重心從家庭轉移到了幼稚園，需要接受教師的監護和教育，並在教師有計劃地組織和指導下進行各種活動。這種在教育教學和交往過程中形成的一種比較穩定的人際關係我們稱之為師幼關係，與親子關係和同伴關係相比，它的獨特之處在於蘊含著由明顯的目的性和計劃性構成的「教育教學關係」。師幼關係是教育過程中最基本的人際關係之一，它既是幼稚園實現各項教育目標的重要保證，也是促進嬰幼兒全面發展的關鍵性因素，還是教師內在的教育理念和外顯的教育行為相結合的體現。

嬰幼兒心理學
第十一章 嬰幼兒社會交往的發展

一、師幼關係的特點

師幼關係是指在托兒所或幼稚園等托幼教育機構中，教師與嬰幼兒在保教過程中形成的比較穩定的人際關係。因托幼教育機構與基礎教育其他階段教育機構的培養目標、內部人際互動方式的區別，師幼關係除了具有雙向性（即嬰幼兒與教師的雙向交流）、雙重性（即效果可能積極，也可能消極）、差異性（即與不同性別、年齡、能力、品行的不同關係）等一般表現之外，還有以下幾方面的特點。

（一）遊戲性

嬰幼兒早期的身心發展水平決定了托幼教育機構的活動以遊戲為主，教育目標和內容的實現大多以帶有遊戲性的教育活動為載體，這明顯地區別於學校教育階段的上課形式，因而早期的師幼關係更強調嬰幼兒和教師在活動中獲得的遊戲性體驗。按照劉焱（1999）的分析，遊戲性體驗包括興趣性、自主性、勝任感或成就感、幽默感和生理快感等體驗。

（二）廣泛性

嬰幼兒一旦進入幼稚園，通常都是整天地待在幼稚園內，與教師一起參與各種教育活動、生活活動、遊戲活動等，師幼關係有時還因路上偶遇、家園聯繫或教師家訪而延伸到幼稚園外的場景裡。因此，可以說師幼關係具有時空的廣泛性。由於教師和嬰幼兒的接觸無時無處不在，很多人將教師比喻為「家庭保姆」，教師工作的複雜性、瑣碎性會讓很多教師失去工作的熱情，因而會間接影響到良好師幼關係的建立和發展。

（三）親密性

由於嬰幼兒的自我評價能力較低，他們比較容易相信教師對自己的評價。對於教師來說，嬰幼兒既是需要自己不斷提供各種知識的學生，也是需要自己在生活中無微不至進行照顧的孩子；對於嬰幼兒來說，教師的意義絕對不等同於小學與中學階段學生心目中的教師，嬰幼兒甚至將女教師當作媽媽。這種關係貫穿於一日生活的每個時間段、每個活動中、所有場景裡，因此我們說教師既是嬰幼兒心靈的教育者，也是嬰幼兒生活的照顧者，遠比中小學

教師與學生的接觸長久、廣泛、全面，因而與嬰幼兒建立的人際關係也更穩定和親密。

(四) 內隱性

托幼教育機構中的嬰幼兒在順利進入下一階段的學習生活之後，因身心發展迅速，常會出現不能再清晰記憶早年的師幼關係、對以前教師的感情迅速轉變、不再依戀等現象，從長遠來看，這些現像往往具有內隱性的影響，常造成托幼教育機構教師單方面的情感回味等現象。

二、師幼關係的類型

師幼關係的類型是研究者們比較關注的問題，由於研究角度的不同，建立了許多關係模式。隨著測量方法的綜合，關於類型問題的研究越來越深入。師幼關係是教師和嬰幼兒在互動過程中形成的一種主觀體驗較強的人際關係，因此，有關體驗者都可以作為這一關係的評定者，如教師、嬰幼兒、同事及觀察者。

Pianta 等人 1992 年編制的「師幼關係量表」是目前使用比較廣泛的量表之一，該量表的標準版由 28 個項目構成，包括親密性、依賴性，以及衝突性／憤怒等三個主要因素，從溫暖／安全、憤怒／依賴、焦慮／不安全等三個維度，將師幼關係的類型分為六種：依賴型、積極參與型、不良型、普通型、憤怒／依賴型、不參與型。

劉晶波（1999）以依戀性與主動性為分類指標，透過觀察分析將師幼交往分為：假相倚型、非對稱相倚型、反應相倚型、彼此相倚型四種類型。姜勇等（2004）主要運用研究者觀察、教師訪談和問卷調查的方法，從師幼交往的目的（即教師在交往過程中關注哪些重要方面）、師幼交往的情感性（即教師在交往中積極投入自身情感的程度、注意與嬰幼兒情感互動的程度）、師幼交往的寬容性（即教師對嬰幼兒的理解和寬容程度）、交往中教師的發現意識（即教師在與嬰幼兒交往互動中發現幼兒的優點與長處，向嬰幼兒學習的意識程度）、師幼交往的方式（即教師在師幼交往中合理運用豐富的表

情與動作的程度）這五個維度，將幼稚園教師與嬰幼兒之間的關係劃分為以下四種類型。

（一）嚴厲型

這一類型的教師在師幼交往的目的、發現意識、交往方式方面得分較高，但在交往的寬容性方面得分比其他三類要低很多，交往的情感性方面得分中等。表現在師幼交往中，教師缺少對嬰幼兒的情感支持，通常比較冷漠，而批評和懲罰較多。

（二）灌輸型

這一類型的教師除了寬容性略高於嚴厲型之外，其他幾項得分都很低，特別是在師幼交往的目的、情感性上與其他類型差異很大，表現為重知識傳授，很少根據嬰幼兒的實際情況調整教育活動，在集體教育活動中總是說得多，使得嬰幼兒的自主探究活動很少。

（三）開放型

這一類型的教師在師幼交往的方式、寬容性、發現意識、情感性等方面的得分較高，特別是在寬容性和情感性上得分是四種中最高的，在交往的目的性上以知識為中心，表現為非常重視嬰幼兒知識的獲得，並鼓勵嬰幼兒自主探究、自我發現。

（四）民主型

此類型的教師在各方面的得分都較高，特別是在師幼交往的目的性、發現意識方面處於最高水平，表現為更重視嬰幼兒的全面發展，並能充分理解和尊重嬰幼兒的興趣和需要。

三、師幼關係對嬰幼兒發展的影響

在托幼教育機構中形成的師幼關係對嬰幼兒自身的發展具有重要影響，教師在師幼關係中處於權威地位，起著主導作用，而且嬰幼兒年齡越小，這種影響越大。師幼關係對嬰幼兒發展的影響主要表現在入園適應、親子關係與同伴關係、社會性發展等方面。

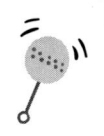

（一）影響嬰幼兒的入園適應

與親子關係和同伴關係相比，師幼關係對嬰幼兒入園適應方面的影響最為突出。融洽、密切的師幼關係會使嬰幼兒感到安全和溫暖，體驗家庭和父母懷抱以外新的快樂源泉，從而喜歡幼稚園生活，身體生長發育良好，飲食睡眠良好，認知活動正常開展，具有強烈的學習動機，參與遊戲的興趣高漲，對自己的能力比較自信。反之，如果哪天被教師體罰或責罵了，嬰幼兒就會情緒低落，活動遲緩，懼怕老師，甚至拒絕再上幼稚園。不同的師幼關係提供給嬰幼兒的社會性資源不同，因而對嬰幼兒的學校適應造成的影響也不同。一般來說，和諧的師幼關係提供給嬰幼兒的是支持、幫助和安全感，不和諧的師幼關係給嬰幼兒帶來的是壓力、衝突和緊張感。

（二）影響嬰幼兒的同伴關係

研究表明，積極良好的師幼關係有利於不安全親子依戀的彌補和調整，並促使親子依戀向安全方向發展。另外，師幼關係的性質和特徵，如親密性，對嬰幼兒同伴交往的主動性、能力、社交地位等也有明顯的影響。實踐觀察發現，被教師肯定、與教師建立和諧關係的嬰幼兒更傾向於被同伴接納；對教師有更高安全感的嬰幼兒在同伴交往中更少出現退縮行為、敵意和攻擊行為。從中可以看出，教師的評價往往會影響嬰幼兒在群體中的地位。

教師對調皮嬰幼兒訓斥、冷漠的態度不僅會傷害嬰幼兒的自尊和自信，同時也潛移默化地影響同伴對他們的態度。師幼關係、同伴關係等構成托幼教育機構的精神環境，它是無形的，卻是可感受和可體驗的，對學習生活發展在其中的嬰幼兒提供著活動進行的心理背景與基調，深刻地影響著其情感、社會性及個性的發展和改善。已有研究表明（Pianta，2001），師幼關係對嬰幼兒發展有著更為重要的意義，其重要性遠遠超過了嬰幼兒以後建立的師生關係。

（三）影響嬰幼兒的社會行為

嬰幼兒早期對教師權威的高度迷信決定了他們更易受到教師期望、評價、批評與表揚，甚至包括情緒、態度的影響。透過教師的直接指導，嬰幼兒能

夠獲取社會知識，學習一定的社會行為規範和價值標準；透過教師的示範以及觀察學習，嬰幼兒能習得分享、合作、同情、謙讓等親社會行為，並且能夠無意識地把教師的某些社會行為納入自己的經驗體系之中。嬰幼兒最喜歡模仿心中崇拜的人，而教師往往就是他們的模仿對象。家長常會聽到孩子說：「這是我們老師說的。」「老師就是這樣的，我也這樣。」可見，教師在嬰幼兒心中往往是居於權威地位的。

所以，教師必須重視表率作用，因為當教師與嬰幼兒相處時，哪怕是一個小小的動作或是一個細微的表情，都會引起嬰幼兒足夠的注意和模仿。所以，教師要求嬰幼兒做到的，自己必須先做到，說到必須做到，要表裡一致，持之以恆。另外，研究證實，那些感受到教師關愛和高期望的嬰幼兒更可能具有高水平的自我意識，更傾向於自信、自尊。

四、新型師幼關係的建立

一位成功的幼稚園教師，必須建立良好的師幼關係——嬰幼兒喜歡與你相伴，希望和你一起做遊戲，主動與你交流，願意聽你指導。只有讓嬰幼兒喜歡你，你才有施教的機會；只有讓嬰幼兒認可你，你的教育才能有成效。而要與嬰幼兒建立起良好的關係，關鍵是教師在與嬰幼兒交往中要善於調整好角色，在師幼之間建立起一種新型的關係。

當今幼教界風靡的「瑞吉歐方案教學」、法國科學活動「做中學」等新思潮無一不是建立在一種新型的師幼關係上，這是一種平等、友好、共生共長的互動關係。因此，為了提高教育實效，應建立新型的師幼關係，從嬰幼兒的切實需要出發，確保所有的嬰幼兒獲得歸屬感、安全感和價值感，使嬰幼兒在尊重、平等的師幼關係中健康成長。

（一）轉變教育觀念，平等對待嬰幼兒

傳統的幼稚園教育，嬰幼兒的一切行動都要聽從教師的指揮，師幼之間完全缺乏「平等」的互動，形成「師高幼低」的師幼關係。因此，建立新型師幼關係，必須轉變教師是指揮者的傳統，需要教師打破長期固有的「師道尊嚴」「嚴師出高徒」等傳統思想，轉變不利於師幼身心發展的交往模式，

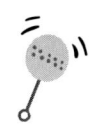

平等、公正地對待每一個嬰幼兒，牢記「一切為了孩子，為了一切孩子，為了孩子的一切」，與嬰幼兒建立平等、民主、尊重和信任的關係。如果教師把嬰幼兒看作有獨立人格的人，尊重他們的人格，就會與嬰幼兒平等對話、互相依賴，進而幫助嬰幼兒建立起安全感、歸屬感，促進他們與他人、與同伴的正向交往。

（二）樹立賞識理念，積極評價嬰幼兒

嬰幼兒具有不同的個性特徵，每個孩子都希望自己成功；嬰幼兒具有較強的自尊心，每個孩子都希望自尊心得到呵護。因此，教師必須樹立賞識理念，積極評價嬰幼兒的能力與行為，尊重他們的自尊心，捕捉他們的閃光點，多給予鼓勵性的評價，不輕易批評指責。對嬰幼兒的過失指正要講究方式方法；對一些缺點較明顯的，也要採取鼓勵性的語言加以評價，並要特別注意挖掘他的長處與優點，給予精心的呵護，使其以長化短。同時，教師還需要包容嬰幼兒成長中的錯誤行為，耐心等待他按照自己的時間表成長，訓斥、體罰或變相體罰都有損於他們的身心發展。

（三）關注嬰幼兒成長，學會傾聽嬰幼兒

建立新型師幼關係，是以師愛與互動為基礎的，具體表現為關心、愛護、尊重、理解、溝通，營造民主和諧、寬鬆愉快的氛圍。在嬰幼兒成長的過程中，教師要時刻關注嬰幼兒身心發展的各個方面，以保證嬰幼兒身心健康發展。無論是在生活活動中、遊戲活動中，還是在學習活動中，教師應以敏銳的洞察力、深刻的理解力和果斷的判斷力傾聽嬰幼兒的發言，以瞭解他們的思想和感受，讓其感受到老師對他們的關注、理解和欣賞，感覺到老師可以做他們的知心朋友。在嬰幼兒遇到困難時，教師要適時適當地介入他們的活動，成為嬰幼兒忠實的、更有能力的玩伴，使嬰幼兒的活動繼續有效地進行下去。在這種環境中，嬰幼兒會更積極地投入到活動中，盡情發揮，盡情創造，在活動中不斷獲得知識，從而獲得健康和諧的發展。

複習鞏固

1. 什麼是師幼關係？

2. 師幼關係的特點有哪些？

3. 如何建立新型師幼關係？

本章要點小結

依戀主要指嬰幼兒與撫養者之間建立的一種積極的、充滿深情的情感聯結，由於嬰幼兒的撫養者多為其父母，故又稱為親子依戀。

依戀具有對象的選擇性、行為的親近性、關係的相互性、結果的支持性、影響的長期性等特點。依戀可分為焦慮—迴避型依戀、安全型依戀、焦慮—抗拒型依戀等三種類型。

依戀的發展經歷了無分化、低分化、形成、合作等四個階段，它對嬰幼兒的認知活動、情緒情感、社會行為等都具有重要影響。

同伴關係是指年齡相同或相近的嬰幼兒之間的一種共同活動並相互協作的關係，或者指同齡幼兒或心理發展水平相當的個體之間在交往過程中建立和發展起來的一種人際關係。同伴關係對嬰幼兒的社會技能、情感需要、自我概念的發展都具有重要作用。

同伴關係可分為受歡迎型、被拒絕型、被忽視型和一般型等四種基本類型。同伴關係受許多因素的影響，其中主要有嬰幼兒自身的行為特徵、認知能力、身體吸引力以及父母與教師的影響。

師幼關係是指在托兒所或幼稚園等托幼教育機構中，教師與嬰幼兒在保教過程中形成的比較穩定的人際關係。它具有遊戲性、廣泛性、親密性、內隱性等特點。師幼關係可分為嚴厲型、灌輸型、開放型、民主型等四種類型。

師幼關係對嬰幼兒的入園適應、同伴關係、社會行為等具有重要作用。

建立新型師幼關係需要教師轉變教育觀念，平等對待嬰幼兒；樹立賞識理念，積極評價嬰幼兒；關注嬰幼兒成長，學會傾聽嬰幼兒。

關鍵術語表

依戀

陌生情境

同伴

同伴關係

同伴提名法

師幼關係

選擇題（不定項選擇）

1. 對嬰幼兒來說，生活中最主要的接觸者不包括（　）

A. 父母

B. 鄰居

C. 教師

D. 同伴

2. 依戀在行為上具有什麼特點（　）

A. 選擇性

B. 相互性

C. 長期性

D. 親近性

3. 依戀的基本類型不包括（　）

A. 安全型

B. 焦慮—迴避型

C. 不安全型

D. 焦慮—抗拒型

4. 依戀形成的標誌需要符合哪些原則（　）

A. 代表性

B. 穩定性

C. 普遍性

D. 典型性

5. 設計「陌生情境」實驗，測定嬰幼兒依戀類型的是（ ）

A. 皮亞傑

B. 鮑爾比

C. 劉晶波

D. 安斯沃斯

6. 測量嬰幼兒同伴關係使用較多的方法是（ ）

A. 觀察法

B. 同伴提名法

C. 問卷法

D. 實驗法

7. 同伴關係的類型包括（ ）

A. 受歡迎型

B. 被拒絕型

C. 被忽視型

D. 一般型

8. 嬰幼兒的合作遊戲在什麼年齡開始出現（ ）

A. 3歲

B. 4歲

C. 5歲

D. 6歲

9. 師幼關係具有哪些特點（ ）

A. 遊戲性

B. 親密性

C. 穩定性

D. 短暫性

10. 師幼關係的類型不包括（ ）

A. 放任型

B. 民主型

C. 灌輸型

D. 嚴厲型

嬰幼兒心理學
第十二章 嬰幼兒社會行為的發展

第十二章 嬰幼兒社會行為的發展

在嬰幼兒期,幼兒學會了走路和說話,充滿了對環境的好奇心,喜歡跟在大哥哥、大姐姐的後面當小小跟屁蟲,也是討人厭的愛哭鬼。如果沒有玩伴的話,就會與玩具、玩偶對話;如果有玩伴的話,在別人哭泣的時候,他會主動去安慰別人;如果喜歡別人的玩具時,他也會直接去搶奪別人的玩具。為什麼會出現這一現象呢?

嬰幼兒時期是社會行為發展的黃金時期,這個時期的幼兒會產生許多社會行為,其中親社會行為和攻擊行為是我們重點研究的兩類社會行為。本章將介紹嬰幼兒親社會行為的發展特點、影響因素及其培養方法和策略;嬰幼兒攻擊行為的發展特點、影響因素及其控制方法;兒童道德發展階段論、道德行為特點及其影響因素。

第一節 嬰幼兒的親社會行為

親社會行為是嬰幼兒良好個性品德形成的基礎,是幫助他們培養集體意識、建立良好人際關係、形成助人為樂等良好道德品質的重要條件。親社會行為也是道德發展的核心問題,它對嬰幼兒的道德發展具有重要影響。

一、親社會行為的含義及特點

(一)親社會行為的含義

親社會行為最先是由美國社會心理學家威斯伯格(1972)使用的,是用來表示與攻擊、侵犯等消極行為相對立的行為,比如同情、仁慈、分享、幫助、合作、援救等各種積極的社會行為。美國心理學家巴特爾(1976)指出,親社會行為是一種不期待外來酬賞而自願自發的助人行為。學者朱智賢教授認為,親社會行為是人們在交往中表現出來的謙讓、幫助、合作、分享等有利於他人和社會的行為。

但是,對於嬰幼兒來說,親社會行為通常指對他人有益或對社會有積極影響的行為,包括分享、合作、謙讓、援助、安慰、捐贈等行為。它是一種

個體幫助或打算幫助其他個體或群體的行為傾向。分享是指孩子與同伴分享玩具、食物等；合作是指孩子與同伴協同完成某一活動；謙讓是指與同伴發生衝突時能夠先滿足對方；援助是指在他人需要幫助時給予幫助。親社會行為是個體社會化的重要指標，又是社會化的結果。

（二）親社會行為的特點

嬰幼兒的親社會行為主要表現為以下幾個特點。

1. 親社會行為的發展不存在性別差異

人們通常認為，與男孩相比，女孩更加喜歡幫助別人，更加喜歡對別人表達關懷與慷慨，在日常生活中女孩也的確更多地表現出同情或者擔憂的情緒。但是，心理學研究卻發現，嬰幼兒的親社會行為性別差異不顯著。王美芳、龐維國的研究也發現，小班、中班與大班幼兒的親社會行為不存在性別差異。研究結果與大家在日常生活中觀察到的不太一致，這是因為傳統的社會文化期望女孩更富有同情心、更具有敏感性，因此認為女孩也更容易表現出親社會行為。

2. 親社會行為指向同性夥伴與異性夥伴的次數存在年齡差異

在幼稚園小班，親社會行為指向同性與異性夥伴的次數比較接近，而中班、大班幼兒親社會行為指向同性夥伴的次數不斷增加，指向異性夥伴的次數則不斷減少。這是因為，小班幼兒的性別角色、認知水平處於同一階段，他們並不嚴格根據性別來選擇交往對象，而從中班起，幼兒的性別角色認知已經相當穩定，他們開始更多地指向同性別幼兒作為交往對象，其親社會行為也就自然更多地指向同性夥伴。

3. 親社會行為指向同伴與教師的次數存在顯著差異

嬰幼兒親社會行為指向同伴的次數要顯著高於教師。這是因為，在自由活動時間，嬰幼兒的交往對象基本上是同伴，而且同伴之間地位平等、能力接近、興趣也比較一致，因此他們有能力做出指向同伴的親社會行為；然而，嬰幼兒與教師之間是服從與權威、受教育者與教育者的關係，因此在教師面前他們表現出更多的遵從行為，較少有機會表現出親社會行為。

二、親社會行為的早期發展

嬰幼兒親社會行為的形成是基於從別人角度考慮問題（移情）的基礎上，產生情感反應（同情），進而產生安慰、援助等親社會行為。嬰幼兒親社會行為的發展既具有連續性，也具有一定的階段性。

（一）0～3歲兒童的親社會行為

對於3歲前兒童親社會行為的研究，主要集中在兒童對他人情緒的敏感性及其原始的外顯行為，包括兒童對他人情緒及情感激起反應和兒童區分他人不同情感表現的能力。比如，3個月大的嬰兒就能夠對友善行為和不友善行為做出不同的反應，5個月大的嬰兒已經開始有認生現象，對熟悉的人表現出微笑（最初的親社會行為），對不熟悉的人表示拒絕。

嬰兒聽到其他嬰兒的哭聲也會跟著哭起來，但是聽到自己哭聲的錄音卻沒有此反應。大約6個月左右的嬰兒，有時會用哭聲對另一個嬰兒的哭聲進行反應；大約12～18個月大的時候，兒童已經能夠清晰地對他人的消極情緒做出反應（尤其是憂傷情緒），可能會對他人做出一些積極的撫慰動作，如走過去站在他們身旁，或者拉一拉對方的手，或者輕拍或撫摸一下對方受傷的地方。

2歲左右時，兒童已經具備了各種基本的情緒體驗，在一定的生活情境中越來越明顯地表現出同情、分享和助人等親社會行為。兒童在1歲之前就表現出了最初的分享行為，主要是透過指點和姿勢來與他人分享有趣的信號和物體；到了1歲半之後，兒童的分享和助人行為更加多樣化。如，一個2歲的兒童會說：「她哭了，她想要糖糖。」

在成人的教育下，兒童會把自己的糖果分給別的小朋友吃，或者把自己的玩具讓給別人玩，這些行為反映了他們與他人分享的早期能力，表明2歲兒童已經開始參與人際交往活動。2歲以後，隨著交往經驗的積累和生活範圍的擴大，兒童的親社會行為進一步發展，逐漸能夠根據一些不太明顯的細微變化來識別他人的情緒體驗，推斷他人的處境，然後做出相應的安慰行為。如，當有小朋友哭泣時，有的孩子就會關切地問：「你怎麼了？」「你為什

麼哭？」等等，還有的孩子會馬上把自己最喜歡的玩具給他玩，或者邀請他參加自己的遊戲。

合作行為是一種基本的社會互動形式。多數研究指出，在出生後第二年，嬰幼兒的合作行為開始發生並迅速發展。有研究者曾對嬰幼兒與父母的合作遊戲進行研究，發現 12 個月大的嬰兒很少進行合作性遊戲，而 18～24 個月的兒童則開始進行合作性遊戲。還有研究也發現，2 歲兒童在與同伴交往的過程中，能夠與同伴之間相互協調行動以達到共同目標，而 18 個月的兒童還比較困難；2 歲以後的兒童能更有效地進行社會性交往，更經常地表現出合作行為。

（二）3～6 歲兒童的親社會行為

3～6 歲兒童的各種親社會行為迅速發展，親社會行為的數量和水平都有所提高。主要表現在以下幾個方面。

第一，分享行為是此時期親社會行為發展的主要方面，幼兒的分享行為迅速發展。分享行為受物品的特點、數量、分享對象的不同而變化，具體表現為：幼兒的「均分」觀念占主導地位，4～5 歲從不會分享到會分享，5～6 歲分享水平提高，表現為慷慨行為增多；分享水平受物品數量的影響，當物品與分享人數相等時幾乎都會做出均分反應，當物品不足時表現出慷慨的反應最高；幼兒對於食物的均分反應高，慷慨反應少，而對於玩具的慷慨反應稍多。

第二，合作行為是此時期最常見的行為，幼兒的合作行為發生頻率最高。隨著年齡的增長，合作手段和能力也不斷提高。學者研究發現，大班幼兒的合作行為所占的比例要顯著高於中班和小班的幼兒。

第三，助人行為在此時期的發生呈現增長趨勢。幼兒的助人行為隨著年齡增長而逐漸增加，並且當有其他人在場時，幼兒會由於恐懼減少而增加其助人行為發生的頻率。

第四，謙讓行為在此時期也逐漸獲得發展。幼稚園小班幼兒的謙讓行為還比較少，幼兒之間爭奪玩具的行為經常發生。隨著集體生活經驗和同伴交

往經驗的增多，中班以後幼兒的謙讓行為逐步增多，他們會主動把玩具讓給其他幼兒，有效避免了爭奪的發生。之後，隨著社會生活經驗的增長和移情能力的提高，幼兒的謙讓行為從數量和質量上都會得到很大的提高。

然而，嬰幼兒的親社會行為具有一定的個體差異性，受到教育的影響比較大。因此，嬰幼兒親社會行為的發展需要成人給予一定的指導和教育。

三、親社會行為的影響因素

影響嬰幼兒親社會行為形成和發展的因素有很多，一般來說，主要有以下幾個方面。

（一）觀點採擇能力

觀點採擇能力是指嬰幼兒用他人的觀點來理解他人的思想和情感，即個體能夠區分自己和他人的觀點，理解社會角色的能力。它可以是空間的、社會的和情感方面的，能夠使嬰幼兒根據當前或者先前的有關訊息對他人的觀點（或視角）做出準確判斷，進而充分地理解他人的需要或所處的立場，就可能表現出親社會行為。對嬰幼兒進行這種能力的訓練，能夠有效地促進他們親社會行為的發生。當然，觀點採擇能力也並不必然導致嬰幼兒助人行為的發生，因為它只是一種訊息收集的過程，只能為嬰幼兒提供理解情境和他人的需要和情感的前提，親社會行為的發生還要受到社會規範和社會期望的調節與引導。

（二）移情

移情是指嬰幼兒在覺察他人情緒反應時所體驗到的與他人共有的情緒反應。它是嬰幼兒親社會行為產生的基礎，是親社會行為產生的一個重要的動機源泉。霍夫曼曾經提出，移情會逐漸變成嬰幼兒利他行為的重要動機。具有移情能力的嬰幼兒看到別人處在危險中時，他就會產生情感上的痛苦，就會經常透過幫助行為或分享來減輕這種痛苦。透過移情，嬰幼兒可以體驗到他人的情感，只要他們意識到了他人的苦惱和不幸，進而理解了他人的這種痛苦和不幸，就會用自己的實際行動去安慰他人，那麼就能夠減輕這種情緒，最終表現出親社會行為的可能性就會大大增加。

(三) 觀察與模仿

觀察與模仿是嬰幼兒進行學習的重要手段，他們的大多數親社會行為都是透過觀察與模仿獲得的。因此，榜樣對於嬰幼兒具有潛移默化的影響和長遠的作用。一般來說，父母的撫養方式和電視是嬰幼兒進行觀察和模仿的重要媒介。

父母的言傳身教無時無刻不在影響著嬰幼兒的發展，經常直接給予他們適當的鼓勵能夠促進與塑造幼兒的親社會行為。父母親以身作則，給嬰幼兒提供良好的學習榜樣，為他們提供學習親社會行為的機會，也會促進其親社會行為的發生。

親社會行為並不只是侷限於家庭成員，電視也是嬰幼兒學習親社會行為的重要媒介。研究表明，觀看親社會節目的嬰幼兒比觀看中性節目的嬰幼兒能獲得更多親社會行為的知識和規則，這時若給予相應的指導與訓練，他們就能夠很好地保持這種行為，如果再遇到類似的情境時，他們就更加容易表現出親社會行為。

四、親社會行為的培養

親社會行為是關係到社會穩定和個人發展的行為，透過教育和訓練來培養嬰幼兒的親社會行為是幼稚園和家庭教育的職責。

(一) 移情訓練法

幾乎所有的嬰幼兒都具有移情能力，並且移情能力能夠透過後天的培養與教育來加以提高，而移情能力的提高也為親社會行為的產生提供了重要的動力源泉。因此，針對嬰幼兒進行的移情訓練是旨在提高他們善於體察他人的情緒、理解他人的情感，從而與他人產生共鳴的一種訓練方法。它主要是透過引起學習者自身的情緒體驗、遷移體驗，在情感的支配下自覺表現出親社會行為，它使學習者積極、主動地學習親社會行為。

在實際生活中，父母可以時常對孩子進行教育，以培養他們的移情能力。早期的家庭教育對嬰幼兒移情能力的形成是至關重要的，尤其對於當今獨生

第一節 嬰幼兒的親社會行為

子女的教育，父母在家庭教育中要不斷運用積極暗示，引導孩子去理解父母的心理感受。比如，孩子做錯事情時，父母要讓孩子理解父母此刻難過的心情，這樣就會讓孩子形成穩定的移情能力。

同伴交往中的認知衝突對嬰幼兒移情能力的發展也具有積極的促進作用，在他們解決衝突的過程中，嬰幼兒不僅要考慮自己的觀點，也要考慮同伴的觀點，這樣可以使他們去自我中心化，提高移情能力，增加親社會行為發生的頻率。訓練的具體方法有：讓嬰幼兒聽故事，引導他們理解故事、續編故事，讓他們進行角色扮演來重現故事等等。

（二）榜樣示範法

榜樣可以促進嬰幼兒對於親社會行為的學習，因為示範本身具有傳遞訊息的功能。在觀察榜樣的過程中，示範行為會指引觀察者在以後做出適當的行為。榜樣示範法有自己突出的優點：首先，鮮明、具體的榜樣形象非常符合嬰幼兒心理發展的特點，激發了他們模仿榜樣的需要；其次，在特定情境中出現的榜樣有助於嬰幼兒理解榜樣助人的情境與方式，可以促進他們在類似的情境中再現之前學習到的親社會行為；再次，榜樣示範法可以使嬰幼兒將自己的行為與榜樣的行為做出對比，增強學習者學習榜樣的相似性，從而減少了向榜樣學習的難度。

在日常生活中，成人要以身作則，為嬰幼兒樹立良好的榜樣。比如，乘坐公交車時，成人主動給老弱病殘讓座，久而久之，嬰幼兒也會受到影響，學會如何幫助別人。這樣不僅創造了親社會行為的表現情境，而且還會讓嬰幼兒把這種親社會行為遷移到相似的情境中去。在一次次這樣的榜樣教育下，嬰幼兒就會把分享、合作等親社會行為內化為自己的行事準則。

（三）交往技能和行為訓練

交往技能是指採取恰當方式來解決交往中所遇到的問題的策略和技巧。大多數嬰幼兒在交往中容易表現出不恰當的交往行為，這往往是因為他們缺乏相應的交往技能。對嬰幼兒進行交往技能的訓練，就要讓他們學會正確認識交往中出現的問題，探尋這些問題發生的原因和特點，比如「為什麼他不

讓我和他一起玩？」雖然對較小的嬰幼兒來說，這種訓練有些複雜，但對於較大的幼兒來講，訓練他們識別清楚交往的具體情境和問題的具體情況，然後選擇合適的反應方式則是必要的。

技能訓練要讓嬰幼兒意識到解決某個問題的方式是多樣的，應該要選擇其中最合適的、最好的方式來解決問題。嬰幼兒的自制力較差，有的嬰幼兒雖然知道應該如何與他人進行交往，但是在具體交往情境中卻做不到。因此，交往技能訓練必須和加強嬰幼兒的行為訓練相結合，使他們鞏固那些有利於順利進行交往的親社會行為，以便在需要時使用。行為練習最好在日常生活的真實情境中持之以恆地進行，例如可以在嬰幼兒自由遊戲時設置這樣的情境：5個孩子，3個蘋果，讓嬰幼兒練習分享和謙讓。

複習鞏固

1. 簡述親社會行為的含義及特點。
2. 簡述親社會行為的影響因素。
3. 如何培養嬰幼兒的親社會行為？

第二節 嬰幼兒的攻擊行為

攻擊是發展心理學長期以來持續研究的熱點之一。每個人與生俱來都有一種內在的攻擊傾向，但是隨著生理和心理的發展，這種攻擊傾向既可能會指向一些有意義的目標，也可能會指向一些不被社會所讚許的目標，如果是後者的話則是有害的行為，即攻擊行為。

一、攻擊行為的含義及特點

（一）攻擊行為的含義

攻擊行為是指他人不願意接受的、出於故意或工具性目的的傷害行為。它是一種有意傷害他人或他物，並且不為社會規範所許可的行為，是嬰幼兒身上一種不受歡迎但卻經常發生的不良行為。攻擊行為主要分為兩類：根據攻擊的形式和功能，貝約克基斯將其分為直接攻擊和間接攻擊，直接攻擊包括身體攻擊和語言攻擊，間接攻擊指借助於第三方實施的攻擊；根據攻擊的

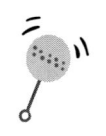

目的和性質，哈特普將其分為敵意性攻擊和工具性攻擊，敵意性攻擊是指攻擊的主要目的是專門打擊和傷害他人（身體的傷害、語言的傷害，或破壞他人的工作和財產），工具性攻擊指攻擊的主要目的是為了獲得某件事物而做出搶奪、推搡等動作。

（二）攻擊行為的特點

3歲後，攻擊行為表現為當幼兒遭遇挫折時，顯得焦躁不安，透過抓人、咬人、打人、奪取別人的東西或者扔東西等方式表現出來，是一種非常消極的行為。幼兒的攻擊行為在頻率、表現形式和性質上具有以下特點。

1. 攻擊行為的表現以身體動作為主

觀察發現，幼兒的攻擊行為表現以推、拉、踢、咬、抓等身體動作為主。小班幼兒常常為爭搶玩具而出手抓人、打人、推人，甚至用整個身體去擠撞妨礙自己的人。到了中班，隨著言語的逐步發展，開始逐漸出現言語攻擊。如在遊戲中發生衝突時，幼兒常衝對方嚷嚷：「你太討厭了，我不跟你玩了」；當想得到一件玩具而沒有成功時，常常會說：「你不給我玩，我也不讓你玩」；等等，幼兒時期這種帶有攻擊性的語言在人際衝突中表現得越來越多，而身體動作的攻擊行為則逐漸減少。

2. 攻擊行為的類型以工具性攻擊為主

幼兒期以工具性攻擊行為為主，幼兒常常為了玩具、活動材料或活動空間而爭吵、打架。但是，隨著年齡的增長，他們也會表現出敵意性的攻擊行為，有時故意對自己不喜歡的小朋友說難聽的話，或者在被他人無意傷害後，有意罵人或打人、扔玩具等以示報復。研究發現，幼兒的攻擊從工具性攻擊向敵意性攻擊轉化，小班幼兒的工具性攻擊行為較多，而大班幼兒的敵意性攻擊則較多。

3. 攻擊行為的發展存在顯著性別差異

男孩比女孩更容易進行公開性的攻擊，更容易捲入傷害性事件，這種趨勢出現在許多社會文化中。有研究認為，只要2歲的嬰幼兒開始意識到性別刻板印象，即大眾期望男性和女性在行為上不同，那麼女孩的攻擊行為就大

大減少了，然而男孩的攻擊行為卻下降得不太明顯。另一項觀察研究表明，男孩的攻擊行為普遍比女孩多，而且更容易在受到攻擊後採取報復行為，而女孩在受攻擊時則更多地表現為哭泣、退讓，或是向老師報告等行為，而較少採取報復行動。

二、嬰幼兒攻擊行為的發展

每個嬰幼兒在其發展的過程中都不可避免地會有不同程度的攻擊行為，它對個體生理和心理的發展、人格的發展與學業的進步都具有消極的影響。

（一）0～3歲兒童攻擊行為的發展

嬰兒時期攻擊與衝突主要是由物品或爭奪空間引起的。1歲以內的嬰兒會表現出憤怒，偶爾也會打別人，但是這些行為不一定具有攻擊性意圖，而更可能的是對障礙物的移除、推開等處理行為。而1歲以後開始出現工具性攻擊行為，如他們會為了爭奪玩具而鬥爭。國外研究發現，嬰兒與同伴之間的社會性衝突至少在他們出生以後的第二年就開始了。12～16個月大兒童之間的行為，大約有一半可以被看作破壞性的或衝突性的，到2歲半時他們之間的衝突性交往只有最初的20%。

（二）3～6歲兒童攻擊行為的發展

隨著年齡的增長，幼兒的攻擊行為會發生很大的變化。3歲前的兒童更多地使用身體上的攻擊，3歲後的兒童身體攻擊減少，語言攻擊的比例則開始增加，主要是嘲笑、說壞話、誹謗、起外號以及其他形式的語言攻擊。這是因為幼兒語言溝通與交流技能的提高為他們提供了一種新的攻擊手段，加之成人對他們身體攻擊的制止和語言攻擊的忽略所造成的。

在一項對攻擊行為的研究中，研究者要求母親在日記中記錄孩子憤怒時的詳細情況。結果發現，幼兒的身體攻擊在3～5歲之間逐漸減少，取而代之的是言語攻擊，語言的發展對這種轉變起著決定性作用。哈特普的研究也表明，年齡較小幼兒的工具性侵犯高於年齡較大的幼兒，年齡較大幼兒的敵意性侵犯則高於年齡較小的幼兒，整個學前期幼兒的工具性侵犯呈現減少的趨勢，敵意性侵犯則呈現增多的趨勢。

這是因為，年齡較大幼兒具有了推測對方意圖和動機的能力。還有，在進入幼稚園後，由具有社會意義的事件引起的攻擊行為逐漸增多；幼兒在 4 歲半時，由具有社會意義事件引起的攻擊行為和由物品或爭奪空間引起的攻擊性行為首次達到了平衡。之後，幼兒的攻擊性行為基本上都是由具有社會意義的事件而引起。

對攻擊意圖的認知是指對他人的意圖、動機的認知和理解。當同伴的意圖明顯表露出來的時候，攻擊性的幼兒能夠及時調整自己的攻擊行為；當同伴的意圖模糊不清的時候，攻擊性的幼兒更容易表現出攻擊性行為，這是因為他更容易對同伴的意圖做出敵意歸因。隨著年齡的增長，幼兒不僅對他人行為意圖的認知能力迅速發展，而且也可以及時把對別人行為意圖的知覺整合到自己的行為之中去，即認知對行為的調節作用也越來越強。

三、嬰幼兒攻擊行為的影響因素

影響嬰幼兒攻擊行為的因素有許多，主要包括以下四個方面。

（一）生物因素

生物因素為嬰幼兒的攻擊行為提供了發生的必要物質條件。首先，大腦兩個半球的平衡性。研究表明，攻擊性嬰幼兒的大腦兩半球平衡性較低，大腦左半球抗干擾能力較差，而右半球對整體情境的認知能力較弱，因此容易表現出攻擊性行為。其次，情緒喚起水平高。情緒喚起水平高的嬰幼兒，容易被比較模糊的情境喚起攻擊性行為。

（二）父母的撫養方式與教養態度

父母消極的撫養方式和教養態度，對嬰幼兒攻擊性傾向的形成有重要作用。缺乏溫暖的家庭、不良的管教方式，以及父母對嬰幼兒缺乏明確的行為指導和活動監督，都會造成他們以後的高攻擊性。父母經常對孩子採取懲罰、打罵的方法，這在無形之中為孩子提供了攻擊行為的榜樣。懲罰對於非攻擊性的嬰幼兒能夠抑制其攻擊行為，但是對於攻擊性嬰幼兒則會使其攻擊性行為加劇。從表面上看，懲罰限制了嬰幼兒在家裡的侵犯行為，但是實際上卻

似乎鼓勵了他們在外面的侵犯行為，因為嬰幼兒潛在地模仿了父母的侵犯行為。

現實生活中那些受到家長懲罰的攻擊性嬰幼兒往往也具有更大的攻擊性。當然，如果父母平時對嬰幼兒的言行、人際交往和朋友的選擇等方面缺少管理和監督的話，也會導致孩子攻擊性行為的產生。再者，家庭成員之間缺乏溝通與交流，父母的情感不和諧，無法給孩子提供一個溫暖的、和諧的家庭環境，也會導致其攻擊行為的產生。

生活中的心理學

我是超人力霸王

幼稚園放學了，小朋友們陸續離開了教室，活動室裡還有五六個孩子在一起玩雪花片。明明用雪花片組成了一把寶劍，這時他媽媽來接他了。他抬起頭，看著媽媽說：「媽媽，我還想再玩一會兒呢！」媽媽站在門口說：「不行，我還要回去做飯呢！你只能再玩一小會兒，好嗎？」明明高興地答應了。媽媽在活動室外面等著他，臉色不是很好看。這時，媽媽聽到了小朋友的哭聲。原來，明明拿著他的寶劍圍著冰冰走來走去，說：「我是超人力霸王，一定要打死你這個可惡的怪獸！」並且把寶劍刺向冰冰的胸口。明明媽媽看見冰冰哭得傷心的樣子，站起來「啪啪」地給了明明兩個耳光，氣憤地說：「打呀，你再打打看，看我回家怎麼收拾你！」電視對兒童社會性行為的發展會產生重大影響，尤其是節目中的暴力鏡頭，因此成人要給予兒童正確的引導。

（三）大眾傳媒的影響

嬰幼兒的學習方式主要是觀察與模仿，他們極其容易受到暗示，因此大眾傳播媒介中的暴力情節對嬰幼兒的負面影響是非常巨大的。嬰幼兒在現實中接觸最多的傳播媒介是電影和電視，絕大多數嬰幼兒出生後兩三個月就開始看電視，到了幼兒期，看電視的時間遠遠超過了成年人。電視是嬰幼兒最經常接觸的媒介，是他們觀察學習社會的又一本教材，他們很容易將電視上所看到的暴力情境以直接的或間接的方式轉化為他們的日常言行。

比如：近年上映的動畫片《喜洋洋與灰太狼》《熊出沒》等，對嬰幼兒都有很大影響，他們對其中的暴力鏡頭具有更大的傾向性，經常會再現動畫中的復仇情節，如走到途中會突然停下腳步，說：「臭狗熊，你給我出來，我給你一槍！」研究表明，嬰幼兒每天看電視的時間平均為2～3個小時，節假日則會更多。在相當長的時間裡，過多的電視暴力場面，如一些兇殺、槍戰等，不僅為嬰幼兒提供了模仿的榜樣，而且也讓他們不知不覺學會了攻擊行為，使他們將暴力看作一種解決人際衝突時可以接受的有效途徑。

隨著媒介和媒體的日益普及，幼兒觀看電視的時間越來越長。電視節目，尤其是暴力電視節目對導致幼兒攻擊性態度和行為的影響也愈發明顯。此外，父母的教養方式粗暴、經常體罰幼兒，都會導致他們攻擊行為發生頻率的增加。

作為父母，要給孩子樹立良好的榜樣，正確處理事情，而不是採取粗暴的態度與簡單的體罰手段。因為懲罰手段本身就具有攻擊行為榜樣的性質，幼兒在相似情境下會把別人懲罰他的手段作為攻擊他人的有效方式。此外，父母應該儘可能多地陪幼兒看電視，對電視節目中的暴力情節給予合適的引導，以抑制其攻擊行為的發生。

(四) 社會認知因素

攻擊性嬰幼兒與非攻擊性嬰幼兒相比，兩者之間具有一定的認知差異。首先，前者對自己和他人能力的認知不夠全面。他們過分關注自身的某種優勢而忽略了其他方面的不足，自尊心較強，不能夠正確地認識自己，同時又低估、懷疑別人的能力。其次，前者對攻擊結果有合理的信念。

他們對攻擊他人的行為持肯定的態度，偏執地認為「要想不被別人欺負，就必須要學會欺負和控制別人」，甚至把攻擊行為作為獲得想要的物品或者自己在他人心目中形象的有效手段。再次，前者對他人的意圖傾向於明顯的敵意性歸因。他們容易將他人的行為作敵意性歸因，即使是別人無意之間的過失行為，都會更多地解釋為別人對自己具有敵意，進而表現出攻擊行為。

四、嬰幼兒攻擊行為的控制

既然攻擊行為對嬰幼兒的發展具有負面的影響，那麼我們就應該對其適當地加以控制。

（一）對父母進行指導與訓練

父母的撫養方式和教養態度對嬰幼兒的攻擊行為影響很大，因此有必要對父母進行適當的指導與訓練，並且這也是最直接和最有效的方法。在日常生活中，父母要學會減少消極評論語的使用頻率，要多使用積極的評論語；為嬰幼兒提供良好的榜樣，經常對嬰幼兒的親社會行為進行鼓勵和讚揚。當身體或語言攻擊發生時，父母必須讓嬰幼兒認清並採取合適的行為來達到他們的目標，認識到自己無法透過採取攻擊行為來獲得獎賞，在嬰幼兒心目中樹立起攻擊行為不被允許的概念。

最重要的是，父母不能夠對嬰幼兒隨意使用懲罰的手段，而應積極地尋求其他替代手段；還可以幫助嬰幼兒提高與他人之間的交往技能，引導他們對攻擊行為後果的理解，明白攻擊行為給別人帶來的傷害與痛苦。對於嬰幼兒喜歡看的電視節目，父母應事先對這些節目進行瞭解，做出初步篩選，或者抽時間陪嬰幼兒一起看，對於一些暴力畫面，父母要給予及時的引導與合理的解釋，讓嬰幼兒明白這種行為在現實中是不被允許的。

（二）提高嬰幼兒的移情能力與社會認知水平

嬰幼兒攻擊行為的真正控制主要依賴於他們的社會認知水平。嬰幼兒的社會認知水平越高，就越能夠站在別人的立場上體驗、理解和思考問題，其攻擊行為也就會越少，發生的頻率也就越低。豐富的相關社會知識經驗和能力能夠提高嬰幼兒的社會認知水平。研究表明，嬰幼兒的移情能力與攻擊行為之間呈現負相關，移情能力越低，就越容易對別人採取攻擊行為。如果讓攻擊性幼兒能清楚地瞭解自己採取的攻擊行為給別人帶來的不良後果，並且體驗到他人的痛苦情緒，就能夠有效減少攻擊行為的出現。

（三）引導嬰幼兒合理宣洩情感

嬰幼兒的情緒控制能力較差，在憤怒、悲傷等消極情緒的支配下容易出現攻擊行為。因此，在社會規範允許的範圍內，成人要教會嬰幼兒採用對他人和自己沒有破壞性的幻想活動等進行合理的宣洩，儘可能使他們的攻擊行為減少到最低的限度。當情緒憤怒時，可以將攻擊對象由人轉換成物品來避免人際衝突的直接發生，如打沙袋、把球扔到地上等，讓嬰幼兒把自己的憤怒情緒合理地發洩出來，有助於他們控制並消除自己的攻擊行為。

（四）善用精神獎勵

獎勵對行為具有鞏固作用，而懲罰對行為具有減緩作用，這是眾所周知的。成人如果能夠恰當地運用精神獎勵，就能夠在某種程度上有效地抑制嬰幼兒的攻擊行為。

精神獎勵是指透過在集體中採取對嬰幼兒的口頭表揚、言語肯定、鼓勵或評選好孩子等方法，在集體中創造一種溫暖的氣氛，即集體中的每個人都應該關心、愛護、幫助別人，與別人分享、合作，這樣就會受到其他人的喜歡。當然，如果成人在激勵嬰幼兒親社會行為的同時，能對攻擊行為表示厭惡和不理睬，持以明確的否定態度，那麼也會有效減少嬰幼兒攻擊行為的發生。

複習鞏固

1. 請簡述攻擊行為的含義。
2. 請簡述影響嬰幼兒攻擊行為發展的因素。
3. 如何有效控制嬰幼兒的攻擊行為？

第三節 嬰幼兒的道德

嬰幼兒的道德發展是其社會性發展的一個重要方面，嬰幼兒期是個體道德發展的第一個階段。最基本的道德感的形成，也是嬰幼兒期情緒發展的一個重要特點。

嬰幼兒的道德發展有一個過程，從按照外在的道德標準進行判斷和行動，發展到按照內在的道德標準進行判斷和行動，這主要依賴於他們對行為準則

的瞭解和對客觀事實的判斷。但是，由於嬰幼兒認知水平的限制，嚴格地說，此時期真正自覺的道德行為還沒有出現。

一、兒童道德發展理論

（一）皮亞傑的道德發展理論

皮亞傑是第一個對兒童道德發展進行系統研究的心理學家，他在1932年出版的《兒童道德的判斷》是研究兒童道德發展的里程碑。

皮亞傑的研究中，有這樣一個案例：

哪個更壞？

A. 一個叫約翰的小男孩，聽到家人叫他去吃飯。他走向餐廳，但是他不知道門後面有一張椅子，椅子上面放著一個裝有15支杯子的盤子。他推門進去，結果撞倒了盤子，15支杯子全碎了。

B. 一個叫亨利的小男孩，一天，他媽媽外出了，他想拿碗裡的果醬來吃。由於放果醬的地方太高，他搆不著。因此，他爬上椅子伸手去拿，在拿果醬時碰翻了一支杯子，結果杯子掉在地上碎了。

當被試聽完故事後，皮亞傑提問了兩個問題：

1. 這兩個孩子的過錯是否相同？

2. 這兩個孩子中，哪一個更壞一些？為什麼？

在這個研究中，5歲以下的幼兒沒有辦法做出比較，6歲以上的兒童能夠做出回答，5～10歲的兒童認為A更壞，因為他打破了15支杯子，10歲以上的兒童則認為B更壞，因為A是無意中打碎杯子的，而B則是趁媽媽不在偷吃東西時打碎杯子的。皮亞傑又採用了臨床談話法，對5～13歲的兒童關於打彈子遊戲的規則進行了提問，來觀察兒童的反應。從研究中，皮亞傑認為兒童的道德發展經歷了三個階段。

第一階段：前道德階段（從出生起至 5 歲）

這個階段的兒童，他們是以自我為中心的，不太理解規則的意義及作用，其行為直接受行為後果的支配。同樣的行為規則，如果是父母說出的就願意去遵守，如果出自於同伴則不願意去遵守。他們還認為，對父母一定要說真話，但是對同伴則可以說假話。此階段兒童還不能對行為做出一定的判斷，隨著年齡的增長才能夠對行為做出一定的判斷。

第二階段：他律道德階段（5～9 歲）

他律，是指兒童的道德判斷是受他自身價值之外的標準所支配的。兒童只是根據外在的、成人提出的標準來決定自己的行為和判斷道德是非。此階段的兒童認為規則是萬能的、不變的，是需要嚴格遵守的。在評定別人行為的是非時，總是抱著極端的態度，只有好和壞兩種結果，並且他們以為別人也是這麼認為的。

兒童對道德的看法是遵守規範，只重視行為後果，而不考慮行為意向，其道德判斷受外部的價值標準所支配和制約。如打破 15 支杯子的是壞孩子，而打破一支杯子的是好孩子；兒童認為打彈子遊戲的規則是不能改變的，他們這樣解釋：「你不能用其他方式玩。」

皮亞傑認為，成人的權利和兒童認知的不成熟限制了兒童的道德理解。成人認為兒童應該要學會順從，要對規則無條件地執行；兒童處於自我中心階段，認為所有人都是以相同的方式看待規則的。成人的權利、兒童的自我中心導致了兒童膚淺的道德判斷，在判斷一個行為是否錯誤的時候，兒童集中於注意客觀的結果，而不是行為的意圖。

第三階段：自律道德階段（9 歲以後）

自律，就是指兒童按照自身內在的標準來進行道德判斷。此階段的兒童開始認識到規則是由人們根據相互之間的協作而創造的，可以依據人們的願望加以改變。兒童也不再盲目服從權威，開始認識到道德規範的相對性，同樣的行為是對是錯，除了看行為結果之外，也要考慮當事人的動機。他們對

行為的判斷建立在行為的意圖和後果上,在懲罰時能夠注意照顧弱者,提出的懲罰與所犯的錯誤更貼切。

對於道德發展的三個階段,皮亞傑認為他律階段以強制和單方面尊重為基礎,這一階段兒童的道德判斷受自身以外的價值標準所支配;自律階段以協作和相互尊重為基礎,這時兒童的道德判斷受自己主觀的價值標準所支配。兒童道德的發展過程是從順從向協作轉化的過程,是由他律階段向自律階段發展的過程。雖然社會因素與文化背景等可以加速兒童的發展,改變道德發展的內容等,但都無法超越這三個階段。

(二) 科爾伯格的道德發展理論

科爾伯格認為,在道德發展過程中,兒童的道德發展遵循著一種普遍的、固定的順序。同時,道德判斷並不單純是一個是非對錯的問題,而是在面對具體的道德情境時,個人從他人、自我、利弊以及社會規範等多方面考慮所做的價值判斷。他採用道德兩難故事研究不同年齡階段兒童的道德發展問題。

故事如下:海因茨偷藥

在歐洲,有個叫海因茨的婦人患了癌症,醫生認為只有一種新藥才能夠救她,這就是本城的一個藥劑師最近發明的鐳。他製造這種藥花了 200 元,但是他向海因茨的丈夫索要 2000 元。這個丈夫到處借錢,可是最終只籌得了 1000 元。他去哀求藥劑師,能否便宜一點賣給他,但是藥劑師不同意他的請求。於是,為了救妻子的性命,丈夫偷偷撬開了藥店的門,為妻子偷來了藥,但最終他也被警察抓走了。

當被試聽完故事以後,海因茨提出了一系列的問題:

1) 海因茨的丈夫應該這樣做嗎?為什說應該 / 不應該?

2) 法官該不該判海因茨丈夫的刑?為什麼?

透過被試兒童的反應,科爾伯格提出了自己的道德理論。他認為兒童的道德發展經歷了三水平、六階段。

1. 前習俗道德水平（0～9歲）

在前習俗道德水平時期，道德是受外部控制的。兒童為了避免受到懲罰或者獲得獎勵而順從權威人物規定的行為準則。根據行為的直接後果和自身的利害關係判斷是非好壞。認為被懲罰的行為是壞的，被讚賞的行為是好的。這一水平又被分為兩個階段。

階段一：服從和懲罰定向階段。這個階段的兒童認為規則是由權威制定的，為了避免受到懲罰，只能夠無條件地服從規則，違背了規則就應該受到懲罰。他們還沒有真正的道德概念。行為的好壞由結果來評定，受懲罰的行為是壞的，受讚賞的行為是好的。他們認為海因茨的丈夫偷藥是壞的，因為「偷藥會受到懲罰」，即使支持偷藥行為的兒童，也認為「他可以偷藥，但是在偷之前應該先提出請求，因為這不是很貴重的東西，不該受罰。」

階段二：相對功利取向階段。這一年齡階段的兒童的道德價值來自對自己需要的滿足，不再把規則看成絕對的、固定不變的，評定行為的好壞主要看是否符合自己的利益，他們已經認識到任何問題都是多方面的。每個人都有自己所追求的利益，正確的行動包含著能夠滿足個人需要的行動。他們認為，海因茨的丈夫偷藥可以是對的，也可以是錯的，這要看判斷者是誰。如果他偷藥是為了救妻子的性命，就是正確的行為；從藥商的立場來看，則認為他侵犯了自己的利益，因此認為海因茨的丈夫偷藥是錯的。科爾伯格認為，大多數9歲以下的兒童和許多犯罪的青少年在道德認識上都處於前習俗水平。

2. 習俗道德水平（9～15歲）

處在這一水平的兒童，把繼續遵守社會規則當成重要的事情，能夠著眼於社會的希望和要求，並以社會成員的角度思考道德問題。他們已經開始意識到個體的行為必須符合社會的準則，能夠瞭解社會規範，並且遵守和執行社會規範。規則已經被內化為自己的行為準則，認為按照規則行動是正確的。此水平分也為兩個階段。

階段一：「好孩子」定向階段。個體都希望能夠與別人保持良好的人際關係，被別人當作好人，認為好的行為就是能夠使別人高興的、受到別人讚揚的行為。如：許多兒童在談到海因茨的丈夫偷藥的故事時，強調「海因茨的丈夫想挽救自己妻子的生命」「非常愛他的妻子」「他走投無路了才去偷藥的」，或者說「他這樣做會給家庭帶來苦惱和使家庭喪失名譽」；而藥商只顧自己的利益，不管別人的死活，沒有同情心，是「壞的」，應該去坐牢。

階段二：遵守法規和秩序定向階段。這個階段的兒童認為正確的行為就是盡到個人的職責，尊重權威，維護普遍的社會秩序，否則會感到內疚。如，他們一方面很同情海因茨的丈夫，認為他應該去偷藥，另一方面又認為維護法律的尊嚴也是非常重要的，否則社會就會一片混亂。該階段的兒童已經認識到了法律的作用。科爾伯格認為，大多數青少年和成人的道德認知處於習俗水平。

3. 後習俗道德水平（15歲以後）

後習俗道德水平又被稱為原則水平，處於這一道德水平的兒童，道德已經超出世俗的法律與權威的標準，能應用所有社會情形和社會的抽象原則和價值觀來解釋道德。此水平也可以分為兩個階段。

階段一：社會契約定向階段。處於這個階段的兒童，認為法律和規範是大家商定的，是一種社會契約。它們是為了能夠使人們和睦相處的，如果法律或規範不符合人們的需要時，可以透過共同協商的辦法來進行修改。他們認為：「在我們的心目中，海因茨的丈夫偷藥是對的，但是從法律的觀點來看他是錯的。到底是對的還是錯的，我也不知道該怎麼說。」

階段二：良心定向階段。這是進行道德判斷的最高階段。在根據自己選擇的原則進行某些活動時，認為只要動機是好的，行為就是正確的。在這個階段上，他們認為人類普遍的道義高於一切。對於海因茨的丈夫偷藥的故事，贊成者認為，尊重生命、保存生命的原則高於一切；反對者認為，別人也許也正急需這種藥，要考慮所有人生命的價值。

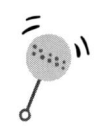

科爾伯格認為，道德發展的順序是固定不變的，每個人的道德都是隨著年齡經驗的增長而逐漸發展的，逐漸由一個階段進入另一個階段，要達到任何階段都需要透過前面幾個階段，而且後續階段的水平高於前面的階段。但是並非所有人在同一年齡都能夠達到相同的道德階段，有些人可能永遠也無法達到道德的最高階段。

二、嬰幼兒道德的發展趨勢

嬰幼兒道德的發展表現出一定的階段性，道德的發展一般要受到心理發展水平的制約。在嬰幼兒出生後的前兩年內，他們主要透過感知覺和自身的動作逐步地認識周圍的事物。隨著認知和情感發展水平的提高，嬰幼兒道德的發展也呈現出一定的趨勢。

第一，在道德感方面，道德感從萌芽發展到具有一定的穩定性。3歲以前，兒童只有某些道德感的萌芽。如3歲之前的兒童對成人的讚揚會表示滿意，聽到批評就會感到難為情或者不高興。3歲以後，隨著對各種行為規範的掌握和受到成人道德評價的影響，幼兒的道德感才逐步發展起來。如小班幼兒的道德感主要是指向個別行為的，往往是由成人評價引起的；中班幼兒比較明顯地掌握了一些概括化的道德標準，為自己遵守老師的要求來行動而感到高興；大班幼兒的道德感進一步發展和複雜化，對好與壞、好人與壞人，具有鮮明的不同的情感表現。

第二，在道德規則認識方面，判斷和行動從外在的道德標準發展到內在的道德標準。兒童認為成人規定的一切行為規則都是不能改變的，他們把父母或教師的話絕對化，父母或教師說對，他們就認為是對的；父母或教師說不對，他們就認為是錯的。進入小學以後，兒童不再把規則看成不能變更的，只要同伴之間的意見一致，就可以對規則加以修改。

第三，在道德規則實踐方面，理解和實踐從不理解規則、對成人言行的簡單模仿發展到真正理解規則的意義、言行一致。對嬰幼兒來說，他們有時候嘴上說應該這樣做，可是實際上沒有這樣做；有時嘴上說不應該這樣做，但是事實上卻忍不住去做了的情況相當普遍。入學以後，隨著認知水平的發

展，兒童逐漸理解了規則的真正意義，逐漸能夠按照規則的要求去行動，能夠做到言行一致。

第四，在道德判斷方面，判斷標準從只注重行動的實際效果發展到考慮行為的動機。學齡前兒童總是從行為的後果直接去判斷好壞，認為造成傷害程度較大的就是壞的行為，道德判斷帶有很大的主觀性。進入小學以後，兒童逐漸能夠從行為的「主觀動機」去判斷道德是非，判斷行為的好壞不僅依據行為的直接效果，還會考慮行為者的主觀動機。

三、嬰幼兒道德發展的影響因素

（一）家庭因素

家庭常常被認為是嬰幼兒道德發展最有影響力的因素，它是嬰幼兒接觸到的第一個社會環境，社會的規則、道德準則及各種社會化的目標都是父母在第一時間傳遞給他們的，父母自身的特點及家庭中的各種因素都會對他們的道德發展產生影響。如父母之間經常發生衝突容易使嬰幼兒產生消極情緒，同時還導致嬰幼兒的攻擊行為，讓其在同伴中間不受歡迎。

以往的研究主要集中在母親對嬰幼兒的影響上，其實父親對嬰幼兒的影響同樣不可忽視。父親作為外界社會的代表，給孩子帶來了許多外界的訊息，使孩子的注意力從家庭轉移到了社會，豐富了孩子的社會知識。俗話說「慈母嚴父」，父親在孩子眼裡就是社會秩序和紀律的象徵，他的社會價值觀念和行為習慣都對孩子良好行為習慣的形成起著至關重要的作用。

（二）同伴交往

嬰幼兒的社會認知和道德行為很大程度上是從模仿開始的，對於他們來說最好的模仿對象就是同伴，這是成人所無法替代的。同伴之間的相互影響可以幫助嬰幼兒形成良好的社會行為習慣，作為一種社會模式影響嬰幼兒行為的發展，有利於嬰幼兒道德情感的形成與發展。同伴交往使嬰幼兒在發現自我、形成社會知覺、獲得情感支持的同時，也促進了道德理解。因為當同齡人之間出現矛盾、衝突等障礙時，他們可以借助對話、交流等形式，積極地去瞭解別人的觀點和看法，這對嬰幼兒道德感的發展具有積極的作用。

拓展閱讀

別讓「對不起」變味

中午，孩子們午睡的時候，我聽到了晶晶的哭聲。跑過去一看，只見亮亮拉著晶晶的手，眼睛卻看著我說：「對不起。」我想瞭解一下情況。亮亮說：「我讓她快點過去，她磨磨唧唧的，於是我用力推了她一下。」一旁的小朋友說：「老師，亮亮已經說了對不起了呀！」聽著這變味的「對不起」，我心裡很不是滋味。我問亮亮：「你認為有什麼方法比推小朋友更好的呢？」他說：「讓老師來管！」我點點頭，於是又問他到底該怎麼向別人道歉，這次他看著晶晶的眼睛，真誠地說：「對不起！」

在幼稚園，經常會聽到幼兒說「對不起」三個字，但是他們卻並不知道它具體代表什麼意思，不清楚什麼時候用它，也不明白該怎麼用它。他們只是把「對不起」當作讓自己遠離批評或懲罰的「擋箭牌」而已。把「對不起」時常掛在嘴邊，非但不利於幼兒道德認知的發展，而且對他們的人格發展也很不利。幼兒的道德認知水平有限，常常不能認識到自己的錯誤，不能感覺到自己的言行舉止給別人造成的不便和傷害。作為成人，要透過合理的教育方式，引導他們發現自己的錯誤，解決矛盾，這樣才有利於幼兒真正道德行為的形成。

（三）社會榜樣

在現實社會中，為嬰幼兒樹立正面的榜樣是幫助嬰幼兒形成道德行為的關鍵。嬰幼兒良好的行為主要是透過觀察、模仿獲得的，由於科學技術日新月異的發展，電視等媒介已經進入千家萬戶。電視等傳媒從價值觀的確立到行為的養成，都成為積極影響兒童道德發展的有效途徑。電視和其他傳媒的趣味性和生動性符合嬰幼兒思維及情感發展的特點，因此它的影響事半功倍。另外，社會生活中的他人也是嬰幼兒學習、模仿的對象，所以，榜樣無處不在，成人應有選擇性地關注其對嬰幼兒發展的影響，重視和發揮榜樣的作用。

複習鞏固

1. 請簡述皮亞傑和科爾伯格的道德發展理論。

2. 請簡述影響幼兒道德發展的因素。

本章要點小結

親社會行為指對他人有益或對社會有積極影響的行為，包括分享、合作、謙讓、援助、安慰、捐贈等行為。

嬰幼兒的親社會行為不存在性別差異，指向同性夥伴與異性夥伴的次數存在年齡差異。親社會行為主要指向同伴，極少指向老師。

3歲之前，兒童的親社會行為不太明顯；3歲之後，親社會行為的數量和水平都有所提高，主要表現在分享行為、合作行為、助人行為和謙讓行為等方面。

影響嬰幼兒親社會行為的因素主要有觀點採擇能力、移情、觀察與模仿，可透過移情訓練法、榜樣示範法、交往技能和行為訓練來培養嬰幼兒的親社會行為。

攻擊行為指他人不願意接受的、出於故意或工具性目的的傷害行為。攻擊行為主要以身體動作為主，男童比女童有更多的攻擊行為，幼兒期的攻擊類型主要是工具性攻擊。

3歲之前，兒童的攻擊與衝突主要是由物品或爭奪空間引起的；3歲之後，兒童的攻擊主要是敵意性攻擊。

影響幼兒攻擊行為的因素主要有生物因素、父母的撫養方式與教養態度、大眾傳播媒介的暴力內容、社會認知因素，可以透過對父母進行指導和訓練、提高幼兒的社會認知水平和移情能力、引導幼兒合理宣洩情緒與善用精神獎勵來控制幼兒的攻擊行為。

皮亞傑認為道德發展經歷了前道德、他律道德與自律道德三個階段，而科爾伯格提出了道德發展的前習俗道德、習俗道德與後習俗道德三個水平，認為每個水平都可以分為兩個階段，即「三水平、六階段」理論。

影響嬰幼兒道德發展的因素主要有家庭及父母、同伴交往、社會榜樣等，可以透過合理的方法來培養嬰幼兒的道德品質。

第三節 嬰幼兒的道德

關鍵術語表

親社會行為

移情訓練

交往技能

觀點採擇能力

攻擊行為

工具性攻擊

敵意性攻擊

他律

自律

選擇題

1. 親社會行為不包括（　）。

A. 分享

B. 合作

C. 依戀

D. 捐贈

2. 親社會行為是一種常見的社會行為，它是個體（　）發展的一個重要指標。

A. 社會性

B. 社會化

C. 道德品質

D. 認知

3. 兒童用他人的觀點來理解他人的思想和情感的一種社會認知技能，被稱為（　）。

A. 依戀

B. 印刻

C. 移情

337

D. 觀點採擇

4. 下列哪一種情況更有利於激發嬰幼兒的親社會行為（　）。

A. 父母的榜樣

B. 遊戲

C. 助人觀念的灌輸

D. 媒體的宣傳

5. 把攻擊分為敵意性攻擊和工具性攻擊的心理學家是（　）。

A. 詹姆斯

B. 華生

C. 哈特普

D. 馬什

6. 兒童的攻擊行為存在著年齡差異，年齡越小的兒童，其攻擊行為越強，表現為為了爭奪玩具或其他物品，即他們的攻擊性是（　）。

A. 敵意性攻擊

B. 工具性攻擊

C. 破壞性攻擊

D. 衝突性攻擊

7. 下列哪一項因素不屬於嬰幼兒攻擊行為形成的影響因素（　）。

A. 生物因素

B. 家庭

C. 活動方式

D. 電視

8. 海因茲的丈夫偷藥故事的提出者是（　）。

A. 科爾伯格

B. 皮亞傑

C. 艾森伯格

D. 艾瑞克森

第三節 嬰幼兒的道德

9. 皮亞傑的道德發展理論不包括（　）。

A. 前道德

B. 他律道德

C. 自律道德

D. 後道德

10. 下列屬於前習俗水平的階段是（　）。

A. 相對功利主義

B. 好孩子定向

C. 遵守法規和社會秩序

D. 社會契約定向

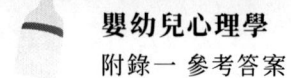

附錄一 參考答案

ись
附錄一 參考答案

第一章 緒論

第一節

1. 答：嬰幼兒心理學的研究對像是從出生到小學入學之前，即 0～6 歲兒童心理發生發展的規律。

2. 答：嬰幼兒心理在不同年齡發展階段中形成和表現出來的一般的、典型的、本質的心理特徵叫做兒童的心理年齡特徵。

3. 答：透過探究嬰幼兒行為和發展得以發生的社會環境，從而研究嬰幼兒心理發展、關注兒童適應的行為傾向及其價值的研究叫做生態學研究。

第二節

1. 答：

①客觀性原則。要求考慮嬰幼兒生活的客觀條件，同時占有充分資料，對所觀察到的現象做出客觀可靠的真實記錄，儘可能全面並完整地展現事實、細緻耐心地分析全部材料；

②發展性原則。研究嬰幼兒心理必須用發展的眼光去看待嬰幼兒心理現象；

③教育性原則。即考慮研究的意義和價值，使有目的、有計劃的教育活動能夠更有成效、更能達到目標；

④系統性原則。研究嬰幼兒心理既要考慮其內在的生理和心理機制，又要考慮其外在的教育和社會環境，力求從系統的不同層次、不同側面，用全面而系統的觀點去揭示嬰幼兒心理發展；

⑤保護性原則。指在進行嬰幼兒心理研究時，必須以不損害其身心健康為基本前提。

2. 答：觀察法是研究嬰幼兒心理的基本方法，是蒐集心理活動數據和資料的基本途徑。觀察法是研究者透過感官或一定儀器設備，有準備、有目的、有計劃地觀察嬰幼兒的心理和行為表現，並由此分析嬰幼兒心理發展的特徵和規律的一種方法。

3. 答：自然實驗法是指在不脫離兒童日常生活的情況下，創造某種條件，引起某個需要的兒童心理活動，從而研究其規律，又稱為現場實驗。

第三節

1. 答：嬰幼兒心理發展的基本特點包括：連續性與階段性；不平衡性；個體差異性；定向性與順序性。嬰幼兒心理發展的一般趨勢包括：從簡單到複雜，嬰幼兒心理活動從最初的單一性逐漸分化變成多種多樣並更加細化；從具體到抽象；從被動到主動；從零散到系統，隨著生理機能和心理機制的不斷發展和成熟，幼兒逐步形成較為系統而穩定的個性。

2. 答：敏感期是指兒童對某一種技能技巧和認知能力掌握的一個發展最快速、最容易受影響的時期。一旦錯過，遺憾將無法彌補。

人的身心發展從出生到衰老經過多次量變到質變的過程，而其中較大、較為重要的質變過程叫做轉折過程，也就是轉折期。

3. 答：最近發展區指兒童能夠獨立達到的水平與在一個技能更為熟悉的參與者的指導和鼓勵下能夠達到的水平之間的差距。它是俄國著名教育家維高斯基提出的教育中非常重要的概念。

選擇題答案：

1.A 2.B 3.D 4.ABCD 5.ABCD 6.C 7.B 8.A 9.ABCD 10.B

第二章

第一節

1. 答：華生的主要理論貢獻包括：第一，華生反對內省法，而代之以自然科學常用的實驗法和觀察法；

第二，華生關於兒童情緒的實驗豐富和擴展了兒童心理學的研究領域；

第三，關於兒童教育方面，華生認為習慣的養成主要靠環境和教育。華生理論的侷限主要表現在「S-R」公式將人非人化，完全忽視了人的主體性、個體性。並且他推崇環境決定論和教育萬能論，表現出了極端行為主義的色彩。

2. 答：史金納認為，掌握了強化的技術，就能隨意塑造出一個教育者所期望的兒童行為。當兒童偶然做了什麼動作而得到了教育者的強化，這個動作後來出現的概率就會大於其他動作，強化的次數增加，概率加大，行為塑造形成。教師可以透過創造適宜兒童發展的環境，養育身心健康的兒童。

3. 答：觀察學習是指個體只以旁觀者的身份觀察他人的行為表現（自己不必實地參與活動）即可獲得學習。

第二節

1. 答：本我是執法作用，自我是立法作用，超我是司法作用。因為：本我由先天的本能、基本慾望所組成，遵循快樂原則，是行為的執行者。自我按照現實原則行事。自我既要滿足本我的即刻要求，又要按客觀的要求行事，是行為規則的制定者，即立法者，對本我起著約束作用。隨著自我的成熟，嬰幼兒逐漸能夠較好地控制本我，運用現實手段來滿足自己。在功能上，超我監督自我去限制本我的本能衝動，類似於司法部門，超我遵循至善原則，是自我理想和良心所在。

2. 答：艾瑞克森比佛洛伊德的兒童發展階段論有以下幾點改進：首先，艾瑞克森不再過分強調佛洛伊德的本能論和泛性論，而是強調自我與社會環境的相互作用，重視家庭、社會對兒童教育的作用；其次，艾瑞克森將發展界定為終生的任務，還將每一階段的內涵擴大，給出新的解釋；再次，艾瑞克森在對各階段相互關係的解釋上體現了一定的辯證思想。總之，艾瑞克森的理論較以往的兒童發展理論更全面、更豐富，把精神分析學說的發展觀提升到了一個新高度。

3. 答：第一階段的基本信任感是建立和諧親子關係的基礎，這個時期的嬰兒是敏感、易受損害的，因此成人要特別注意協調自己為嬰兒提供適當的餵養、愛撫和照料。

第二階段的幼兒開始學習獨立自主。因此，父母和教師應給幼兒創造很多獨立完成任務的機會。

第三階段的兒童主動表現出試圖像成人一樣做事，試圖承擔他們能力所不及的責任。父母應以身作則，注意在生活中給兒童提供獨立做事的機會，創造時機引導兒童主動做事情。

第三節

1. 答：嬰兒期處於感知運動階段，嬰兒使用感知和運動來探索和理解世界。在一開始他們只有天生的反射，但逐漸發展了更為「智力化」的動作，最後具有了複雜的感知動作協調能力。

幼兒期處於前運算階段，他們開始運用符號思維的能力，但其思維還不夠邏輯化；幼兒是以自我為中心的；具有符號思維的能力。

2. 答：行為主義認為兒童行為的習得都是透過後天的環境和教育而來，可以透過條件反射、強化、觀察學習等方法對嬰幼兒的行為進行「塑造」。精神分析理論認為兒童的發展主要受潛意識的影響，早期經驗塑造了兒童的人格，社會文化也會對兒童的發展產生影響。認知學派強調兒童發展的認知因素，心理發展過程是在環境教育的影響下，人的心理或行為圖式經過不斷同化、順應而達到平衡的過程。同時也認為，在人的發展過程中社會文化歷史也具有重要作用。

選擇題答案：

1.A 2.B 3.B 4.D 5.D，A，B（按順序填寫，不是多選）

6.D 7.A 8.D 9.B 10.D，A（按順序填寫，不是多選）

第三章

第一節

1. 答：

（1）刺激物本身的特點：

①刺激物的絕對強度和相對強度；

②刺激物的新異性；

③刺激物的活動和變化；

④刺激物之間的對比關係。

（2）人的主觀狀態：

①人對事物的需要和興趣；

②人的知識經驗、情緒以及機體狀態。刺激物本身的特點是引起無意注意的主要原因。

2. 答：

（1）注意的發展和「客體永久性」的認識密不可分。

（2）注意受表象的直接影響。

（3）注意的發展受語言的支配。

（4）注意的時間延長，注意的事物增加。

第二節

1. 答：

（1）3～6歲兒童以無意注意為主。

（2）3～4歲的兒童，無意注意明顯占優勢，但很不穩定；4～5歲的兒童，無意注意進一步發展，顯得比較穩定；5～6歲的兒童，無意注意已經相當發達。

2. 答：

（1）3～4歲兒童的有意注意只是初步形成，水平很低，集中注意3～5分鐘。

（2）4～5歲兒童的有意注意有了一定的發展，集中注意10分鐘左右。

（3）5～6歲兒童的有意注意迅速發展，注意具有一定的穩定性和自覺性，集中注意15分鐘左右。

（4）逐漸學習一些組織有意注意的方法。

第三節

1. 答：注意的穩定性；注意的廣度；注意的分配；注意的轉移。

2. 答：

（1）嬰幼兒注意的穩定性比較差，尤其是有意注意更不穩定，但在良好教育的影響下，注意的穩定性隨年齡增長而不斷提高。

（2）嬰幼兒注意的範圍比較狹窄，但隨著他們生理的發展和知識經驗的豐富，注意的範圍不斷擴大。

（3）嬰幼兒注意分配比較困難，常常顧此失彼，但隨著活動能力的增強，注意分配的能力也不斷增強。

（4）嬰幼兒不善於靈活轉移自己的注意，但隨著兒童活動目的性的增強和言語調節機能的發展，逐漸學會調動自己的注意。

3. 答：

（1）創造良好的環境。

（2）培養穩定的興趣。

（3）明確活動目的和要求。

（4）開展豐富的遊戲活動。

（5）針對個別差異，進行個別培養。

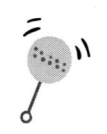

選擇題答案：

1.C　2.B　3.A　4.B　5.A　6.D　7.C　8.C　9.D　10.C

第四章

第一節

1. 答：感覺的規律主要有感覺的適應、感覺的對比、聯覺現象以及感受性的訓練等。教師在組織活動時要注意對感覺適應規律的運用，如在帶領幼兒進入較暗的場所時，要稍稍停留一下，待他們的視覺適應後再行動，同時注意採光以保護嬰幼兒的視力。教師還要注意通風換氣，以保證室內或活動場所的空氣清新，讓嬰幼兒嗅聞某種氣味時時間不宜過久，以免因適應反而不能分辨。教師在製作教具、組織教學或佈置活動室時，要注意運用「對比」規律。例如，白底的貼絨教具上面黏貼深色的圖形。教師要有效利用聯覺現象，如巧妙運用色彩為幼兒營造溫暖、溫馨的生活環境。

上課時教師說話應輕聲細語，不要高聲大叫，以免影響幼兒的聽覺感受性。教師要重視透過活動有意識地訓練和提高嬰幼兒的各種感覺能力，如透過觀察和繪畫活動發展嬰幼兒的視覺能力；透過音樂、朗讀活動發展的嬰幼兒的聽覺能力；透過手工、泥工發展嬰幼兒的觸覺能力；透過舞蹈、體育活動等發展嬰幼兒的運動覺、平衡覺能力等。

2. 答：嬰幼兒感覺的發展較早、較好，研究發現，胎兒期就有視覺、聽覺。半歲嬰兒的視力已接近成人水平。出生兩週內的新生兒已具有顏色辨別能力。4個月大的嬰兒已能在可見光譜上辨認各種顏色，說明這時嬰兒的顏色視覺已接近成人水平。新生兒具有十分敏銳的聽覺能力，而且表現出對某些聲音的「偏愛」。嬰兒更喜歡優美舒緩的音樂以及安詳、愉快、柔和的語調。其聽覺敏感性隨其年齡的增長而不斷提高。嬰兒喜歡聽人說話的聲音，尤其是母親說話的聲音。研究發現，生活在英語環境中的5個月大的嬰兒，已具有辨別母語與外國語的初步能力。

觸覺是嬰幼兒認識世界的重要手段，2歲以前的嬰兒是依靠觸覺或觸覺與其他感知覺的協同活動來認識世界的。不僅如此，觸覺在嬰幼兒依戀關係

的形成過程中也占有非常重要的地位。出生後的嬰兒不但有口腔觸覺，而且透過口腔觸覺認識物體。眼手協調（視覺和手的觸覺的協調）動作的出現，是嬰兒認知發展的重要里程碑，大約出現在 4 個月左右的嬰兒身上。眼手協調出現的主要標誌是伸手能夠抓住東西。新生兒出生時味覺就很發達。新生兒對甜味表現出明顯的偏愛。

出生 24 小時以內的新生兒已經能初步辨別不同的氣味，對不同的嗅覺刺激能做出不同的反應。新生兒對痛覺的感受性很低。反覆的較長時間的疼痛刺激，會嚴重影響新生兒腦的發育。成人對兒童的疼痛情緒可以起暗示作用。1 歲以前，是嬰兒建立健全前庭神經系統、良好的本體感覺以及平衡覺的關鍵時期，其發展狀況直接影響到視覺、聽覺等感官系統的發育，並且對嬰兒今後的感覺統合起著至關重要的作用。

第二節

1. 答：知覺的規律主要有知覺的選擇性、知覺的整體性、知覺的理解性、知覺的恆常性等。成人可在各種活動中運用這些規律，如講故事時，重要的內容要加重語氣，輔以合適的表情、手勢，使其從其他內容中突出出來。板畫或繪製掛圖要在色彩、線條、大小以及位置等方面多加考慮，努力突出知覺對象。成人的描述和引導性語言應集中於對象部分，儘量淡化背景部分以免喧賓奪主。根據知覺的整體性規律，在指導嬰幼兒觀察事物時，應引導他們把注意力放在事物的關鍵特徵上，以提高其知覺效率。根據知覺的理解性規律，成人應該從各方面豐富嬰幼兒的生活經驗，要善於運用言語指導他們提取已有的知識經驗，提供幫助其組織知覺訊息的線索，以促進嬰幼兒對知覺對象的理解。在知覺的恆常性方面，成人可有意識地讓嬰幼兒在不同條件下認識和把握同一個事物，以促進他們知覺恆常性的發展。

2. 答：幼兒的時間知覺表現出以下特點和發展趨勢：

（1）時間知覺的精確性與年齡呈正相關，即年齡越大，精確性越高。

（2）時間知覺的發展水平與幼兒的生活經驗呈正相關。

（3）幼兒對時間單元的知覺和理解有一個由中間向兩端、由近及遠的發展趨勢。

（4）理解和利用時間標尺（包括計時工具）的能力與兒童的年齡呈正相關。

第三節

1. 答：（略）

2. 答：嬰幼兒期是觀察力初步形成的階段，其觀察力的發展主要表現在以下幾個方面：

（1）觀察的目的性逐漸增強。

（2）觀察的持續性逐漸延長。

（3）觀察的細緻性逐漸增加。

（4）觀察方法逐漸形成。

可從以下幾方面入手培養嬰幼兒的觀察能力：

（1）明確觀察目的，正確定位觀察內容。

（2）激發觀察興趣。

（3）教給觀察的方法。

（4）充分調動多種感官參與觀察活動。

選擇題答案：

1.B 2.B 3.A 4.A 5.B 6.B 7.C 8.B 9.C 10.B

第五章

第一節

1. 答：0～3歲兒童記憶的研究方法主要包括以下幾種：

（1）習慣化 - 去習慣化法。

（2）條件反射法。

（3）延遲模仿法。

（4）客體永久性法。

2. 答：胎兒末期，已經產生聽覺記憶。新生兒的記憶主要是短時記憶，表現為最初條件反射的建立和對刺激的習慣化。嬰兒期，兒童的記憶隨年齡增長不斷地發展。5個月嬰兒已經出現內隱記憶。明顯的再認出現在6個月左右，主要表現為兒童開始認生。7個月以後的嬰兒能尋找從視野中消失的物體，9個月大的嬰兒在實驗條件下出現了延遲性模仿，說明嬰兒的回憶開始萌芽。總的來說，1歲前兒童的記憶依賴於與事物接觸的頻率，即反覆多次接觸的事物容易被記住。

1～2歲的兒童的記憶是無意記憶，整個記憶過程都缺乏明確的目的性。2～3歲兒童表現出了明顯的回憶能力。嬰兒期記憶的遺失也被稱為嬰兒期健忘（指3歲前嬰兒的記憶一般不能永久保持，以至於人們在成年後對3歲前的經歷幾乎不能回憶起來）。自傳體記憶是嬰兒對發生在自己身上的複雜生活事件的混合記憶，與記憶的自我體驗緊密相連。當自傳體記憶發生時，嬰兒就已具備了記憶簡單事件的能力。1歲半～2歲時，兒童能在成人的幫助下開始談論過去的事，表明他們有了記憶比較複雜事件的能力。

第二節

1. 答：幼兒的記憶在識記的方式、識記的內容以及識記的策略等方面有了顯著提高，呈現出這個年齡段的以下特點：

（1）無意識記占優勢，有意識記逐漸發展。

（2）機械識記用得多，意義識記效果好。

（3）形象記憶的效果優於詞語記憶效果。

（4）記憶保持的時間延長，回憶迅速發展。

（5）記憶的精確性差。

(6) 開始初步使用記憶策略。

2. 答：有意識記是幼兒記憶發展中最重要的質的飛躍。幼兒有意識記的效果依賴於以下因素：

(1) 是否意識到識記的具體任務。

(2) 活動的動機。

第三節

1. 答：

(1) 重視大腦的狀態，提高記憶的效率。

(2) 恰當運用直觀形象材料，增強記憶效果。

(3) 明確識記的目的和任務，激發記憶的願望和意圖。

(4) 幫助理解識記材料，提高意義識記水平。

(5) 合理組織複習，鞏固強化記憶。

2. 答：（略）

選擇題答案：

1.C 2.C 3.A 4.C 5.D 6.C 7.A 8.B 9.C 10.D

第六章

第一節

1. 答：想像是人腦對已有的表象進行加工改造從而創造新形象的過程。創造新形象的方式主要有以下幾種：

(1) 黏合。

(2) 誇張。

(3) 擬人化。

(4) 典型化。

2. 答：嬰幼兒想像最初出現的年齡在 1 歲半～ 2 歲。3 歲前兒童想像的發展，可分為以下三個階段：

（1）表象遷移階段。這是想像的萌芽階段，大約出現在 1 週歲零 8 個月左右的兒童身上。

（2）表象替代階段。大約在 2 週歲左右，兒童的想像就進入一個新的階段，表現為兒童可用想像替代缺乏的遊戲材料，或者將同樣的東西在不同的場合透過想像賦予不同的功能。

（3）開始進行象徵性遊戲階段。2 歲半左右，兒童開始進行象徵性遊戲。但此時的想像更多地侷限於具體事物的形象，是以生活中的一個物體代替另一個物體，是一種簡單的代替。

第二節

1. 答：幼兒的想像常常容易與現實相混淆，表現為幼兒還不能把想像的事物與現實的事物區分開來，常常把想像的當成真實的。具體表現在以下幾方面：

（1）把渴望得到的東西說成已經得到。

（2）把希望發生的事情當成已經發生的事情來描述。

（3）在做遊戲和欣賞文藝作品時，往往身臨其境，與角色產生同樣的情緒反應。

2. 答：幼兒想像的特點為：

（1）無意想像占主導地位，有意想像逐漸發展。主要表現在想像的目的性、想像的主題、想像過程等方面的發展變化上。

（2）再造想像占主要地位，創造想像開始發展。

（3）想像既脫離現實，又與現實相混淆。這是幼兒想像的一個突出特點。想像脫離現實主要表現為在講故事或繪畫中，幼兒表現出特殊的誇張性，甚至自己有時也信以為真。與此同時，幼兒的想像又常常容易與現實相混淆，

表現為幼兒還不能把想像的事物與現實的事物區分開來，常常把想像的當成真實的。

第三節

1. 答：培養嬰幼兒的想像力，可從以下幾方面入手：

（1）豐富表象，為想像增加素材。

（2）發展語言，促進想像的發展。

（3）充分利用文學藝術活動，創造想像發展的條件。

（4）透過遊戲活動，鼓勵大膽想像。

（5）透過專門訓練，提升想像的水平。

2. 答：（略）

選擇題答案：

1.B 2.A 3.B 4.A 5.B 6.B 7.D 8.B 9.C 10.A

第七章

第一節

1. 答：思維是人腦對客觀現實間接的、概括的反映，是人認識的高級階段，是智力的核心。思維有兩個基本特徵——間接性和概括性。

2. 答：所謂直覺行動思維，就是依靠對事物的感知、在動作中進行的思維，也稱為直觀行動思維。直覺行動思維是最低水平的思維。它具有以下特點：

（1）直觀性和行動性。

（2）初步的間接性和概括性。

第二節

1. 答：具體形象思維是指依靠事物的具體形象和表象來進行的思維。具體形象思維是幼兒期典型的思維方式。具體形象思維具有以下特點：

（1）思維動作的內隱性。

（2）具體形象性。同時，幼兒的具體形象思維還有一系列派生的特點：

（1）表面性。

（2）絕對性。

（3）自我中心性。

2. 答：理解是個體運用已有的知識經驗去認識事物的聯繫、關係乃至其本質和規律的思維活動。幼兒對事物理解的特點為：

（1）從對個別事物的理解，發展到理解事物的關係。

（2）從主要依靠具體形象來理解事物，發展到依靠語言說明來理解事物。

（3）從對事物作簡單、表面的理解，發展到理解事物較複雜、較深刻的含義。

（4）從理解與情感密切聯繫，發展到比較客觀的理解。

（5）從不理解事物的相對關係，發展到逐漸能理解事物的相對關係。

第三節

1. 答：嬰幼兒思維培養應該遵循的原則如下：

（1）互動性原則。

（2）啟發性原則。

（3）創造性原則。

2. 答：培養和發展嬰幼兒的思維，可從以下幾方面入手：

（1）創設問題情境，調動思維的積極性。

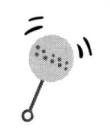

(2) 提高語言水平，促進思維的發展。

(3) 根據思維的發展特點，有效開展活動。

(4) 結合思維的過程，訓練發散思維。

(5) 重視訓練創造性思維。

選擇題答案：

1.A　2.B　3.A　4.C　5.D　6.A　7.B　8.B　9.B　10.C

第八章

第一節

1. 答：

(1) 言語指的是人們運用語言的過程，包括理解別人的語言和自己運用語言的過程。

(2) 言語可以分為外部言語和內部言語。外部言語是指用來與別人進行交際的言語，可分為口頭言語和書面言語，口頭言語又分為對話言語和獨白言語。內部言語是非交際性言語，是一種不出聲的、對自己講的言語。

2. 答：三個階段：簡單發音階段（1～3個月）；連續音節階段（4～8個月）；模仿發音階段（9～12個月）。

3. 答：單詞句是由一個詞代表一個句子。雙詞句是由兩個單詞組成的不完整句子。

第二節

1. 答：積極詞彙是指幼兒既能夠正確理解又能夠正確使用的詞。消極詞彙是指幼兒能理解卻不能正確使用的詞。

2. 答：開展早期閱讀活動的真正目的是學習閱讀，而不是從閱讀中學習。它的意義在於使幼兒萌發對書面言語的興趣和敏感性，獲得觀察、體驗有關書面言語的讀寫經驗，從而進一步嘗試探索周圍環境中的書面言語，逐步建

立起自主閱讀的意識和技能，進而形成基本的閱讀能力，並透過這些基本的閱讀能力去進一步形成獲取訊息的方法與技能，為今後學習各學科知識做準備。

3. 答：

（1）嬰幼兒的口吃現象常常出現在 2～4 歲，引起口吃的原因有：生理原因、心理原因和模仿。

（2）矯正口吃的重要辦法首先（排除生理因素）是消除緊張。成人發現兒童口吃時，應該和顏悅色地提醒孩子不要著急，要求他們一個字一個字地慢慢講，不能斥責、懲罰或操之過急地要求孩子改正。其次是教育幼兒不要模仿口吃，更不要譏笑口吃的幼兒。堅持如此去做，大多數幼兒的口吃現象會很快得到矯正。

第三節

1. 答：

（1）創設良好的言語環境，重視嬰幼兒的語音練習；

（2）豐富生活內容，幫助嬰幼兒積累詞彙；

（3）運用多種途徑，提高嬰幼兒的口語能力；

（4）開展早期閱讀，培養兒童的閱讀習慣。

2. 早期閱讀對嬰幼兒的言語發展有著直接的影響。早期閱讀為嬰幼兒口頭言語的發展提供了大量的詞彙，在由閱讀而產生的一系列言語活動中，嬰幼兒可以獲得敏銳的聽力，把握正確的發音，並逐漸領會基本的語法規則和表達技巧，形成良好的聽說習慣。

選擇題答案

1.A 2.D 3.D 4.C 5.C 6.A 7.B 8.B 9.A 10.B

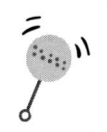

第九章

第一節

1. 答：

（1）情緒是嬰幼兒適應生存的重要心理工具。

（2）情緒是嬰幼兒進行人際交流的重要手段。嬰兒期已表現出情緒的「社會參照作用」。

（3）情緒能促進嬰幼兒個性的形成。

2. 答：情緒、情感是人對客觀事物的態度體驗及相應的行為反應，是與特定的主觀願望或需要相聯繫的。其中，情緒主要指感情過程，即個體需要與情境相互作用的過程，情緒具有較大的情境性、激動性和暫時性，往往隨著情境的改變和需要的滿足而減弱或消失。情感則經常用來描述那些具有穩定性、深刻性、持久性的社會意義的感情。情緒和情感既相互區別，又相互依存、不可分離。穩定的情感是在情緒的基礎之上形成的，並透過情緒來表達；情緒也離不開情感，情緒的變化反映情感的深度，在情緒中蘊含著情感。

3. 答：加拿大心理學家布里奇斯的情緒分化理論是早期比較著名的情緒理論。她透過對一百多個嬰兒的觀察，提出了關於情緒分化的較完整的理論和0～2歲兒童情緒分化的模式。她認為，初生嬰兒只有皺眉和哭的反應，這種反應是未分化的一般性激動，是強烈刺激引起的內臟和肌肉反應。3個月以後，嬰兒逐步分化出快樂、痛苦、憤怒、厭惡、恐懼、喜愛等情緒。布里奇斯的情緒分化理論被較多的人接受，它對於我們更好地理解、把握嬰兒情緒的分化、發展有很大的幫助和啟發。

第二節

1. 答：表現在以下幾方面：

（1）情緒中交往成分的增加。嬰幼兒的情緒活動中，涉及社會性交往的內容隨著年齡的增長而增加。

（2）表情的社會化。表情是情緒的外部表現，嬰幼兒在成長過程中逐漸掌握周圍人們的表情手段。

2. 答：所謂情緒的日益豐富，包括兩種含義：其一，情緒過程越來越分化。情緒的分化主要發生在 2 歲之前，但在幼兒期也相繼出現一些高級情感，如尊敬、憐惜等。其二，情緒指向的事物不斷增加，有些先前不會引起嬰幼兒體驗的事物，隨著年齡的增長，引起了情緒體驗。所謂情緒的深刻化，是指情緒指向事物的性質的變化，從指向事物的表面到指向事物內在的特點。具體來說，嬰幼兒情緒的深刻化與豐富化體現在與感知覺、記憶、想像、思維、自我意識等相聯繫的情緒發展方面。

3. 答：隨著年齡的增長，嬰幼兒對情緒過程的自我調節越來越強。這種發展趨勢表現在 3 個方面：

（1）情緒的衝動性逐漸減少。

（2）情緒的穩定性逐漸提高。

（3）情緒從外露到內隱。

第三節

1. 答：成人對嬰幼兒的態度是影響嬰幼兒情緒、情感健康發展的一個主要因素。及時關注並正確培養嬰幼兒的積極情緒，可從以下幾方面做起：

（1）從情緒表現來分析嬰幼兒的內心情感世界。從某種意義上來說，嬰幼兒的行為往往反映了他們內心已經形成的一些品質。發現嬰幼兒有情緒時要進行正確分析，對良好情緒要及時表揚並加以保護；而對不良情緒，則要幫助他們克服、糾正。

（2）針對嬰幼兒情緒的個別差異，採取不同的應對方法。

（3）讓積極情緒成為嬰幼兒情緒的主旋律。

2. 答：嬰兒期的兒童已學會「讀懂」母親的面孔，每當他們遇到不確定的情境時，均能從母親的面孔上尋找訊息以決定自身的行為，這就是情緒的「社會參照作用」。這種能力隨著年齡增長越來越常見，並很快從父母擴展

到其他人。社會參照能幫助嬰幼兒超越對他人情緒訊息的簡單反應,並使用這些信號指導自己的行動,發現他人的意圖和偏愛,從而逐步適應社會交往。

選擇題答案:

1.D 2.D 3.D 4.C 5.A 6.B 7.D 8.C 9.B 10.A

第十章

第一節

1. 答:托馬斯和切斯透過聚類的方式預測嬰兒氣質的某些方面,將氣質類型劃分為以下幾類:

(1)容易型氣質:大部分嬰兒(大約有40%)屬於這一類。生活規律、情緒愉快,且對成人的撫養活動提供大量的積極反饋(強化),因而容易受到成人最大的關懷和喜愛。

(2)困難型氣質:這一類嬰兒的人數較少(大約有10%)。在飲食、睡眠等生理機能活動方面缺乏規律性,對新食物、新事物、新環境接受很慢,需要很長的時間去適應新的安排和活動,對環境的改變難以適應。他們情緒總是不好,在遊戲中也不愉快。成人需要費很大力氣才能使他們接受撫愛,很難得到他們的正面反饋。

(3)遲緩型氣質:大約有15%的嬰兒屬於此類。這類嬰兒的活動水平很低,行為反應強度很弱,常常安靜地退縮,畏懼,情緒低落,對外界環境、新事物、生活變化適應緩慢。在沒有壓力的情況下,他們會對新刺激緩慢地發生興趣,在新情境中能逐漸活躍起來。這一類嬰兒隨著年齡的增長、成人的撫愛和教育情況的不同而發生分化。此外,另有35%的嬰兒往往具有上述兩種或三種氣質類型混合的特點,情緒、行為傾向性和個人特點不明顯,屬於上述類型中的中間型或過渡(交叉)型。

2. 答:不同氣質類型的嬰兒對早期教育的適應性和要求是各不相同的。一般來說,容易型嬰兒對各種各樣的教養方式都容易適應。對困難型嬰兒,成人應特別熱情、耐心、有愛心,針對其特點積極地對待他們,採取適合於

其特點的、特別的、有針對性的措施、方式。對遲緩型嬰兒的教養,關鍵在於讓他們按照自己的速度和特點去適應環境,他們特別需要機會並被鼓勵去嘗試新經驗,適應新環境。

3. 答:

(1) 遺傳因素。

(2) 環境因素。

(3) 嬰幼兒氣質類型與父母教養方式之間的良好匹配。遺傳對氣質的影響常常受到環境的調節,遺傳和環境共同影響氣質。

第二節

1. 答:

(1) 活潑好動。幼兒好動的性格特徵,如果加以引導,有助於形成勤奮、愛勞動的優良品質。

(2) 好奇、好問。幼兒總想試探著去認識世界,弄清事物的究竟。

(3) 易衝動、自制力差。幼兒的情感很容易受外界事物的支配,一個新鮮的事物會對他們有很大的吸引力,自我控制能力較差。

(4) 易受暗示、模仿性強。幼兒往往沒有主見,常常隨外界環境影響而改變自己的意見,受暗示性強。

2. 答:培養嬰幼兒的良好性格可從以下幾方面入手:

(1) 重視胎教,常保持平和愉快的心情。

(2) 營造充滿愛的環境,培養嬰幼兒快樂、樂觀的性格特徵。

(3) 重視後期教育,培養嬰幼兒獨立自信的性格特徵。

第三節

1. 答:一般能力指在不同種類的活動中表現出來的能力,如觀察力、記憶力、抽象概括力、想像力、創造力等。其中,抽象概括力是一般能力的核心。

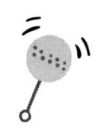

平時我們所說的智力，就是指的一般能力。特殊能力指在某種專業活動中表現出來的能力。它是順利完成某種專業活動的心理條件。

2. 答：

（1）能力發展水平的差異。根據兒童能力發展水平的差異，可以分為超常兒童、正常兒童和弱智兒童。超常兒童指智力發展明顯超過同齡兒童或具有某種特殊才能的兒童。一般來說，智商在 130 以上為超常兒童。弱智兒童是指智力發展明顯低於同年齡兒童平均水平並有適應行為障礙的兒童，又稱智力落後兒童、低能兒童、智力不足兒童、智力殘缺兒童。一般來說，智商在 70 分以下者為智力不足。居中者為正常兒童，大部分兒童屬於此類。

（2）能力發展早晚的差異。有些兒童的能力發展較早，突出表現在音樂、繪畫等方面。另一種情況叫做「大器晚成」。大部分人則中年成才。

（3）能力結構的差異。能力有各種各樣的成分，可以按不同的方式結合起來，由此構成結構上的差異，也使每個人的能力表現出自身的特點，區別於他人。

選擇題答案：

1.A 2.B 3.C 4.B 5.A 6.B 7.D 8.D 9.B 10.D

第十一章

第一節：

1. 答：親子依戀是指嬰幼兒與撫養者之間建立的一種充滿深情的積極情感聯結，由於嬰幼兒的撫養者多為其父母，故又稱之為親子依戀。

2. 答：親子依戀可以分為以下三種類型：

（1）焦慮—迴避型依戀；

（2）安全型依戀；

（3）焦慮—抗拒型依戀。

3. 答：依戀對嬰幼兒的認知活動、情緒情感、社會行為等都具有重要影響。

第二節

1. 答：同伴關係是指年齡相同或相近的嬰幼兒之間的一種共同活動並相互協作的關係，或者主要指同齡嬰幼兒或心理發展水平相當的個體之間在交往過程中建立和發展起來的一種人際關係。

2. 答：同伴關係具有以下功能：

（1）促進嬰幼兒社會技能的發展。

（2）促進嬰幼兒情感需要的滿足。

（3）促進嬰幼兒自我概念的發展。

3. 答：同伴關係有以下四種基本類型：

（1）受歡迎型。

（2）被拒絕型。

（3）被忽視型。

（4）一般型。

第三節

1. 答：師幼關係是指在托兒所或幼稚園等托幼教育機構中，教師與嬰幼兒在保教過程中形成的比較穩定的人際關係。

2. 答：師幼關係具有如下特點：

（1）遊戲性。

（2）廣泛性。

（3）親密性。

（4）內隱性。

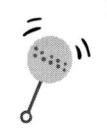

3. 答：建立新型師幼關係要做到：

（1）轉變教育觀念，平等對待嬰幼兒。

（2）樹立賞識理念，積極評價嬰幼兒。

（3）關注嬰幼兒成長，學會傾聽嬰幼兒。

選擇題答案：

1.B 2.D 3.C 4.ABC 5.D 6.B 7.ABCD 8.C 9.ABC 10.A

第十二章

第一節

1. 答：

（1）親社會行為通常指對他人有益或對社會有積極影響的行為，包括分享、合作、謙讓、援助、安慰、捐贈等行為。

（2）特點：

①親社會行為的發展不存在性別差異；

②親社會行為指向同性夥伴與異性夥伴的次數存在年齡差異；

③親社會行為指向同伴與教師的次數存在顯著差異。

2. 答：影響因素如下：

（1）觀點採擇能力。

（2）移情。

（3）觀察與模仿。

3. 答：培養方法為：

（1）移情訓練法。

（2）榜樣示範法。

（3）交往技能和行為訓練。

第二節

1. 答：

（1）攻擊行為是指他人不願意接受的、出於故意或工具性目的的傷害行為。

（2）特點：

①攻擊行為的表現以身體動作為主；

②攻擊行為的類型以工具性攻擊為主；

③攻擊行為的發展存在顯著性別差異。

2. 答：影響因素為：

（1）生物因素。

（2）父母的撫養方式與教養態度。

（3）大眾傳媒的影響。

（4）社會認知因素。

3. 答：

（1）對父母進行指導與訓練。

（2）提高嬰幼兒的移情能力與社會認知水平。

（3）引導嬰幼兒合理宣洩情感。

（4）善用精神獎勵。

第三節

1. 答：

（1）皮亞傑：

①前道德階段（出生到5歲以前）；

②他律道德階段（5～9歲）；

③自律道德階段（9～10歲以後）。

（2）科爾伯格：

①前習俗道德水平（0～9歲）；

②習俗道德水平（9～15歲）；

③後習俗道德水平（15歲以後）。

2. 答：影響因素為：

①家庭；

②同伴交往；

③社會榜樣。

選擇題答案：

1.C 2.B 3.D 4.A 5.C 6.B 7.C 8.A 9.D 10.A

國家圖書館出版品預行編目（CIP）資料

嬰幼兒心理學 / 王丹 主編 . -- 第一版 .
-- 臺北市：崧燁文化, 2019.07
　　面；　　公分
POD 版

ISBN 978-957-681-886-8(平裝)

1. 嬰兒心理學 2. 兒童心理學 3. 發展心理學

173.1　　　　　　　　　　　　　　108010159

書　　名：嬰幼兒心理學
作　　者：王丹 主編
發 行 人：黃振庭
出 版 者：崧燁文化事業有限公司
發 行 者：崧燁文化事業有限公司
E - m a i l：sonbookservice@gmail.com
粉絲頁：　　　　　網址：
地　　址：台北市中正區重慶南路一段六十一號八樓 815 室
8F.-815, No.61, Sec. 1, Chongqing S. Rd., Zhongzheng Dist., Taipei City 100, Taiwan (R.O.C.)
電　　話：(02)2370-3310 傳　真：(02) 2370-3210
總 經 銷：紅螞蟻圖書有限公司
地　　址：台北市內湖區舊宗路二段 121 巷 19 號
電　　話：02-2795-3656 傳真：02-2795-4100　　網址：
印　　刷：京峯彩色印刷有限公司（京峰數位）

　　本書版權為西南師範大學出版社所有授權崧博出版事業股份有限公司獨家發行電子書及繁體書繁體字版。若有其他相關權利及授權需求請與本公司聯繫。

定　　價：550 元
發行日期：2019 年 07 月第一版
◎ 本書以 POD 印製發行